OS BATALHÕES SAGRADOS

RODNEY STARK

OS BATALHÕES SAGRADOS

A VERDADEIRA HISTÓRIA DAS CRUZADAS

2ª edição

Tradução
Artur Padovan

QUADRANTE

QUADRANTE

Todos os direitos reservados a
QUADRANTE EDITORA
Rua Bernardo da Veiga, 47 | Tel.: 3873-2270
CEP 01252-020 | São Paulo - SP
atendimento@quadrante.com.br
www.quadrante.com.br

Direção geral
Renata Ferlin Sugai

Direção editorial
Hugo Langone

Produção editorial
Juliana Amato
Gabriela Haeitmann
Ronaldo Vasconcelos

Capa
Gabriela Haeitmann

Diagramação
Sérgio Ramalho

Os batalhões sagrados
Rodney Stark
Título original: *God's Battalions: The Case for the Crusades*
2ª edição

Dados Internacionais de Catalogação na Publicação (CIP)

Stark, Rodney
Os batalhões sagrados: a verdadeira história das Cruzadas / Rodney Stark; tradução de Artur Padovan – 2ª ed. – São Paulo: Quadrante Editora, 2023.

ISBN: 978-85-7465-557-4

1. Civilização medieval 2. Cristianismo e outras religiões - Islã 3. Cruzadas 4. Islã - Relações - Cristianismo 5. Religião e civilização I. Título

CDD–909.07

Índices para catálogo sistemático:
Cruzadas : História 909.07

Sumário

INTRODUÇÃO

Bárbaros gananciosos de armadura?

Em 27 de novembro de 1095, o Papa Urbano II, cercado por uma imensa multidão, subiu numa plataforma construída numa campina próxima à cidade francesa de Clermont. Homem robusto de 53 anos, Urbano fora agraciado com uma voz incomumente poderosa e expressiva, que lhe possibilitava ser ouvido a grandes distâncias. Nessa ocasião memorável, dirigindo-se a uma turba que incluía tanto pobres camponeses como a nobreza e o clero, o papa fez um discurso que mudou a história.

Urbano propusera aquele encontro em resposta a uma carta de Aleixo Comneno, imperador de Bizâncio, que escrevera de Constantinopla, em meio à guerra, ao conde de Flandres para pedir que este e seus colegas cristãos enviassem tropas em auxílio aos bizantinos a fim de repelir os turcos seljúcidas, conversos ao Islã que haviam invadido o Oriente Médio, capturado Jerusalém e transportado suas forças a uma distância de 160 km de Constantinopla. Em sua carta, o imperador detalhava as torturas horrendas infligidas aos peregrinos cristãos na Terra Santa e a profanação torpe de igrejas, altares e pias batismais. Se Constantinopla caísse nas mãos dos turcos, não apenas milhares de outros cristãos seriam assassinados, torturados e estuprados, como também as «relíquias sacratíssimas do Salvador», reunidas ao longo dos séculos, se perderiam. «Portanto, em nome de Deus [...], imploramos-vos que tragam a esta cidade todos os soldados fiéis de Cristo. [...] Se vierdes, encontrareis vossa recompensa no céu, e, se não vierdes, Deus vos condenará»[1].

Havia muitos motivos para que os europeus ignorassem todo e qualquer pedido de ajuda vindo de Bizâncio. Em primeiro lugar, sua herança cultural e seu cristianismo eram romanos, enquanto os bizantinos eram gregos, cujo estilo de vida parecia decadente aos europeus e cujo cristianismo «ortodoxo» desprezava o catolicismo latino — perseguindo com frequência seus sacerdotes e praticantes. Não obstante, depois de ler aquela carta, o Papa Urbano II mostrou-se determinado a responder-lhe com atos de bravura e convocou um concílio eclesiástico em Clermont, o qual ele fechou com seu famoso discurso[2].

Em francês, o papa começou detalhando graficamente a tortura, o estupro e o assassinato de peregrinos cristãos, bem como a violação de igrejas e lugares santos cometida pelos turcos (ele lhes chamava «persas»): «Destroem os altares, após tê-los contaminado com as suas imundícias. Circuncidam os cristãos e vertem o sangue da circuncisão nos altares, ou nos vasos sagrados da fonte batismal. Quando desejam torturar as pessoas com uma morte ignominiosa, perfuram seus umbigos e, retirando a extremidade dos seus intestinos, amarram-na a uma estaca; então compelem a vítima a caminhar, flagelando-a até que, havendo as vísceras jorrado para fora, caia prostrada no chão [...]. E o que direi do estupro abominável das mulheres? Falar dele é pior do que manter o silêncio. A quem, pois, incumbe a tarefa de vingar essas injustiças e recuperar esse território, senão a vós?»[3].

A essa altura, Papa Urbano levantou um segundo tópico, ao qual ele e seu ilustre predecessor Gregório VII haviam dedicado anos de esforço: o estado crônico de guerra do período medieval. Os papas haviam tentado estabelecer uma «trégua divina» entre os nobres feudais, muitos dos quais pareciam inclinados a declarar guerra mesmo contra seus amigos, pelo simples prazer de travar uma boa briga. Afinal, para isso haviam treinado desde a tenra infância. Pois bem, estava ali a sua chance! «Guerreiros cristãos, que continuamente e em vão buscais pretextos para a guerra, alegrai-vos, porque hoje encontrastes um pretexto verdadeiro [...]. Se fordes derrotados, tereis a glória de morrer no mesmo local em que morreu Jesus Cristo, e Deus jamais se esquecerá de que vos achou nos batalhões sagrados [...]. Soldados do Inferno, tornai-vos soldados do Deus vivo!»[4].

Então, brados de «*Dieu li volt!*» («Deus o quer!») começaram a se espalhar pela multidão, ao passo que os homens começaram a retalhar capas e outras peças de tecido para fazer cruzes e costurá-las em seus peitorais. Todos concordavam em partir, no ano seguinte, para a Terra Santa. E assim fizeram.

Essa é a explicação tradicional de como e por que teve início a Primeira Cruzada. No entanto, em tempos recentes, uma explicação muito mais cínica e sinistra das Cruzadas tem ganhado popularidade. Por exemplo, como resultado da destruição do World Trade Center por terroristas muçulmanos, fez-se menção frequente das Cruzadas como justificativa para a fúria islâmica. Argumentava-se que o ressentimento muçulmano pelos maus tratos que sofreram nas mãos do Ocidente cristão pode datar da Primeira Cruzada. Longe de terem sido motivadas pela piedade ou pela preocupação com a segurança dos peregrinos e dos lugares santos em Jerusalém, as Cruzadas teriam sido apenas o primeiro capítulo — extremamente sangrento — da longa história do colonialismo europeu[5].

Mais especificamente, os cruzados são acusados de ter marchado para o Oriente não por idealismo, mas em busca de terras e despojos; diz-se que as Cruzadas foram promovidas por papas sedentos de poder que buscavam expandir o cristianismo pela conversão das massas muçulmanas[6] e que os cavaleiros europeus eram bárbaros que massacravam todos em seu caminho, deixando «a esclarecida cultura muçulmana [...] em ruínas»[7]. Como sugeriu Akbar Ahmed, titular de estudos islâmicos da American University, «as Cruzadas criaram uma memória histórica que continua conosco hoje — a lembrança de uma longa invasão europeia»[8].

Dois meses após o ataque de 11 de setembro de 2001 contra a cidade de Nova York, o ex-presidente Bill Clinton informou a uma audiência na Georgetown University que «aqueles de nós que descendemos de diversas linhagens europeias não somos inocentes» em relação às Cruzadas; depois, resumiu uma narrativa medieval acerca do sangue que fora derramado quando Godofredo de Bulhão e suas tropas conquistaram Jerusalém em 1099.

Que as Cruzadas teriam sido um crime terrível que exigia compensação já era um tema popular mesmo antes de os terroristas islâmicos atingirem aqueles edifícios com os aviões sequestrados. Em 1999, o *New York Times* propusera solenemente que as Cruzadas eram comparáveis às atrocidades de Hitler ou à limpeza étnica em Kosovo[9]. Naquele mesmo ano, para marcar o nongentésimo aniversário da conquista de Jerusalém pelos cruzados, centenas de protestantes devotos participaram de uma «caminhada de reconciliação» que começou na Alemanha e terminou na Terra Santa. No caminho, os andarilhos vestiam camisetas com a mensagem «Peço perdão» em árabe. Uma nota oficial explicava a necessidade de um pedido cristão de desculpas:

> Há novecentos anos, nossos antepassados levaram o nome de Jesus Cristo em batalha pelo Oriente Médio. Motivados pelo medo, cobiça e ódio [...], os cruzados ergueram o estandarte da Cruz acima do povo de vocês [...]. No aniversário da Primeira Cruzada [...], desejamos retraçar os passos dos cruzados em desculpas por seus atos [...]. Lamentamos profundamente as atrocidades cometidas em nome de Cristo pelos nossos predecessores. Nós renunciamos à ganância, ao ódio e ao medo, e condenamos toda violência perpetrada em nome de Jesus Cristo[10].

Também em 1999, Karen Armstrong, ex-freira e popular autora de temas religiosos, propôs que «as Cruzadas responderam a uma profunda necessidade dos cristãos da Europa. E, no entanto, a maioria de nós hoje condenaria as Cruzadas sem hesitar, declarando-as anticristãs. Afinal, Jesus disse aos seus seguidores que amassem seus inimigos, não que os exterminassem. Ele era um pacifista e tinha mais em comum com Gandhi, talvez, do que com o Papa Urbano». Armstrong prossegue à proposição de que, na verdade, «a guerra santa é um ato profundamente cristão», uma vez que o cristianismo possui «uma tendência inerente à violência, apesar do pacifismo de Jesus»[11]. Do mesmo modo, um proeminente ex-sacerdote, James Carroll, acusa as Cruzadas de terem deixado «um rastro de violência [que] legou uma cicatriz na terra e na memória dos homens até o dia de hoje»[12].

Essas não são acusações novas. Condenações das Cruzadas foram comuns no Ocidente durante o «iluminismo», esse período de nome inadequado em que intelectuais franceses e britânicos inventaram a «Idade das Trevas» a fim de glorificar a si mesmos e vilipendiar a Igreja Católica (veja-se o Capítulo 3). Assim, Voltaire (1694-1778) chamou às Cruzadas uma «epidemia de fúria que durou dois séculos e foi sempre marcada por toda a crueldade, toda a perfídia, todo o excesso e toda a insensatez de que a natureza humana é capaz»[13]. De acordo com David Hume (1711-1776), as Cruzadas foram «o mais marcante e duradouro monumento à insensatez humana a surgir em qualquer era ou nação»[14]. Denis Diderot (1713-1784) caracterizou as Cruzadas como «um período da mais profunda escuridão e da maior insensatez [...], que arrastou uma parte considerável do mundo até um paisinho infeliz no intuito de degolar seus habitantes e tomar um monte rochoso que não valia uma só gota de sangue»[15]. Esses ataques também reforçaram a generalizada «convicção protestante de que as Cruzadas foram mais uma expressão do preconceito e crueldade católica»[16]. O historiador inglês Thomas Fuller (1608-1661) afirmou que as Cruzadas foram todas de iniciativa do papa e que essa «guerra seria o esgoto da cristandade», uma vez que buscava privar os muçulmanos de sua posse legítima da Palestina[17].

Todavia, a noção de que os cruzados foram os imperialistas ocidentais de antanho, gente que usava um pretexto religioso para conquistar terras e acumular despojos de guerra, originou-se provavelmente com o historiador luterano Johann Lorenz von Mosheim (1693-1755), que escreveu: «Os pontífices romanos e os príncipes europeus envolveram-se inicialmente nessas Cruzadas por um simples princípio de superstição, mas quando, com o passar do tempo, aprenderam pela experiência que aquelas guerras santas contribuíam muito com o aumento de sua opulência e com a expansão de sua autoridade [...], a ambição e a ganância sustentaram e reforçaram os imperativos do fanatismo e da superstição»[18]. As opiniões de Mosheim encontraram eco em Edward Gibbon (1737-1794), que declarou que os cruzados na verdade haviam partido em busca de «minas de tesouros, ouro e diamantes, de palácios de mármore e jaspe, bem como de bosques odoríferos de canela e incenso»[19].

Durante o século XX, essa tese do interesse próprio foi desenvolvida mediante uma elaborada descrição «materialista» do motivo das Cruzadas[20]. O prolífico Geoffrey Barraclough (1908-1984) escreveu: «Nosso veredito sobre as Cruzadas [é o de que elas se resumiam à] exploração colonial»[21]. Ou, como Karen Armstrong diz, aquelas «foram nossas primeiras colônias»[22]. Uma explicação mais extensiva e sofisticada do porquê de os cavaleiros se haverem dirigido ao Oriente teve autoria de Hans Eberhard Mayer, que propôs que as Cruzadas aliviaram um severo arrocho financeiro da «classe cavaleiresca» da Europa. Segundo Mayer e outros que partilham de sua opinião, naquele tempo houve um aumento rápido e substancial no número de filhos «excedentes», membros de famílias nobres que não herdariam quinhão e cujo sustento, ainda que com modestas rendas, pesava cada vez mais para os herdeiros. Por isso, «a Cruzada funcionava como um tipo de válvula de escape para a classe cavalheiresca [...], uma classe que olhava para a Cruzada como um modo de resolver os seus problemas materiais»[23]. Com efeito, um grupo de economistas americanos propôs recentemente que os cruzados esperavam ficar ricos com o fluxo de peregrinos (comparando os santuários de Jerusalém aos parques temáticos modernos) e que o papa enviara os cruzados para o Oriente em busca de «novos mercados» para a Igreja, os quais presumivelmente deveriam ser ganhos por meio da conversão dos locais e com o abandono do Islã[24]. Não surpreende, portanto, que um dos principais manuais universitários sobre a civilização ocidental informe aos estudantes: «Da perspectiva do papa e dos monarcas europeus, as Cruzadas ofereciam um modo de livrar a Europa de jovens nobres litigiosos [...] que viam nelas uma oportunidade de adquirir territórios, riquezas, *status*, possivelmente um título e até a salvação»[25].

Resumindo o consenso: *durante as Cruzadas, uma cristandade expansionista e imperialista brutalizou, espoliou e colonizou um Islã tolerante e pacífico.*

No entanto, as coisas não se deram assim. Como veremos, as Cruzadas foram precipitadas por provocações islâmicas — por séculos de sangrentas tentativas de colonizar o Ocidente e por novos ataques a peregrinos cristãos e lugares sagrados. Embora as Cruzadas tenham sido iniciadas por um apelo do papa, isso não teve nada que ver com quaisquer esperanças de conversão do Islã. Tampouco foram as Cruzadas organizadas e lideradas por filhos excedentes, e sim pelas cabeças de grandes famílias que se mostravam completamente cientes de que os custos das Cruzadas excederiam em muito as modestas recompensas materiais que se podiam esperar. Muitos se envolviam a um enorme custo pessoal, e alguns sabiam que estavam decretando a própria falência ao partir. Ademais, os reinos cruzados que estabeleciam na Terra Santa, e que resistiram por quase dois séculos, não eram colônias sustentadas por exações locais; antes, requeriam imensos subsídios da Europa.

Além disso, é totalmente insensato impor noções modernas de conduta militar a guerras medievais; tanto os cristãos como os muçulmanos observavam convenções de guerra bem diferentes. Infelizmente, mesmo muitos dos mais compreensivos e geralmente sensatos historiadores das Cruzadas são incapazes de aceitar isso e inclinam-se a opor-se à ideia mesma de que uma guerra possa ser «justa», o que revela o pacifismo hoje tão generalizado entre os acadêmicos. Por fim, as afirmações de que os muçulmanos têm guardado durante um milênio um amargo ressentimento por conta das Cruzadas são absurdas: o antagonismo muçulmano por conta das Cruzadas não surgiu até aproximadamente 1900, em reação ao declínio do Império Otomano e ao início do verdadeiro colonialismo europeu no Oriente Médio. Ademais, as convicções anticruzadas não se tornaram intensas até depois da fundação do Estado de Israel. Esses são temas centrais dos capítulos que se seguem.

Os historiadores discordam sobre quais eventos constituíram as Cruzadas e, consequentemente, sobre quando elas ocorreram[26]. Eu excluo as «cruzadas» contra hereges na Europa e aceito a definição convencional: a de que as Cruzadas foram conflitos entre a cristandade e o Islã pelo controle da Terra Santa, em campanhas que se deram entre 1095 e 1291. Porém, diferentemente da maioria dos historiadores, não começarei pelo apelo do papa em Clermont, mas com a ascensão do Islã e com o início das invasões muçulmanas da cristandade. Foi então que tudo começou — no século VII, quando os exércitos islâmicos devastaram a porção maior do que era então território cristão: o Oriente Médio, o Egito e todo o Norte da África, bem como a Espanha e o sul da Itália e várias das maiores ilhas do Mediterrâneo, incluindo a Sicília, a Córsega, Chipre, Rodes, Creta, Malta e a Sardenha. Também é importante examinar os contra-ataques cristãos que tiveram início no século VIII e logo «libertaram» muitas das áreas ocupadas, pois trata-se de amostras dos confrontos militares que depois aconteceram na Terra Santa. Tampouco me limitarei a recontar as batalhas dos cruzados, pois elas só podem ser compreendidas à luz da cultura e da tecnologia superior que possibilitou aos cavaleiros europeus marchar mais de quatro mil quilômetros, sofrer grandes perdas pelo caminho e ainda derrotar exércitos muçulmanos muito mais numerosos.

Muitos historiadores excepcionais dedicaram suas carreiras ao estudo de certos aspectos das Cruzadas[27]. Eu não sou um deles. O que fiz foi sintetizar o trabalho desses especialistas numa perspectiva mais abrangente e em prosa acessível ao leitor médio. No entanto, tive o cuidado de prestar pleno reconhecimento às contribuições dos muitos especialistas de quem dependi, algumas no corpo do texto, outras nas notas finais.

CAPÍTULO 1

Os invasores muçulmanos

Naquele que veio a ser conhecido como seu discurso de despedida, conta-se que Maomé disse a seus seguidores: «Foi-me ordenado que lutasse contra todos os homens, até que digam: "Não há Deus além de Alá"»[1]. Isso está em pleno acordo com o Corão (9, 5): «Matai os idólatras onde quer que os encontreis, levai-os cativos, cercai-os e preparai para eles todo tipo de cilada». Com esse espírito, os herdeiros de Maomé partiram em conquista do mundo.

Em 570, quando Maomé nasceu, a cristandade estendia-se desde o Oriente Médio, passando por todo o norte da África, e abarcava grande parte da Europa. No entanto, somente oitenta anos depois da morte do profeta, em 632, um novo império muçulmano enfim conseguiu expulsar os cristãos da maior parte do Oriente Médio, de todo o norte da África, do Chipre e da maior parte da Espanha.

Séculos depois, a Sicília, a Sardenha, a Córsega, Creta e o sul da Itália também passaram para o domínio muçulmano. Como se conseguiu isso? Como eram dirigidas as sociedades conquistadas? O que aconteceu com seus milhões de cristãos e judeus?

As conquistas

Antes de morrer, Maomé reunira força militar suficiente para contemplar uma expansão para além da Arábia. Incursões ao exterior foram-se tornando uma ideia cada vez mais atraente porque a unificação que Maomé realizara das tribos beduínas num estado árabe dera fim à longa tradição de extorquir dinheiro de proteção das cidades e povoados árabes, bem como à liberdade para assaltar caravanas. Desse modo, sua atenção voltou-se para o norte e para o leste, onde «havia ricos espólios que ganhar, e guerreiros poderiam encontrar glória e lucro sem risco para a paz e segurança interna da Arábia»[2]. Incursões das forças de Maomé na Síria e na Pérsia Bizantina começaram durante os últimos anos de vida do Profeta, e sérios esforços se seguiram logo após a sua morte.

Como era de se esperar, muitos historiadores insistiram em explicações inteiramente materiais e seculares para as primeiras conquistas muçulmanas. Assim, o proeminente Carl Heinrich Becker (1876-1933) afirmou que a «explosão dos árabes para além da sua península nativa deu-se [...] por necessidades econômicas»[3]. De modo especial, diz-se que certa explosão populacional na Arábia e um súbito declínio do comércio de caravanas foram as principais forças a impelir os árabes a iniciar repentinamente uma série de invasões e conquistas. No entanto, essa explosão populacional jamais aconteceu: foi inventada por autores que presumiram serem necessárias «hordas de árabes»[4] para subjugar os bizantinos e persas civilizados. A verdade é bem o contrário. Como se verá, as invasões muçulmanas foram realizadas por exércitos árabes notavelmente pequenos e muito bem liderados e organizados. Quanto ao comércio de caravanas, se algo nele mudou, deve ter é aumentado nos primeiros tempos do estado árabe, provavelmente porque as caravanas agora tinham muito mais segurança.

Um motivo fundamental para que os árabes atacassem seus vizinhos naquele momento em particular estava em que eles finalmente tinham o poder para fazê-lo. Em primeiro lugar, tanto Bizâncio como a Pérsia encontravam-se exaustos devido às décadas de luta entre si, durante as quais ambos os lados tinham sofrido inúmeras derrotas sangrentas. Também importante era o fato de que, havendo-se tornado um estado unificado em lugar de uma coleção de tribos que resistiam à cooperação, os árabes desfrutavam agora da habilidade de sustentar campanhas militares, em detrimento das incursões-relâmpago que haviam conduzido por séculos. Quanto a motivações mais específicas, Maomé vira a expansão como uma forma de suster a união árabe, provendo às tribos do deserto novas oportunidades sob a forma de espólios de guerra e tributos. Acima de tudo, entretanto, as invasões árabes foram planejadas e lideradas por aqueles que se comprometiam com a expansão do Islã. Como bem resume Hugh Kennedy, os muçulmanos «lutavam por sua religião, pela perspectiva de despojos e porque seus amigos e companheiros de tribo estavam fazendo o mesmo»[5].

Todas as tentativas de reconstruir as invasões muçulmanas são limitadas pela falta de credibilidade das fontes. Nas palavras do competente Fred Donner, os primeiros cronistas muçulmanos «reuniram relatos fragmentados de maneiras diversas, resultando em vários esquemas sequenciais contraditórios», sendo impossível determinar qual seja o mais preciso (se é que algum o é)[6]. Além disso, tanto os cronistas cristãos como os muçulmanos fazem afirmações absurdamente exageradas sobre o tamanho dos exércitos — inflando com frequência os números envolvidos por um fator de dez ou mais. Por sorte, gerações de estudiosos engenhosos elaboraram estatísticas mais plausíveis e um panorama geral mais adequado das principais campanhas.

A seguinte avaliação das conquistas muçulmanas limita-se, obviamente, àquelas anteriores à Primeira Cruzada.

Síria

A primeira conquista foi a Síria, então província do Império Bizantino (Império Romano do Oriente). A Síria tinha muitos atrativos. Não apenas era próxima; era a terra estrangeira com que estavam mais familiarizados. Os comerciantes árabes tinham contatos regulares com os comerciantes sírios, alguns dos quais frequentavam as feiras de comércio sediadas em Meca por gerações. A Síria também era uma região muito mais fértil do que a Arábia e tinha cidades maiores e mais impressionantes, entre elas Damasco. Além disso, a Síria também constituía um alvo oportuno por causa de sua situação política instável e da presença de muitos grupos de algum modo descontentes. Após séculos de domínio bizantino, ela caíra nas mãos dos persas por volta de 611, somente para ser retomada por Bizâncio em cerca de 630 (dois anos antes da morte de Maomé). Durante seu domínio, os persas destruíram as bases institucionais do governo bizantino, e sua expulsão gerou um vácuo de liderança. Ademais, os árabes vinham migrando para a Síria havia séculos e consistiram, por muito tempo, numa fonte primária de recrutas para os exércitos bizantinos. Do mesmo modo, já havia muito tempo que certas tribos árabes fronteiriças atuavam como mercenários contra as incursões de seus compatriotas do sul. Porém, quando Bizâncio readquiriu o controle da Síria, o imperador Heráclio, acossado por enormes dívidas, recusou-se a renovar os subsídios pagos a essas tribos de fronteira — decisão que as alienou justamente neste momento estratégico[7]. Tampouco a multidão de residentes árabes da Síria nutria grande amor por seus governantes. Por isso, quando os invasores árabes islâmicos chegaram, muitos defensores árabes mudaram de lado durante a batalha. Para piorar, mesmo entre os não árabes da Síria, «o domínio bizantino era tão odiado que os árabes foram recebidos como libertadores»[8]. E ninguém odiava ou temia mais os gregos do que alguns grupos cristãos, como os nestorianos, que por muito tempo foram perseguidos como hereges pelos bispos ortodoxos de Bizâncio.

Os primeiros exércitos muçulmanos entraram na Síria em 633 e tomaram uma região ao sul sem nenhuma grande altercação com as forças bizantinas. Uma segunda fase teve início no ano seguinte e deparou-se com resistência mais determinada, mas os muçulmanos venceram uma série de batalhas e tomaram Damasco e outras cidades em 635. Isso criou as condições para a épica Batalha de Jarmuque, que se deu em agosto de 636 e durou seis dias. Os dois lados parecem ter contado com números mais ou menos iguais, o que favorecia os exércitos muçulmanos, uma vez que estavam organizados em posição defensiva, forçando os gregos a atacar. No fim, a pesada cavalaria bizantina conseguiu romper a linha de frente árabe, mas não pôde tirar proveito de sua vantagem porque os muçulmanos recuaram para trás de barreiras compostas de camelos ajuntados. Quando os bizantinos atacaram esta nova linha de defesa, deixaram os flancos expostos a um ataque letal da cavalaria muçulmana. Neste momento, em vez de manter seus postos, a infantaria grega amotinou-se, entrou em pânico e fugiu para uma ravina, onde milhares encontraram sua morte. Pouco tempo depois, o exército bizantino derrotado abandonou a Síria[9]. Em seguida o califa muçulmano estabeleceu Damasco como capital do crescente império islâmico (a palavra *califa* significa «sucessor», e o título *califa* indica o «sucessor de Maomé»).

Pérsia

Enquanto isso, outros exércitos árabes tinham investido contra a região persa da Mesopotâmia, hoje conhecida como Iraque. O problema da falta de confiabilidade dos soldados árabes atrapalhou os persas do mesmo modo como atrapalhara os bizantinos: em várias das batalhas principais, unidades inteiras da cavalaria persa, que consistiam exclusivamente de mercenários árabes, passaram para o lado dos muçulmanos, ocasionando uma derrota esmagadora para os persas na Batalha de Cadésia, em 636.

Os persas haviam reunido um exército de talvez trinta mil membros, incluindo grande número de elefantes de guerra. O exército muçulmano era menor e menos armado, mas possuía uma distinta vantagem posicional: um braço do rio Eufrates passava-lhes de frente, havia um pântano à sua direita e um lago à sua esquerda. Atrás deles estava o deserto. No primeiro dia, a batalha foi bastante exploratória, embora uma incursão experimental com os elefantes de guerra tenha sido repelida pelos arqueiros árabes. O segundo dia foi repetição do primeiro. Contudo, no terceiro dia, os persas organizaram uma ofensiva completa, avançando de trás de suas equipes de elefantes de combate. Foram novamente rechaçados com uma chuva de flechas, e os dois elefantes principais foram feridos. Como consequência, retrocederam em debandada por entre os outros animais, que então os seguiram — e a manada inteira voltou atropelando as fileiras persas. Havendo-se instaurado o caos, a cavalaria árabe atacou e a batalha foi vencida, com imensas perdas do lado persa[10].

Subsequentemente, após um breve cerco, o exército muçulmano tomou a capital de Ctesifonte. Foi assim que a região que hoje constitui o Iraque acabou por ser conquistada pelos muçulmanos, reduzindo a Pérsia ao que hoje se conhece como Irã. Logo este também foi conquistado pelos invasores muçulmanos, mas não sem uma resistência ferrenha, e os persas continuaram a rebelar-se contra o domínio muçulmano ao longo do século seguinte. Pacificada a Pérsia a contento, o califa Almançor transferiu a capital do império muçulmano de Damasco para uma nova cidade que construiu às margens do rio Tigre, no Iraque. Seu nome oficial era Madina al-Salam («Cidade da Paz»), mas todos lhe chamavam Bagdá («Cidade de Deus»).

Depois de conquistar a Pérsia, os exércitos muçulmanos aventuraram-se ao norte para conquistar a Armênia e também foram para o leste, ocupando o Vale do Indo (o moderno Paquistão). A partir dessa base, ao longo de muitos séculos, os muçulmanos expandiram-se até o coração da Índia.

A Terra Santa

A Palestina fazia parte da Síria Bizantina, e a derrota avassaladora das forças gregas na Batalha de Jarmuque deixou a Terra Santa sob a proteção exclusiva de forças locais. Nesse período, ainda que a Palestina fosse administrada por cristãos gregos, a população era majoritariamente judaica. Ao que parece, as vitórias muçulmanas sobre os bizantinos haviam sido interpretadas por muitos judeus como sinais de que o Messias estava para aparecer, e isso pode explicar os relatos de judeus que deram as boas-vindas ao exército invasor muçulmano[11]. Destacamentos muçulmanos entraram na Palestina em 636 e, após longo cerco, Jerusalém rendeu-se em 638 ao califa Omar, que entrou na cidade montado num cavalo esplêndido e levando um camelo. Omar permitiu que os cristãos bizantinos continuassem vivendo em Jerusalém, mas proibiu aos judeus que o fizessem[12], dando continuidade à política que governadores bizantinos impunham havia séculos[13]. Anos mais tarde, contudo, a proibição dos judeus foi revogada.

Egito

O Egito também era uma província bizantina; por isso sua segurança foi minada pelas derrotas sofridas pelas forças gregas a nordeste. Em 639, o califa Omar enviou uma pequena tropa invasora de cerca de quatro mil homens à região do Delta do Nilo. Em resposta, as forças bizantinas de defesa recuaram para dentro das cidades muradas, onde se encontravam bem protegidas das táticas de uma pequena tropa de invasores. Então, em 640, outros doze mil soldados muçulmanos chegaram, e os dois grupos estabeleceram-se em Heliópolis. Depois de haver deixado de atacar ambas as tropas muçulmanas quando ainda estavam distantes, uma tropa bizantina agora decidia sair em marcha e travar combate. Durante a noite, o comandante árabe conseguiu esconder dois destacamentos, um em cada flanco do campo de batalha. Depois que a tropa árabe principal iniciou o combate contra os gregos, essas unidades de flanco emergiram da emboscada, fazendo com que as linhas bizantinas se rompessem, e «uma grande multidão foi abatida e trucidada pelos muçulmanos exultantes»[14].

Em seguida, num esforço para atrair outras guarnições bizantinas para a batalha, os muçulmanos devastaram a cidade indefesa de Nikiou e massacraram seus habitantes, fazendo depois o mesmo com vários outros vilarejos vizinhos[15]. A esta altura, a maior parte das guarnições bizantinas recuou «ordenadamente até as defesas de Alexandria»[16]. Os árabes seguiram-nas e investiram de maneira descuidada contra os muros, sofrendo uma derrota sangrenta. Recuando para além do alcance das flechas e catapultas que atiravam das muralhas defensivas, os árabes armaram seu acampamento.

O que se seguiu deveria ter sido um cerco fadado ao fracasso, visto que Alexandria era uma cidade portuária e a armada bizantina, que então desfrutava do controle completo dos mares, podia suprir a cidade com recursos e reforços por tanto tempo quanto fosse preciso. Na condição de segunda maior cidade de todo o mundo cristão[17], Alexandria «era circundada por muralhas e torres maciças, contra as quais os projéteis que os árabes possuíam eram totalmente ineficazes. [...] Uma cidade desse tipo poderia ter resistido por anos»[18]. Todavia, por razões que jamais conheceremos, em 641, um mês depois de sua chegada pelo mar para assumir o cargo de governador do Egito, Ciro saiu para encontrar-se com o comandante muçulmano e entregou-lhe Alexandria e o Egito inteiro.

Mas esse não foi o fim. Quatro anos depois, uma frota bizantina de cerca de trezentos navios aportou subitamente em Alexandria e desembarcou um exército substancial que logo despachou a guarnição muçulmana de mil homens. Mais uma vez, os gregos tinham uma posição inexpugnável atrás das grandes muralhas da cidade, mas seu comandante tolo e arrogante saiu com as tropas para confrontar os árabes e acabou derrotado. Mesmo assim, um número suficiente de tropas bizantinas conseguiu retornar a Alexandria para ocupar adequadamente as fortificações, e mais uma vez estavam a salvo dos ataques... não fosse a traição de um oficial que abriu um portão para os árabes. Dizem alguns relatos que ele foi subornado; outros, que se tratava de um cristão copta que queria vingar-se dos gregos por terem perseguido a gente de sua fé. De qualquer forma, depois de entrarem na cidade, os muçulmanos realizaram um «massacre, pilhagem e incêndios, [...] até que metade da cidade estivesse destruída»[19]. Também puseram abaixo as muralhas da cidade para evitar que o problema se repetisse.

A necessidade de tomar Alexandria duas vezes deixou os muçulmanos plenamente cientes da necessidade de neutralizar o poder naval bizantino. Voltando sua atenção para os estaleiros egípcios, encomendaram a construção de uma frota e contrataram mercenários coptas e gregos para navegá-la e gerenciá-la. Em 649, essa nova frota estava pronta para tentar a invasão do Chipre; a Sicília e Rodes foram pilhados pouco depois. Um grande império muçulmano agora dominava a maior parte do Oriente Médio e estava livre para continuar se expandindo ao longo da costa norte-africana.

Nesse momento, porém, as conquistas muçulmanas pararam porque uma guerra civil brutal, que durou anos, estourou dentro do Islã. No centro da discussão estavam reivindicações ao título de verdadeiro sucessor de Maomé, as quais punham em disputa Ali, primo e genro de Maomé, e Moáuia, primo do califa Otomão, que fora assassinado. Depois de muito derramamento de sangue, Ali também foi morto e Moáuia tornou-se califa, ficando o Islã para sempre dividido entre sunitas e xiitas (que haviam apoiado Ali). Foi apenas em 670 que o exército muçulmano voltou a avançar a partir da costa norte-africana.

África setentrional

A exemplo do Egito, também toda a costa setentrional da África estivera sob o domínio bizantino. Como todas as suas grandes cidades eram portuárias e bem guarnecidas, o comandante árabe deslocou-se para o oeste por rotas desérticas, estabeleceu uma base no interior e construiu uma mesquita gigante no local que depois se tornou a cidade de Cairuão — que seria considerada a terceira cidade muçulmana mais sagrada (depois de Meca e Medina)[20]. Desta base no Magrebe (como os árabes chamavam a África setentrional), o exército muçulmano primeiramente guerreou contra os berberes que habitavam o deserto, muitos dos quais se tinham convertido ao judaísmo tempos antes[21]. Apesar de sua aguerrida resistência, sobretudo por parte das tribos do Monte Atlas, lideradas por uma judia carismática chamada Kahina, os muçulmanos enfim prevaleceram e, então, passaram a arrolar os berberes no número de seus aliados[22]. Enquanto isso, um novo exército muçulmano de possivelmente quarenta mil homens varreu as cidades costeiras, tomando Cartago em 698. No entanto, como acontecera em Alexandria, os gregos conseguiram aportar tropas em Cartago e retomar o local. Em resposta, os muçulmanos reuniram uma frota e outro exército, incluindo grandes números de berberes, e em 705 Cartago foi «reduzida a pó e a maioria de seus habitantes acabou morta»[23]. A posse de uma armada adequada pelos muçulmanos selou o destino de todas as cidades costeiras bizantinas que restavam[24].

Espanha

Em 711, um exército de sete a dez mil muçulmanos do Marrocos cruzou o Mediterrâneo em seu ponto mais estreito a oeste e aportou na costa da Espanha, ao sopé de uma montanha que se projetava ao mar. Mais tarde, essa montanha recebeu o nome do comandante muçulmano, o berbere Tariq ibn-Ziyad: foi chamada Rocha de Tariq — e daí *Jabal Tariq* ou Gibraltar[25]. A chegada dos muçulmanos pegou todos de surpresa na Espanha. O rei Rodrigo reuniu rapidamente um exército e marchou para o sul de sua capital em Toledo, mas apenas para ser derrotado em batalha no rio Guadalete: Rodrigo afogou-se enquanto escapava da carnificina. Essa foi a primeira vez que forças muçulmanas travaram batalha com cristãos que não eram bizantinos; neste caso, tratava-se de visigodos que haviam conquistado a Espanha romana por volta de 500. Como de costume, as estimativas contemporâneas dos números envolvidos e da extensão das baixas são inúteis. Gibbon citava-as para atribuir a Rodrigo um exército de cem mil homens e afirmava que, embora os muçulmanos houvessem vencido, sofreram uma baixa de dezesseis mil em batalha. O exército de Rodrigo provavelmente contava com menos de dez mil. O certo é que Rodrigo perdeu e Tariq enviou o que acreditava ser sua cabeça (submersa em salmoura) ao califa em Damasco[26].

Seguiu-se então uma campanha de sete anos que pôs o restante de Al-Andalus, nome pelo qual os muçulmanos chamavam a Espanha, sob seu controle, exceção feita a uma pequena região ao norte de que os cristãos jamais seriam expulsos. Quase nada se sabe dessa campanha fora o fato de que não houve nenhuma resistência popular aos muçulmanos, uma vez que o regime visigótico, corrupto e deveras brutal, era amplamente odiado pela população local. Essa mesma população chamava aos muçulmanos «mouros», ou povo do Marrocos, e o nome pegou. Imediatamente depois de ter situado sua capital na cidade de Córdoba, os mouros construíram uma grande mesquita na antiga localização de uma catedral cristã. De início, Al-Andalus foi parte do império muçulmano, mas em 756 tornou-se um emirado independente.

Sicília e Itália meridional

A primeira invasão muçulmana da Sicília aconteceu em 652 e fracassou, assim como os ataques de 667 e de 720. Tentativas posteriores foram adiadas por guerras civis na África setentrional envolvendo berberes e árabes. Os muçulmanos voltaram em 827 e aportaram cerca de dez mil tropas. Os comandantes bizantinos locais resistiram furiosamente, de modo que os muçulmanos levaram mais de setenta anos para ter sucesso, após «muita luta e muitos massacres»[27]. Assim, embora Palermo houvesse caído depois de um longo cerco em 831, Siracusa não sucumbiu até 878, enquanto Taormina, a última fortaleza bizantina, resistiu até 902.

Da sua base inicial na Sicília, os muçulmanos passaram para a Itália meridional. Em 840, Taranto e Bari foram capturadas; Capua, arrasada; e Benevento, ocupada. Roma acabou pilhada em 843 e 846, quando todas as suas igrejas famosas foram saqueadas e o papa viu-se forçado a pagar um enorme tributo. Retirando-se para o sul, os comandantes muçulmanos dividiram porções da Itália meridional em emirados independentes.

A ocupação da Sicília e da Itália meridional durou mais de dois séculos.

As ilhas maiores

Pouco se tem escrito sobre as conquistas muçulmanas das principais ilhas do Mediterrâneo; talvez os historiadores as tenham considerado assaz insignificantes para serem contabilizadas. No entanto, a posse de ilhas como Creta e a Sardenha era de importância estratégica considerável para as frotas muçulmanas. Por isso, a queda do Chipre (653), de Rodes (672), da Sardenha (809), de Maiorca (818), de Creta (824) e de Malta (835) constituiu perda significativa para o Ocidente.

Estratégia muçulmana

Como os árabes triunfaram tão rápido e, aparentemente, com tanta facilidade? Muitos historiadores, pouco familiarizados com técnicas militares, julgaram esse triunfo inexplicável. Questionam: como um punhado de bárbaros do deserto puderam desbancar os exércitos imensos e bem treinados dos impérios «civilizados»?

Como já se observou, muitos atribuíram as conquistas muçulmanas a uma imensa superioridade numérica, às hordas de árabes que teriam vindo em cavalgada do deserto a fim de dizimar forças bizantinas e persas muito menores. Contudo, tribos do deserto nunca são muito grandes; os exércitos de conquistadores muçulmanos eram normalmente bem menores do que os exércitos «civilizados» que derrotavam. Por conseguinte, historiadores adotaram a tese de que os muçulmanos venciam porque «os bizantinos subestimavam o novo poder que o fervor religioso muçulmano conferia às tropas árabes»[28]. Isso dá a entender que ataques sucessivos eram perpetrados por hordas e mais hordas de fanáticos que arremetiam contra o inimigo gritando: «Morte aos infiéis!». Por fim, alguns historiadores puseram a culpa pelas baixas bizantinas e persas no fato de serem demasiado civilizados, em comparação com os destemidos e selvagens islâmicos. Com efeito, esta explicação chegou a ser proposta pelo famoso pensador muçulmano Ibn Kahldun (1332-1406), que escreveu: «Deve-se saber que [...] os povos selvagens são indubitavelmente mais corajosos que os outros»[29].

Na verdade, os soldados muçulmanos eram tão hábeis quanto os bizantinos ou persas na arte de bater em retirada quando a maré se voltava contra eles. Suas vitórias são facilmente compreensíveis à luz da tecnologia e das técnicas militares comuns.

A primeira coisa que se deve reconhecer é que os impérios mais «civilizados» não possuíam nenhum equipamento militar superior, com a exceção de máquinas de cerco, que eram inúteis para repelir ataques. *Todos* dependiam de espadas, lanças, machados e arcos; todos carregavam um escudo, e aqueles que podiam pagar usavam armaduras, não obstante as forças «civilizadas» tivessem mais acesso a elas[30]. Entretanto, neste período já não havia, nas forças imperiais de Bizâncio ou da Pérsia, «soldados cidadãos» dedicados e bem disciplinados. Pelo contrário, essas forças eram recrutadas aqui e acolá e contavam, em sua maior parte, com «estrangeiros» que serviam principalmente por dinheiro, o que impunha limites à sua lealdade e fervor. De fato, como já observado, muitos dentre as fileiras bizantinas e persas eram árabes, dos quais um grande número acabou por desertar para o lado dos muçulmanos.

Tampouco os exércitos «profissionais» da Pérsia e de Bizâncio eram mais bem treinados. Pelo contrário: serviam, em sua maioria, como tropas de «fortaleza», usadas sobretudo para a defesa estática de pontos seguros, como guarnições muradas e cidades; estavam, pois, mal equipadas para batalhas de manobra[31]. Para piorar, a falta crônica de soldados resultou na incapacidade de manter uma rede de guarnições suficientemente densa para impedir que um inimigo organizasse ataques-surpresas. Além disso, os persas e bizantinos também não possuíam cavalaria suficiente para compensar essa falta de densidade com um reconhecimento das rotas e forças do inimigo; como já se disse, as unidades de cavalaria que possuíam consistiam principalmente de árabes contratados, que tendiam à deserção em momentos críticos. Ademais, em contraposição aos soldados persas e gregos, que provinham sobretudo de contextos campesinos, os árabes do deserto devotavam-se às armas desde a infância, e, quando partiam para a batalha, cada combatente muçulmano fazia parte de uma unidade pequena e coesa de homens pertencentes à mesma tribo, que lutavam ao lado de seus parentes e amigos de longa data — situação que submetia cada indivíduo a uma pressão social que exigia dele bravura e agressividade.

Talvez a vantagem mais importante dos invasores muçulmanos fosse o fato de viajarem de camelo; até a cavalaria viajava assim, levando consigo seus cavalos. O uso de camelos tornava os árabes equivalentes a uma «força mecanizada», fazendo com que deixassem muito para trás os exércitos persas e bizantinos, que viajavam a pé[32].

Essa mobilidade superior permitia aos árabes encontrar e atacar os locais menos protegidos e evitar as principais forças persas e bizantinas até que estas se encontrassem em grande desvantagem. Além disso, o «único meio de locomoção pelo deserto era o camelo, cujo monopólio pertencia aos árabes. Assim, nem os exércitos bizantinos nem os persas podiam cruzar o deserto»[33]. Daí que, dada a geografia da região, os muçulmanos sempre conseguiam surpreender as forças imperiais pelos flancos usando rotas desérticas; e, caso fosse necessário, podiam sempre recuar para o deserto e evitar a batalha. Essa habilidade não apenas dava aos árabes uma imensa vantagem no Oriente Médio, mas foi igualmente significativa na conquista da África setentrional. Assim como Erwin Rommel, a «Raposa do Deserto» da Alemanha, mandava seus tanques para o deserto com frequência e, dessa forma, acossava pelos flancos as forças britânicas que buscavam impedi-lo de invadir o Egito, também os árabes usavam seus camelos para ladear as forças bizantinas que tentavam defender seus assentamentos costeiros.

Ao contrário do que muitos imaginariam, uma considerável vantagem dos árabes vinha do tamanho *reduzido* de seus exércitos de campo: eles raramente reuniam mais do que dez mil homens, e com frequência partiam em campanha com tropas de dois a quatro mil[34]. Suas vitórias contra forças imperiais muito maiores eram semelhantes àquelas normalmente conseguidas por forças pequenas, bem lideradas e agressivas em face de hordas inimigas desconjuntadas; considere-se apenas quantas vezes, na história antiga, minúsculos exércitos gregos derrotaram enormes forças persas. Ironicamente, devido aos números menores, as forças invasoras árabes conseguiam superar em números seus oponentes em certos campos de batalha, uma vez que sua mobilidade assaz superior lhes permitia atacar uma tropa inimiga inferior e destruí-la antes que os reforços pudessem chegar. As forças imperiais exauriam-se marchando numa busca inútil pela batalha, ou então tornavam-se vulneráveis ao espalhar-se e tentar se defender de todos os lados de uma vez. E isso não era meramente um problema tático que desafiava os bizantinos numa região específica; tratava-se de um problema estratégico geral, ligado ao fato de que as forças bizantinas se encontravam muito dispersas devido à imensidão do seu império. Por isso, enquanto os árabes concentravam suas forças no ataque de uma região específica, como a Síria ou o Egito, dezenas de milhares de soldados gregos permaneciam ociosos longe da batalha, servindo em guarnições localizadas em pontos como a Itália meridional ou a Armênia[35].

Deve-se deixar claro que as forças árabes também eram muito bem lideradas — não por seus chefes tribais, mas por oficiais selecionados da «nova elite governante de povos assentados em Meca, Medina ou Al-Taif»[36]. Todos os postos medianos ou elevados eram ocupados pela elite, por homens que obviamente entendiam de administração, incluindo a cadeia de comando, e que sabiam manter em vista as metas estratégicas mais amplas enquanto se envolviam em confrontos táticos. Enfim, a promoção e indicação de oficiais nos primeiros exércitos muçulmanos baseou-se sobretudo no mérito, ao passo que os comandantes bizantinos e persas eram frequentemente desqualificados, exceto por suas ascendências.

Governança

De início, as sociedades conquistadas eram consideradas províncias do estado muçulmano e submetiam-se a governadores indicados pelo califa. Por fim, o controle central cedeu, e, como já se observou, muitas províncias tornaram-se estados muçulmanos independentes, «cujos governantes reconheciam comumente o califa como imã ou chefe do Islã, mas não lhe concediam nenhum poder sobre seus domínios»[37]. Desse modo, quando o Ocidente começou a contra-atacar, sua oposição limitava-se às tropas disponíveis a um governante específico; outros estados muçulmanos não costumavam mandar reforços.

Num primeiro momento, os conquistadores árabes constituíram uma pequena elite que governava grandes populações de não muçulmanos, cuja maior parte permaneceu, como veremos, sem converter-se durante séculos. Com efeito, os califas exigiam que a elite governante estabelecesse suas próprias cidades-guarnições. «Isso lhes permitiria manter o controle militar e os desencorajaria a assimilar-se e perder sua identidade religiosa e étnica»[38]. Essa era, é claro, uma via de mão dupla, e o isolamento muçulmano bloqueou as conversões. As relações com o povo subjugado, portanto, limitavam-se à imposição de restrições a atividades como a construção de igrejas ou a equitação, ou ainda à coleta de impostos substanciais, cobrados sempre de não muçulmanos.

Súditos conquistados

Uma boa dose de absurdos se tem escrito sobre a tolerância muçulmana. Diz-se que, em contraste com a brutalidade dos cristãos contra judeus e hereges, o Islã demonstrava admirável tolerância pelos povos conquistados, tratava-os com respeito e permitia-lhes a prática de sua fé sem interferência. Esta afirmação provavelmente veio de Voltaire, Gibbon e outros autores setecentistas que a usavam para apresentar a Igreja Católica sob a pior luz possível. No entanto, a verdade acerca da vida sob o domínio muçulmano é bem diferente.

É correto dizer que o Corão proíbe conversões forçadas. Contudo, isso se reduz a um legalismo vazio, dado que muitos povos conquistados tinham a «liberdade» de escolher a conversão como alternativa à morte ou à escravidão. Era essa a escolha que se costumava oferecer aos pagãos, e os judeus e cristãos com frequência também eram colocados diante dessa escolha ou de alguma outra tão radical quanto[39]. A princípio, como «povos do Livro», judeus e cristãos deviam ser tolerados e autorizados a seguir sua fé, mas só sob condições bastante repressivas: a morte era (e continua sendo) o destino de qualquer um que se convertesse a qualquer uma dessas crenças. Tampouco se podiam construir novas igrejas ou sinagogas. Judeus e cristãos também eram proibidos de rezar e de ler suas escrituras em voz alta — nem mesmo em suas casas ou em igrejas e sinagogas —, a fim de que os muçulmanos não as ouvissem acidentalmente. E, como Marshall G. S. Hodgson (1922-1968), notável historiador do Islã, observou, desde os tempos mais remotos as autoridades muçulmanas se esforçavam por humilhar e punir os *dhimmis* — judeus e cristãos que se recusavam a abraçar o islamismo. A política oficial estipulava que os *dhimmis* deveriam «sentir-se inferiores e [...] conhecer "seu lugar" [...] [com a imposição de leis que determinavam] que cristãos e judeus não deveriam montar em cavalos, por exemplo, mas no máximo em mulas, ou até que deveriam usar certas marcas distintivas de sua religião nas roupas quando entre muçulmanos»[40]. Em certos lugares, não muçulmanos eram proibidos de vestir roupas semelhantes às de muçulmanos e não podiam armar-se[41].

Ademais, não muçulmanos eram sempre taxados severamente em comparação a muçulmanos[42].

Essas eram as circunstâncias normais dos súditos judeus e cristãos em estados muçulmanos, mas as condições podiam ser bem piores. Em 705, os conquistadores muçulmanos da Armênia juntaram todos os nobres cristãos numa igreja e queimaram-nos vivos[43]. Houve muitos episódios semelhantes além das indiscriminadas matanças de cristãos mencionadas anteriormente, quando se tratou das conquistas muçulmanas. O primeiro massacre de judeus ocorreu em Medina quando Maomé mandou decapitar todos os judeus adultos do sexo masculino (cerca de setecentos) após forçá-los a cavar as próprias covas[44]. Infelizmente, massacres de judeus e cristãos tornaram-se cada vez mais comuns com o passar do tempo. Por exemplo, no século XI, houve muitos assassinatos em massa de judeus — mais de seis mil no Marrocos em 1032 e 1033, e pelo menos o mesmo número foi morto durante dois episódios em Granada[45]. Em 1570, invasores muçulmanos assassinaram dezenas de milhares de civis cristãos no Chipre[46].

Isso *não* quer dizer que os muçulmanos fossem mais brutais ou menos tolerantes do que os cristãos ou judeus, pois se tratava de uma era brutal e intolerante. *Quer* dizer, porém, que os esforços para retratar os muçulmanos como propositores esclarecidos do multiculturalismo são, na melhor das hipóteses, mal informados.

Conversão

Levou muito tempo para que as regiões conquistadas se tornassem verdadeiramente muçulmanas em algo além do nome. A realidade é que elites muçulmanas muito pequenas dominaram por muito tempo populações não muçulmanas (de maioria cristã) nas regiões conquistadas. Isso vai contra a crença difusa de que as conquistas muçulmanas foram seguidas rapidamente de conversões em massa ao Islã.

Em parte, essa crença nas rápidas conversões em massa baseia-se na incapacidade de distinguir as «conversões por tratado» das mudanças de práticas e crenças individuais. As tribos que pegavam em armas por Maomé normalmente o faziam com base num tratado que expressava a aceitação das afirmações religiosas do profeta — como se vê pelo grande número de defecções dessas tribos após a morte de Maomé. Conversões por tratado continuaram durante as conquistas muçulmanas, sendo o caso dos berberes um exemplo notável. Quando foram atacadas pelos invasores muçulmanos da África setentrional, algumas das tribos berberes eram pagãs; outras professavam o judaísmo e outras eram cristãs. No entanto, depois da derrota de Kahina e suas forças, os berberes assinaram um tratado em que se declaravam muçulmanos. Talvez alguns realmente o fossem. No entanto, ainda que Marshall Hodgson tenha escrito que os berberes «se converteram em massa»[47], sua conversão era sobretudo uma conversão por tratado que os qualificava a participar de subsequentes campanhas de conquista e a tomar parte dos espólios e tributos que delas resultavam. A verdadeira conversão dos berberes em termos de crenças individuais foi um processo lento que levou muitos séculos.

Além de confundirem conversões por tratado com conversões reais, os historiadores também erraram por presumir que, uma vez que um povo se via submetido à ocupação muçulmana, conversões em massa «devem ter» ocorrido. No entanto, «deve ter» é uma das locuções menos confiáveis do vocabulário acadêmico. Neste caso, os cientistas sociais que estudaram o tema da conversão responderiam que conversões em massa «não devem ter» acontecido, dado que é assaz duvidoso que uma conversão em massa jamais tenha ocorrido em lugar algum! Todas as ocorrências de conversão um dia observadas revelaram que se trata de atos individuais que ocorrem de modo relativamente gradual à medida que as pessoas são atraídas a determinada fé por uma rede composta de parentes e amigos que já se converteram[48]. Nos exemplos em questão, o modelo de rede ganha credibilidade pelo fato de haver levado séculos para que metade da população das sociedades conquistadas enfim se tornasse muçulmana.

Richard W. Bulliet deu-nos uma quantidade fabulosa de dados sobre a conversão de várias regiões conquistadas ao Islã[49]. Por alguma razão, desde os primórdios, os muçulmanos produziram um grande número de dicionários biográficos extensíssimos, nos quais vinham listados todos os indivíduos célebres de cada região, e novas edições foram aparecendo ao longo dos séculos. Bulliet pôde reunir dados sobre mais de um milhão de pessoas. O valor desses dados está no fato de Bulliet ter feito a distinção entre muçulmanos e não muçulmanos com base em seus nomes. Desse modo, ao combinar diversos dicionários de uma região específica e organizar as dezenas de milhares de pessoas aí listadas segundo o ano de nascimento, ele conseguiu calcular a proporção de muçulmanos em cada população em períodos distintos e, assim, criar as curvas de progressão das conversões em cinco grandes regiões. Como somente os indivíduos mais proeminentes eram incluídos nos dicionários, esses resultados superestimam tanto a extensão como a velocidade das conversões em relação às populações em geral, visto que as elites partiam de uma proporção mais elevada de muçulmanos, e os muçulmanos continuariam a dominar. Diante disso, Bulliet desenvolveu um procedimento bastante convincente para converter esses dados em curvas de conversão para populações inteiras.

No Irã passaram-se duzentos anos, desde a data da conquista inicial pelas forças muçulmanas, até que metade dos iranianos se convertesse ao Islã. Nas outras quatro regiões, foram necessários entre 252 anos, na Síria, a 264 anos, no Egito e na África setentrional. Quanto ao porquê de as coisas terem acontecido um pouco mais rápido no Irã, dois fatores o destacavam das outras regiões. Provavelmente o mais importante é o fato de que, por mais de um século depois de cair nas mãos dos invasores islâmicos, os iranianos frequentemente revoltaram-se contra o domínio muçulmano, e o fizeram com sucesso suficiente para motivar muitas batalhas sangrentas e repressões brutais. Esses conflitos ocasionariam declínios substanciais na população não muçulmana que nada tiveram que ver com conversão. Depois, o clima de medo que deve ter acompanhado as derrotas dessas rebeliões possivelmente motivou alguns iranianos a se converterem por segurança. É provável, ainda, que tenha feito outros fugirem.

De todo modo, apesar das condições onerosas impostas aos *dhimmis*, os povos conquistados só se converteram ao Islã aos poucos. Ainda no século XIII, segmentos bastante substanciais das populações do império muçulmano fora da Arábia (onde não muçulmanos eram proibidos) eram compostos de cristãos e judeus. Ademais, a maior parte do que se considera uma cultura muçulmana superior àquela da Europa cristã não passa, no fundo, de reminiscências da cultura judaica, cristã e grega do período pré-conquista, as quais as elites muçulmanas só assimilaram devagar e imperfeitamente (veja-se o Capítulo 3).

Conclusão

Muitos críticos das Cruzadas parecem propor que, depois de haverem invadido uma enorme porção da cristandade, os muçulmanos deviam ter sido ignorados ou perdoados; chegou-se até a sugerir que se voltasse a eles a outra face[50]. Essa visão é decerto irreal e provavelmente insincera. Os bizantinos não somente haviam perdido a maior parte de seu império; o inimigo estava às suas portas. E a perda da Espanha, da Sicília e da Itália meridional, bem como de um sem-número de ilhas do Mediterrâneo, foi amargamente ressentida na Europa. Por isso, como o historiador britânico Derek Lomax (1933-1992) explicou, «os papas, a exemplo da maioria dos cristãos, acreditavam que a guerra contra os muçulmanos se justificava — em parte porque estes haviam usurpado pela força terras que antes pertenceram aos cristãos, em parte porque abusavam tanto dos cristãos sobre os quais tinham domínio como das terras cristãs, as quais podiam saquear em busca de escravos e espólios, bem como pelo prazer da destruição»[51]. Era hora de contra-atacar.

CAPÍTULO 2

A cristandade contra-ataca

Apesar de terem construído um grande império com as áreas que conquistaram dos persas, bizantinos e visigodos, os exércitos muçulmanos não eram invencíveis. Quando deixaram seus camelos e foram aventurar-se longe dos desertos para enfrentar forças cristãs leais e determinadas, os «aguerridos» e «irresistíveis» invasores islâmicos mostraram-se bem vulneráveis e, talvez, deficientes no manejo de armas e nas táticas. A primeira grande derrota muçulmana aconteceu em Constantinopla; em seguida, foram derrotados na Gália. Pouco tempo depois, a maré muçulmana começou a baixar na Espanha, e em seguida foram então expulsos da Sicília e da Itália meridional.

Derrotas em Constantinopla

Depois de derrotarem os exércitos bizantinos na Síria e no Egito e de iniciarem uma campanha bem-sucedida para conquistar toda a costa setentrional da África de Bizâncio, em 672 o califa Moáuia decidiu empreender um ataque direto ao inimigo. Da sua nova capital em Damasco, ordenou que sua frota cruzasse o Dardanelos (estreito que conecta o Mediterrâneo ao mar de Mármara) com um exército. Contando com cerca de cinquenta mil homens, as tropas do califa capturaram a península de Cízico, de frente para Constantinopla, do outro lado do estreito, e fortificaram-na como sua base principal, donde iniciaram um cerco a Constantinopla.

Se os muçulmanos tivessem tomado a cidade, o caminho ficaria aberto para que invadissem a Europa pelos Bálcãs. No entanto, Constantinopla resistiu com facilidade ao cerco e infligiu uma enorme derrota naval aos muçulmanos. Com sua frota destruída, eram os árabes que ora estavam sob cerco e passando fome. Logo a disenteria tornou-se epidêmica, e milhares de muçulmanos morreram. Para piorar, poucos muçulmanos haviam visto neve ou gelo antes, e, quando o inverno chegou, estavam completamente despreparados. Sem roupas quentes à disposição, muitos morreram de frio. Não obstante, os invasores insistiram por anos, com suas fileiras rareando enquanto bizantinos bem-nutridos os provocavam das muralhas de Constantinopla. Por fim, com seu exército ilhado, «desencorajado e desmoralizado», Moáuia aceitou a «oferta de paz» de Bizâncio «segundo termos que, poucos anos antes, ele teria considerado ignóbeis: a evacuação das ilhas do Egeu que havia conquistado mui recentemente, mais um tributo anual ao imperador [de Bizâncio] de cinquenta escravos, cinquenta cavalos e três mil libras de ouro»[1]. Um ano depois, Moáuia morreu, e o novo califa logo voltou atrás com relação aos tributos anuais.

Historiadores ocidentais aclamaram esse acontecimento durante muito tempo como «uma virada na história da humanidade»[2]. O bizantinista russo George Ostrogorsky (1902-1976) caracterizou o ataque a Constantinopla como «o mais violento jamais empreendido pelos infiéis contra uma cidadela cristã, e a capital bizantina era a última barreira que restava para segurar a maré muçulmana.

O fato de ela haver resistido salvou não apenas o Império Bizantino, mas a toda a civilização europeia»[3]. Ou, como disse o distinto historiador de Bizâncio John Julius Norwich: «Se tivessem capturado Constantinopla no século VII, em vez de lográ-lo no XV, toda a Europa — e a América — poderia ser muçulmana hoje»[4].

Como essa vitória bizantina foi alcançada? Infelizmente, as fontes árabes são «tão confusas que não possuem valor nenhum»[5]. Portanto, sabemos pouco do lado muçulmano, e os gregos só observavam as tropas muçulmanas à distância, seguros em suas ameias. Isso pode não ter muita importância, pois, talvez para nossa surpresa, não houve muita luta, uma vez que a vitória foi um triunfo da tecnologia ocidental — das fortificações impenetráveis[6] e de uma secreta arma ofensiva[7].

As muralhas da cidade não defendiam Constantinopla somente do lado da terra, como também envolviam seus três flancos voltados para o mar, incluindo mesmo o porto, que só podia ser acessado por um pesado portão. Não se tratava de meras muralhas; eram uma maravilha da engenharia: uma espessa muralha exterior dotada de torres e ameias esplêndidas, atrás da qual havia uma muralha interna ainda mais forte, de mais de dez metros de altura e mais de quatro metros de espessura, dotada de um conjunto de torres e ameias ainda mais elaborado. Como não bastasse, do lado da terra havia um grande fosso e, é claro, dos outros três lados os atacantes só podiam alcançar as muralhas de barco. Contra essas fortificações extraordinárias, os árabes trouxeram máquinas de cerco deveras primitivas até para o período e incapazes de infligir algo mais do que pequenas marcas e arranhões aos muros. Até que fossem atacadas com artilharia pesada no século XV, as muralhas de Constantinopla só podiam ser escaladas, e não despedaçadas.

É claro que os muçulmanos podiam ter feito a cidade render-se pela fome se tivessem mantido o controle dos mares. Mas foi aí que entrou a arma secreta.

Diz a tradição que, por volta de 670, um arquiteto ou engenheiro grego chamado Calínico de Heliópolis inventou algo que passou a ser chamado «fogo grego» e levou-o para Constantinopla. O fogo grego era um líquido altamente inflamável, algo semelhante ao *napalm*, que pegava fogo e não podia ser extinto com água; pode ser que queimasse até mais intensamente quando entrava em contato com ela. A história de sua invenção soa a folclore; é mais provável que tenha sido desenvolvido por «químicos de Constantinopla que haviam herdado as descobertas da escola química de Alexandria»[8]. De todo modo, sua fórmula era um segredo que acabou por se perder quando a Quarta Cruzada ocasionou a morte prematura de muitos dos membros da elite governante de Constantinopla[9], e os cientistas modernos jamais conseguiram reproduzir perfeitamente o efeito[10].

A posse do fogo grego possibilitou aos bizantinos destruir frotas opositoras e aterrorizar exércitos inimigos. Ele era lançado de diversas formas, sendo a mais frequente por catapulta ou por meio de uma bomba. Um recipiente de cerâmica ou de vidro, cheio de fogo grego, era carregado sobre uma catapulta e arremessado na direção de um alvo a uma distância de 250 a 350 metros. Quando o atingia, arrebentava-se e pegava fogo, espirrando seu líquido flamejante sobre uma área considerável — de até vinte metros de diâmetro. O projétil era extremamente eficiente quando arremessado das ameias de Constantinopla e logo desencorajou os muçulmanos. Todavia, as catapultas não são muito adequadas ao uso naval. Por isso, os engenheiros bizantinos inventaram um lança-chamas primitivo — uma bomba que dispensava um fluxo contínuo de líquido flamejante por um tubo projetado da proa de uma nau. (Esses tubos eram normalmente decorados com cabeças de animais.) Este sistema possuía um alcance bastante limitado, mas era mais do que oportuno para o combate a curta distância que caracteriza as batalhas navais. Armados de bombas que cuspiam fogo grego, os bizantinos navegaram para a batalha e transformaram a armada muçulmana em cinzas — várias vezes[11].

Em 717, os muçulmanos tentaram de novo. Dessa vez, vieram em maior número e a bordo de oitocentas galés. Removendo a corrente gigante usada para bloquear a entrada, os gregos os atraíram até o Bósforo, e, quando a frota muçulmana se encontrava reunida nessas águas estreitas, apareceram os bizantinos com suas bombas de fogo grego e destruíram a maior parte da frota, matando ou afogando a maioria dos soldados que trazia. Algumas galés muçulmanas conseguiram escapar, mas só para serem acometidas por uma tempestade devastadora. No final, sobraram apenas cinco galés muçulmanas[12].

A Batalha de Tours/Poitiers

Como costumou acontecer ao longo da história, os Pireneus serviram de barreira de contenção do avanço muçulmano na Espanha setentrional... por alguns anos. Em 721, Al-Samh ibn Malik al-Khawlani, governador muçulmano da Espanha, liderou suas tropas rumo ao norte, com a intenção de anexar o ducado da Aquitânia, na Gália meridional (hoje França). Seu primeiro passo foi montar um cerco à cidade de Toulouse. Após três meses, estando a cidade prestes a se render, o duque Odão da

Aquitânia chegou com um exército de francos. Enquanto Odão estivera reunindo suas forças, a falta de oposição incentivara a arrogância muçulmana, que os dispôs a uma derrota devastadora. Eles não tinham construído defesas em torno de seu acampamento, não tinham mandado espiões para avisá-los caso uma ameaça se aproximasse e talvez não tenham sequer estabelecido sentinelas. Pegos completamente de surpresa quando os francos atacaram, os muçulmanos fugiram, muitos sem suas armas ou armaduras, e a maioria foi massacrada pela cavalaria franca durante a fuga. Al-Samh ibn Malik al-Khawlani foi ferido mortalmente.

Em 732, liderados por Abderramão, os muçulmanos tentaram de novo, dessa vez com um exército muito maior. Fontes muçulmanas afirmam ter-se tratado de um exército de centenas de milhares, e a cristã *Crônica de S. Dionísio* registrou que trezentos mil muçulmanos morreram em batalha! Mais realista é a estimativa de Paul K. Davis de um exército de oitenta mil muçulmanos[13], ao passo que Victor Davis Hanson acredita que só havia cerca de trinta mil[14]. De qualquer forma, ao contrário do que dizem alguns historiadores que pretendem minimizar a importância da batalha[15], aquela não foi uma mera batida ou expedição de reconhecimento. Os muçulmanos vieram com um grande exército e o posicionaram no coração da Gália: a batalha ocorreu a pouco mais de duzentos quilômetros de Paris, embora não se saiba com precisão onde foi travada. O melhor que podemos fazer é colocá-la perto de onde os rios Clain e Vienne se unem, entre Tours e Poitiers. Assim, alguns historiadores referem-se a esta como Batalha de Tours, enquanto outros lhe chamam Batalha de Poitiers.

À medida que se deslocavam para o norte a partir da Espanha, tudo deu muito certo para os muçulmanos.

Uma companhia de francos que tentara defender Bordeaux fora derrotada e a cidade, saqueada. Depois, outro pequeno exército cristão fora dizimado na Batalha do Rio Garona. O exército muçulmano destruíra todo o campo pelo caminho, e logo estava repleto de tesouros e despojos.

A essa altura, de acordo com o relato contemporâneo de Isidoro de Beja, o comandante muçulmano «queimava igrejas e imaginava que poderia pilhar a basílica de São Martinho de Tours»[16]. Antes, porém, ele parou para se reagrupar. Novamente, os muçulmanos transbordavam confiança. Segundo um cronista árabe anônimo: «Os corações de Abderramão, de seus capitães e de seus homens estavam cheios de ira e orgulho»[17]. Por isso, não mandaram espiões e foram incapazes de detectar a aproximação de Carlos Martel, o governante *de facto* da Gália, que liderava um exército de francos experimentados na guerra.

Martel era um homem incomumente alto e robusto, filho bastardo do rei Pepino e famoso por suas façanhas militares. Mesmo que não houvesse confrontado os invasores muçulmanos, teria sido um importante personagem histórico por ter fundado o Império Carolíngio (que recebeu o seu nome) vencendo muitas batalhas contra os bávaros, os alemães, os frísios e os saxões — um império depois aperfeiçoado por seu neto Carlos Magno. Agora, depois de reunir suas tropas, Martel marchou para o sul a fim de confrontar a ameaça muçulmana.

Pegando os muçulmanos completamente de surpresa, Martel pôde escolher um campo de batalha de sua preferência e posicionou suas densas fileiras de infantaria numa crista de colina com árvores aos flancos, forçando assim os muçulmanos a investir numa subida ou desistir da batalha. E eles investiram, repetidas vezes.

É um axioma da ciência militar que a cavalaria não pode obter sucesso contra formações de infantaria bem equipadas e disciplinadas, a não ser que as ataque em números muito superiores[18]. A função efetiva da cavalaria é perseguir a infantaria que foge do campo de batalha, uma vez que suas fileiras se tenham desfeito. Mas, quando os soldados de uma infantaria se mantêm em seus postos, compondo ombro a ombro uma barreira de escudos da qual se projeta um espinheiro de longas lanças apoiadas no chão, as investidas da cavalaria são facilmente repelidas; os cavalos normalmente descontrolam-se e arqueiam--se, recusando o embate com as lanças. Naquela ocasião, as forças muçulmanas consistiam inteiramente de uma cavalaria leve «que portava lanças e espadas, em grande parte sem escudos e usando pouquíssima armadura». Opondo-se a elas havia um exército «quase inteiramente composto de soldados de infantaria, usando malha [armadura] e portando escudos»[19]. Tratava-se de um combate bastante desigual. Como Isidoro de Beja relata em sua crônica, a infantaria franca de veteranos não podia ser movida pela cavalaria árabe: «Permaneceram firmes, um próximo ao outro, formando como que um baluarte de gelo»[20]. A cavalaria muçulmana atacou repetidas vezes as fileiras bizantinas, e a cada vez ela recuava após sofrer severas baixas, com números crescentes de cavalos ensanguentados e sem cavaleiros aumentando a confusão no campo de batalha.

Então, no fim da tarde, como relata o cronista árabe, muitos muçulmanos começaram a «temer pela segurança dos espólios que haviam acumulado, e um falso rumor soou em suas fileiras de que alguns dos inimigos estavam saqueando o acampamento. Isso fez com que vários esquadrões da cavalaria muçulmana se retirassem para proteger suas tendas»[21]. Às outras unidades isso pareceu uma retirada — e logo se transformou numa, durante a qual os francos soltaram sua cavalaria pesadamente equipada[22] para infligir grandes baixas aos muçulmanos que batiam em retirada; pelo menos dez mil deles morreram naquela tarde, incluindo Abderramão, que foi trespassado repetidas vezes pelos lanceiros francos[23].

Até mesmo durante a derrota, a infantaria franca deixou a perseguição para a cavalaria e manteve a disciplina, com os soldados permanecendo firmes em suas posições e passando a noite em suas fileiras. Pela manhã, não se reapresentou nenhuma tropa muçulmana. Após reconhecimento do acampamento adversário, os francos descobriram que eles haviam fugido durante a noite, deixando para trás tendas vazias.

Muitos historiadores consideraram a vitória de Tours/Poitiers crucial para a sobrevivência da civilização ocidental. Edward Gibbon afirmou que, se os muçulmanos houvessem vencido em Tours, logo teriam ocupado «os confins da Polônia e as Terras Altas da Escócia [...], e a frota árabe poderia ter navegado sem combate naval até a foz do Tâmisa. Talvez a interpretação do Corão fosse hoje ensinada nas faculdades de Oxford, e seus púlpitos poderiam estar demonstrando a um povo circuncidado a santidade e verdade da revelação de Maomé»[24]. Subsequentemente, vários historiadores ocidentais adotaram visão semelhante da batalha, tratando-a como uma importante virada histórica; com efeito, o historiador militar alemão Hans Delbrück (1848-1929) escreveu que jamais houve «batalha mais importante na história universal»[25].

Como era de se esperar, alguns historiadores recentes logo passaram a afirmar que a Batalha de Tours teve pouco ou nenhum significado. Segundo Philip Hitti, «não se decidiu nada em Tours. A onda muçulmana [...] já se tinha desgastado e alcançado seu limite natural»[26]. Franco

Cardini escreveu que tudo não passou de «propaganda espalhada pelos francos e pelo papado»[27]. Diz-se que isso explica por que a batalha não deixou impressão nenhuma nos muçulmanos, ao menos não naqueles que se encontravam em Damasco. Bernard Lewis diz que alguns historiadores árabes sequer mencionam essa batalha, e aqueles que a fazem apresentam-na como «uma batalha relativamente pequena»[28].

Dada a notável intensidade do provincianismo muçulmano e sua ignorância obstinada de outras sociedades[29], a derrota em Tours/Poitiers provavelmente foi considerada questão de pouca importância do ponto de vista de Damasco. No entanto, não foi assim que a batalha foi vista na Espanha. De fato, ao contrário dos líderes muçulmanos doutras partes, os muçulmanos espanhóis estavam perfeitamente cientes de quem era Charles Martel e do que fizera com suas aspirações. Os muçulmanos da Espanha aprenderam, com sua derrota, que os francos não eram um povo sedentário servido por tropas mercenárias, tampouco uma horda de bárbaros. Também eles eram fundadores de um império, e as tropas francas compunham-se de cidadãos voluntários muito bem treinados, que possuíam armas, armaduras e táticas superiores às dos muçulmanos[30]. Com efeito, quando os muçulmanos tentaram invadir a Gália de novo em 735, Carlos Martel e seus francos deram-lhes uma surra. Quarenta anos depois, o neto de Martel uniu-se ao longo processo de expulsão deles da Espanha.

A reconquista da Espanha

Apesar de seus ataques à França, os muçulmanos jamais conquistaram totalmente a Espanha. À medida que recuava do ataque muçulmano inicial, a nobreza espanhola acabou por alcançar a baía da Biscaia na costa setentrional e, não tendo mais aonde ir, montou resistência numa área conhecida como Astúrias, protegida em três de seus lados por montanhas e, ao norte, pelo mar. Essa região ficou conhecida como Reino das Astúrias, e desde o princípio os asturianos se haviam comprometido a reconquistar a Espanha. Então, em 741, enquanto a Espanha muçulmana era devastada por uma revolta berbere, Astúrias anexara a Galícia — a região costeira ao oeste. No entanto, o próximo passo da Reconquista cristã foi dado por uma facção... muçulmana.

Em 777, mais de sessenta anos depois da invasão muçulmana da Espanha, o governador muçulmano de Barcelona requisitou o auxílio do grande imperador franco Carlos Magno contra o emir de Córdoba, seu rival, oferecendo «Saragoça e outras cidades [nortenhas] a Carlos Magno em troca de sua ajuda»[31]. Na primavera de 778, Carlos Magno reuniu dois exércitos e dirigiu-os à Espanha. Um deles marchou através dos Pireneus Orientais e aproximou-se de Barcelona. Carlos Magno encabeçou o outro através dos Pireneus Ocidentais em direção a Pamplona. No entanto, embora Pamplona fosse dos cristãos bascos e Carlos Magno, um cristão fervoroso, ele ordenou que a cidade fosse tomada assim que chegou. Então, chegando seu outro exército levou suas forças até a cidade prometida de Saragoça, aceitando a rendição de diversas cidades ao longo do caminho, mas só para descobrir que o governador muçulmano mudara de lado e se recusava a entregar a cidade[32].

A esta altura, Carlos Magno recebeu notícias de que a Saxônia se revoltara contra seu domínio; então, reuniu suas forças e marchou rapidamente para o norte a fim de resolver essa ameaça. À medida que sua retaguarda passava pelo desfiladeiro de Roncesvales, nos Pireneus, foi emboscada por uma coalizão de muçulmanos e bascos, havendo-se irritado estes com o saque de Pamplona. Cercados e em grande desvantagem numérica, este contingente franco foi massacrado, e entre os mortos estava o sobrinho de Carlos Magno, o duque Rolando da Bretanha — destinado a ser celebrado no grande épico medieval *A canção de Rolando*.

No entanto, esse não foi o fim das aventuras de Carlos Magno na Espanha. Anos mais tarde, ele enviou para lá um novo exército e forçou os muçulmanos para o sul de Barcelona. Essa nova região da Espanha cristã foi conhecida como a Marca Hispânica. Depois da morte de Carlos Magno em 814, o domínio franco enfraqueceu e as regiões cristãs se desmembraram, tornando-se «pequenos estados que gozavam de autonomia prática»[33]. Agindo ora separadamente, ora juntos, esses estados cristãos continuaram a expulsar os muçulmanos para o sul aos poucos. Seus esforços foram assistidos em 835, quando se acreditou que os ossos de São Tiago tinham sido descobertos na Galícia. Essas santas relíquias serviram como «grande inspiração para a causa cristã», e então, quase que imediatamente, peregrinos cristãos começaram a viajar aos bandos para o Santuário de São Tiago na catedral de Santiago de Compostela, trazendo consigo «um fluxo significativo de riqueza para a Galícia»[34]. Então, em 1063, as forças locais receberam reforços e uma inspiração renovada do norte.

Alexandre II tornou-se papa em 1062. Fazia parte de uma série de papas reformadores que renovaram a dignidade e o poder do ofício. Um ano após sua eleição, Alexandre propôs que os cavaleiros que fossem ajudar na expulsão dos muçulmanos da Espanha recebessem a remissão da pena temporal de seus pecados, lançando assim «uma cruzada antes da cruzada», como disse muito aptamente Menéndez Pidal[35]. A resposta foi muito modesta. Um pequeno número de cavaleiros francos parece ter partido para a Espanha e a sua participação pode ter ajudado a recuperar mais território muçulmano, mas nenhuma batalha importante foi travada.

Deve-se notar que o papa demonstrava grande preocupação com a possibilidade de que os cavaleiros, que partiam para lutar contra os muçulmanos, atacassem os judeus ao longo do caminho. Tendo ordenado que os judeus fossem protegidos, ele subsequentemente escreveu que ficara contente em saber «que protegeis os judeus que vivem entre vós, para que não sejam mortos por aqueles que estão partindo para a Espanha contra os sarracenos, [...] pois a situação dos judeus é muito diferente da dos sarracenos. Pode-se lutar justamente contra aqueles [sarracenos porque eles] perseguem os cristãos»[36].

Em 1073, o Papa Alexandre II morreu e foi substituído por outro reformador dedicado que também era a favor da reconquista da Espanha. Com efeito, imediatamente depois de sua eleição, o Papa Gregório VII escreveu àqueles cavaleiros desejosos de ir para a Espanha, prometendo «distribuir terras espanholas a qualquer francês que as conquistasse»[37]. Novamente, a resposta foi bem reduzida, mas parece ter sido suficiente para encorajar as forças cristãs locais, o que resultou na tomada de Toledo em 25 de maio de 1085. A queda de Toledo foi um «desastre para os muçulmanos»[38], tanto em termos estratégicos quanto psicológicos. Localizada no coração da Espanha, Toledo era o lar de uma das dinastias muçulmanas mais ricas, que ali mantivera uma corte esplêndida por gerações. Toledo fora a capital da Espanha visigótica; agora se encontrava novamente nas mãos dos cristãos.

Então, em 1092, Alfonso VI, rei de Leão e Castela, reconvocou o mais famoso cavaleiro espanhol do exílio. Com permissão real, Rodrigo Díaz de Vivar, comumente conhecido como El Cid, organizou um exército e, após dois anos de cerco, conquistou Valência em 16 de junho de 1094. Os muçulmanos reagiram rapidamente, enviando um enorme exército de campo a Valência em dezembro. Para sua surpresa, El Cid não aceitou o cerco, mas avançou ao encontro do exército muçulmano em Cuarte, cidade próxima a Valência. El Cid era um estrategista brilhante que jamais perdeu uma só batalha contra os muçulmanos, e na ocasião conduziu um ousado ataque noturno, infligindo-lhes uma derrota esmagadora e sangrenta. Pouco tempo depois, desbaratou uma revolta de muçulmanos em Valência, expulsando os envolvidos e, em reparação, convertendo as nove mesquitas de Valência em igrejas cristãs. Em janeiro de 1097, El Cid derrotou um novo exército muçulmano enviado contra Valência, encontrando-os e batendo-os na cidade de Bairén, ao que partiu à captura de muitas outras cidades dos arredores.

As vitórias ribombantes de El Cid sobre forças mais numerosas «mostrou aos outros cristãos hispanos o que podia ser feito»[39]. Embora os exércitos islâmicos tenham vencido algumas batalhas posteriores, a maré havia mudado. A Espanha islâmica estava recuando para a costa sul.

A retomada da Itália e da Sicília

Talvez a característica mais notável dos territórios muçulmanos fosse o conflito interno quase incessante; as intrigas complexas, os assassinatos e as traições formavam uma novela letal. A África setentrional via-se frequentemente dividida por rebeliões, guerras e conquistas internas. A Espanha constituía uma colcha de retalhos de regimes muçulmanos em lutas constantes entre si, nas quais cada qual regularmente se aliava aos cristãos. Relembremos que fora o governador muçulmano de Barcelona que convidara Carlos Magno a entrar na Espanha e que El Cid passou parte de sua carreira como brilhante líder mercenário agindo em nome do «rei» muçulmano de Saragoça e guerreando contra outros muçulmanos. E, assim como a desunião entre os muçulmanos tornou a Espanha vulnerável aos esforços cristãos para expulsá-los, o mesmo aconteceu na Itália e na Sicília.

Em 873, o imperador bizantino Basílio I, depois de assassinar seu coimperador e expulsar os muçulmanos de toda a costa da Dalmácia (voltada para a Itália), decidiu reclamar a Itália meridional do domínio muçulmano[40]. Ele posicionou suas tropas no calcanhar da Itália e, em seguida, aceitou a rendição de Otranto. Três anos depois, Bari passou para seu controle, e durante a próxima década «praticamente todo o sul da Itália foi restaurado à autoridade bizantina»[41].

No entanto, aquela não se tornou uma província pacífica. Houve repetidas rebeliões, golpes e novos regimes além das intrigas constantes em Constantinopla. O domínio bizantino prevaleceu, e então, em 1038, decidido a pôr fim aos piratas e corsários muçulmanos que atuavam dos portos da Sicília, os bizantinos italianos empreenderam uma invasão pelo apertado estreito de Messina. Eles tinham escolhido um momento extremamente oportuno, uma vez que os emires árabes da Sicília se haviam precipitado noutra de suas típicas guerras civis. De fato, al-Akhal, o governante muçulmano de Palermo, enviara uma embaixada a Constantinopla em 1035 a fim de pedir a ajuda dos bizantinos contra seus inimigos, que se acumulavam. O imperador concordou em enviar-lhe auxílio, mas al-Akhal foi assassinado, o que «eliminou esse útil pretexto para uma chegada sem oposição»[42]. A guerra civil, contudo, continuou a grassar entre os árabes sicilianos, o que tornava improvável qualquer resistência séria às forças invasoras gregas.

Assim, em 1038, George Maniakes, o mais renomado dentre os generais bizantinos vivos, conduziu um exército estranhamente misto pelo estreito. Embora tivesse nome grego, Maniakes provavelmente era de origem mongol. Mostrava-se «grande como um urso; forte, feio, completamente intimidador [...]. Sua aptidão militar era muito respeitada na capital, mas tratava-se de um homem brusco que tinha de sobreviver sob um regime cada vez mais dado a intrigas e traições palacianas»[43]. Seus soldados consistiam em lombardos forçados a servir, alguns poucos bizantinos fixos e contingentes variados de mercenários, entre os quais um composto de guerreiros normandos notáveis por sua ambição e senso político, bem como por sua estatura, dado que tinham origem escandinava. (A palavra «normando» provém do antigo escandinavo *northmathr*, «escandinavo».)

A invasão começou no final do verão e foi bem-sucedida de cara. Messina caiu quase imediatamente. Os invasores então venceram batalhas importantes em Rometta e Troina, «e depois de dois anos mais de uma dezena de cidadelas dentre as principais da porção leste da ilha, bem como a cidade de Siracusa, haviam sido subjugadas»[44]. Foi a partir daí que tudo passou a dar errado. Primeiro, Maniakes indispôs tanto os normandos por haver-lhes negado sua parte dos despojos que eles retornaram para a Itália «irritados, amargurados e perigosos»[45], deixando as forças bizantinas sem seu contingente mais efetivo. Ademais, vinha-se intensificando um antagonismo entre Maniakes e o comandante da armada, Estêvão, cunhado do imperador, a quem faltavam as virtudes militares mas não a ambição. Quando um tolo Estêvão permitiu que a frota muçulmana passasse pela barreira bizantina, Maniakes cometeu o erro de agredi-lo fisicamente e de chamá-lo de efeminado[46]. Em retribuição, Estêvão enviou uma mensagem ao imperador acusando Maniakes de traição. Convocado a Constantinopla, Maniakes foi imediatamente preso, e o comando da Sicília acabou por ser passado a Estêvão, que criou completa desordem e morreu. Foi substituído por um eunuco da corte chamado Basílio, «que não se mostrou muito melhor»[47]. O exército bizantino iniciou uma lenta retirada. A esta altura, rebeldes lombardos fizeram um levante na Apúlia, província mais ao sul, no calcanhar da Itália. O exército foi reconvocado com urgência para desbaratar a rebelião, deixando a Sicília novamente sob o domínio inconteste dos muçulmanos.

Os mercenários normandos julgaram a experiência muito edificante. Em primeiro lugar, agora sabiam que a Sicília era rica, que a população amplamente cristã apoiaria uma invasão e que os muçulmanos eram irremediavelmente desunidos. Também reconheceram que Constantinopla era muito distante e muito afetada por intrigas para sustentar seu domínio no Ocidente. Portanto, em vez de oferecerem seus serviços para suprimir o levante lombardo, os normandos decidiram liderá-lo. Em 1041, os cavaleiros normandos esgueiraram-se através das montanhas e desceram para a Apúlia.

À frente dos normandos estava Guilherme de Altavila, cujas façanhas na Sicília lhe haviam rendido a alcunha de «Braço de Ferro». Eles logo estabeleceram a cidade de Melfi como base — uma cidade bem situada e fortificada nas montanhas. Daí receberam, nas semanas seguintes, a rendição de todas as cidades da vizinhança, tendo-se oferecido com sucesso como apoiadores da rebelião. O governador bizantino era experiente demais para se omitir e deixar que as forças rebeldes e normandas se expandissem. Reunindo um exército consideravelmente maior que o de seus oponentes, foi ao seu encontro no rio Olivento. Então, enviou um mensageiro ao campo normando oferecendo ou um retorno seguro dos adversários ao território lombardo, ou uma batalha. Os historiadores concordam que esta resposta realmente se seguiu: com seu punho revestido de malha, o corpulento cavaleiro normando que segurava o cavalo do mensageiro desferiu um grande golpe e esmagou a cabeça do animal, que caiu morto no mesmo lugar[48]. Ao receber um novo cavalo, o mensageiro foi enviado de volta para o campo bizantino, onde deu-se a batalha no dia seguinte.

Mesmo estando em grande desvantagem numérica, os normandos derrotaram as forças bizantinas, cuja maioria foi morta em batalha ou se afogou enquanto tentava fugir pelo rio. O governador bizantino respondeu rapidamente, importando muitas tropas regulares de Constantinopla e levando-as em marcha para Monte Maior, a fim de confrontar os normandos e seus aliados lombardos. Novamente liderados por Guilherme Braço de Ferro, os normandos abateram este outro exército bizantino. Ainda assim, os bizantinos não aceitaram a derrota, mas reuniram mais um exército e lutaram outra batalha perto de Montepeloso. Mais uma vez, Braço de Ferro e seus normandos prevaleceram, chegando a levar o governador bizantino cativo e pedir resgate por ele. Nunca mais os bizantinos se dispuseram a lutar em batalha aberta contra os normandos na Itália; em vez disso, contentavam-se em defender cidades e vilas pesadamente fortificadas. Neste ponto, evitaram quaisquer outras catástrofes militares, mas também fracassaram em reter o sul da Itália, que se transformou gradualmente em reino normando.

Nesse ínterim, os normandos não haviam perdido interesse na Sicília muçulmana. Em 1059, depois que Roberto Guiscardo, duque da Itália meridional, se designou a si mesmo, numa carta ao Papa Nicolau II, o «futuro [senhor] da Sicília»[49], os planos de invasão normandos começaram a tomar forma. Guiscardo era um homem admirável. A princesa bizantina Ana Comnena descreveu-o como «imponente», «bravo» e «sagaz», bem como dotado de uma «mente completamente vilanesca». E continua: «Era um homem de estatura imensa, que ultrapassava até a dos maiores homens; tinha compleição corada, cabelos claros [e] amplos ombros», mas era notavelmente «galante»[50].

Em 1061, Guiscardo, seu irmão Rogério e uma seleta companhia de normandos aportaram de noite em Messina e, de manhã, encontraram a cidade abandonada. Guiscardo mandou fortificar imediatamente a cidade, formou uma aliança com Ibn at-Tinnah, um dos emires sicilianos em disputa, e conquistou a maior parte da Sicília antes de ter de retornar à Itália para supervisionar ali as questões pendentes. Ele sinalizou com alguns pequenos gestos a intenção de expandir seu controle de parte da Sicília, mas concentrou-se em derrubar os baluartes bizantinos restantes na Itália meridional, expulsando enfim os gregos do sul da Itália em 1071. No ano seguinte, retornou para a Sicília, capturou Palermo e logo conquistou a ilha inteira. Em 1098, o filho mais velho de Roberto Guiscardo, Boemundo, liderou as forças cruzadas que tomaram a cidade de Antioquia e tornou-se o governante do principado local. Depois, em 1130, o sobrinho de Guiscardo, Roberto II, estabeleceu o reino normando da Sicília (que incluía o sul da Itália)[51]. Ele durou somente cerca de um século, mas o domínio muçulmano nunca mais retornou.

Controle do mar

Durante a década de 1920, o historiador belga Henri Pirenne (1862-1935) ganhou fama internacional pela afirmação de que a «Idade das Trevas» descera sobre a Europa não por causa da queda de Roma ou da invasão dos «bárbaros» do norte, mas porque o controle muçulmano do Mediterrâneo isolara a Europa. Ele escreveu: «O Mediterrâneo fora um lago romano e agora se tornava, em sua maior parte, um lago muçulmano»[52]; e, isolada do comércio com o Oriente, a Europa regredira a uma coletividade atrasada, de economias rurais.

A fim de sustentar sua tese, Pirenne recorreu a evidências fragmentárias de que a rota marítima havia decaído vertiginosamente no final do século VII e permanecera em baixa até o início do século X. Embora a opinião de Pirenne tenha exercido influência durante muitos anos, acabou por perder sua plausibilidade à medida que as pesquisas chegaram a provas convincentes de que o suposto declínio do comércio fora largamente superestimado. Talvez tenha havido algumas interrupções do comércio marítimo com o Oriente durante os primeiros cinquenta anos da expansão muçulmana, mas há evidências de que um comércio mediterrâneo extremamente ativo foi logo retomado, e isso até mesmo entre a Europa Ocidental e as nações islâmicas[53].

É estranho, pois, que os historiadores não tenham prestado muita atenção ao pressuposto mais fundamental e facilmente verificável de Pirenne: o de que uma potência naval muçulmana teria dominado o Mediterrâneo[54]. É difícil entender como Pirenne chegou a essa conclusão. Talvez simplesmente acreditasse em Ibne Caldune (1332-1406), que escreveu que «os muçulmanos ganharam controle sobre todo o Mediterrâneo. Seu poder e dominação sobre o mar era vasto. As nações cristãs nada podiam contra as frotas muçulmanas no Mediterrâneo inteiro. Os muçulmanos navegavam suas ondas em busca de conquistas o tempo inteiro»[55]. Não obstante, mesmo com todas as vantagens propiciadas pela posse de algumas bases insulares estrategicamente posicionadas, a frota muçulmana jamais dominou os mares.

É verdade que, logo após a conquista do Egito, os muçulmanos reuniram uma poderosa armada e, em 655, derrotaram uma frota bizantina perto da costa da Anatólia. Todavia, vinte anos mais tarde os bizantinos já usavam o fogo grego para destruir uma grande frota muçulmana, e em 717 o mesmo se repetia. Então, em 747, «uma armada árabe formidável, consistindo em mil galés que representavam a flor da força naval síria e egípcia», confrontou uma frota bizantina muito menor na costa do Chipre, e somente três naus árabes sobreviveram ao combate[56]. As forças navais muçulmanas nunca se recuperaram por completo — em parte, porque sofriam de uma escassez crônica «de madeira para as naus, de estoques navais e de ferro, itens de que os bizantinos gozavam em abundância»[57]. Por isso, em vez de o Mediterrâneo se tornar um lago muçulmano, o Mediterrâneo oriental acabou sendo mesmo um lago bizantino, com a marinha de Bizâncio tornando-se «a mais eficiente e bem treinada que o mundo jamais vira, patrulhando o litoral, policiando o alto mar e atacando as companhias de corsários sarracenos sempre e onde quer que fossem encontrados»[58]. É verdade que os muçulmanos lograram algumas invasões por mar no Mediterrâneo ocidental durante os séculos VIII e IX, longe das bases navais bizantinas, mas no século X eles já haviam sido repelidos pelas frotas do Ocidente, bem como por aquelas de uma Bizâncio renovada.

A fraqueza naval dos muçulmanos deve ter sido evidente sempre. Em primeiro lugar, eles logo perceberam que deviam retirar suas frotas de ancoradouros abertos, onde corriam o risco de serem destruídas por ataques-surpresa. Assim, por exemplo, Cartago foi abandonada e a frota que estava ali posicionada, deslocada por dentro do continente até a Tunísia: um canal foi escavado para prover-lhe acesso ao mar. Por ser estreito demais para acomodar mais de uma galé por vez, o canal era facilmente defensável contra qualquer frota inimiga[59]. Do mesmo modo, a frota egípcia foi removida de Alexandria e realocada no leito do Nilo. Embora estas fossem medidas sensatas, não deixavam de revelar fraqueza.

Que os muçulmanos não tivessem controle dos mares também ficava claro pela capacidade de Bizâncio de transportar exércitos pelo mar sem que nada acontecesse — por exemplo, quando aportaram e supriram as tropas que expulsaram o Islã do sul da Itália. Tampouco conseguiam as naus muçulmanas bloquear o extensivo comércio marítimo de cidades-estados italianas, como Gênova, Pisa e Veneza[60]. Com efeito, no século XI, muito antes da Primeira Cruzada, as frotas italianas não apenas roubavam cargas dos muçulmanos, como também saqueavam com sucesso e repetidamente bases navais muçulmanas ao longo da África setentrional[61]. Por isso, durante as Cruzadas, frotas italianas, inglesas, francas e até escandinavas realizavam à vontade o trajeto da Terra Santa, transportando milhares de cruzados e seus suprimentos. Por fim, como se demonstrará no próximo capítulo, contrariamente à tese de Pirenne, as barreiras muçulmanas ao comércio marítimo não podem ter feito a Europa entrar numa «Idade das Trevas», pois uma «Idade das Trevas» jamais existiu.

Conclusão

Todas essas vitórias cristãs precederam a Primeira Cruzada. Por conseguinte, quando os cavaleiros da Europa Ocidental marcharam ou navegaram em direção à Terra Santa, já conheciam bem seus oponentes muçulmanos. Sobretudo, sabiam que podiam derrotá-los.

CAPÍTULO 3

«Ignorância» ocidental x «cultura» oriental

É já senso comum há muito tempo que, enquanto a Europa dormia durante a Idade das Trevas, a ciência e o conhecimento floresciam no Islã. Como dito pelo célebre Bernard Lewis em estudo recente, o Islã «atingira o nível mais elevado já visto até então nas artes e nas ciências civilizatórias. [...] [Intelectualmente,] a Europa medieval era pupila e, de certo modo, dependente do mundo islâmico»[1]. No entanto, observa Lewis, os europeus logo começaram a avançar «em grandes saltos, deixando para trás o legado científico e tecnológico do mundo islâmico e, por fim, também o cultural»[2]. Daí a pergunta que Lewis se coloca no título de seu livro: *O que deu errado?*

Este capítulo documenta minha resposta a essa pergunta: *nada* deu errado. A crença de que tenha havido uma cultura muçulmana superior à europeia é, na melhor das hipóteses, uma ilusão.

Cultura dhimmi

Aquilo que possuíam de cultura sofisticada, as elites árabes assimilaram de seus súditos. O mesmo Bernard Lewis, aparentemente sem saber estimar por completo as implicações do que dizia, afirmou que os árabes herdaram «o conhecimento e técnicas do antigo Oriente Médio, da

Grécia, da Pérsia e da Índia»[3]. Ou seja, a cultura sofisticada que com tanta frequência se atribui aos muçulmanos (mais comumente chamada de cultura «árabe») era, na verdade, a cultura dos povos conquistados: a cultura judaico-cristã e grega de Bizâncio; o conhecimento admirável de grupos cristãos heréticos, como os coptas e os nestorianos; um conhecimento extensivo provindo da Pérsia zoroastrista (masdeísta); e as grandes conquistas matemáticas dos hindus (tenham-se em mente as conquistas extensas dos muçulmanos na Índia). Esse legado de conhecimento, incluindo muito do que se originara entre os antigos gregos, foi traduzido para o árabe, e partes dele acabaram por ser assimiladas à sua cultura. Todavia, mesmo depois de traduzido, esse «conhecimento» continuou a ser sustentado primariamente pelas populações *dhimmis* que viviam sob regimes árabes. Por exemplo, o «primeiro livro científico na língua do Islã» foi um «tratado de medicina escrito por um sacerdote cristão sírio em Alexandria, traduzido para o árabe por um médico persa judeu»[4]. Como se vê, não apenas a maior parte da ciência e do conhecimento «árabe» se originou entre os *dhimmis*; estes eram até mesmo os principais tradutores desse conhecimento[5]. Porém, isso não fazia desse corpo de conhecimento parte da cultura árabe propriamente dita. Antes, como observa Marshall Hodgson, «aqueles que buscavam desenvolver as ciências naturais tendiam a conservar suas alianças religiosas anteriores como *dhimmis*, mesmo quando desenvolviam seu trabalho em árabe»[6]. Desse modo, com a assimilação gradual dos *dhimmis*, muito do que se afirmou ser cultura árabe sofisticada desapareceu.

Embora não se trate de uma questão de cultura intelectual, as frotas muçulmanas podem ser tomadas como um excelente exemplo. Os problemas ocasionados aos seus exércitos pela capacidade que Bizâncio possuía de atacá-los pelo mar levaram os primeiros conquistadores árabes a adquirir armadas próprias. Subsequentemente, essas armadas por vezes demonstraram uma boa desenvoltura em batalhas contra as marinhas bizantinas e ocidentais, e isso pode facilmente servir de argumento a favor da sofisticação islâmica. No entanto, quando olhamos mais de perto, descobrimos que essas armadas não eram, na verdade, «muçulmanas».

Por serem habitantes do deserto, os árabes não sabiam nada de engenharia naval e, por isso, recorreram a seus recém-adquiridos — e ainda operantes — estaleiros no Egito[7] e às cidades portuárias da costa da Síria (incluindo Tiro, Acre e Beirute), comissionando a construção de uma frota substancial. Os árabes também não sabiam nada de navegação, e por isso tripulavam sua frota egípcia com marinheiros coptas[8] e sua frota persa com mercenários de antecedentes bizantinos. Pouco depois, quando precisaram de uma frota em Cartago, o «governador muçulmano do Egito enviou mil construtores navais coptas [...] para construir uma armada de cem naus de guerra»[9]. Conquanto muito pouco tenha sido escrito sobre as marinhas muçulmanas (algo que, por si só, sugere que os escritores muçulmanos tinham pouco contato com elas)[10], temos todos os motivos para acreditar que os muçulmanos nunca assumiram o controle da construção ou o comando de «suas» frotas, que continuaram a ser projetadas, construídas e navegadas por *dhimmis*. Assim, em 717, quando os árabes realizaram seu último esforço de guerra pelo mar contra Constantinopla, um fator que contribuiu para a sua derrota foi «a defecção para o lado bizantino de muitas das tripulações cristãs das naus árabes»[11]. Enfim, quando uma imensa frota muçulmana foi destroçada pelos europeus perto da costa de Lepanto em 1571, «os capitães principais de ambas as frotas eram europeus. O próprio sultão preferia almirantes italianos rebeldes»[12]. Além disso, as naus árabes não eram simplesmente cópias dos desenhos europeus, mas «foram construídas para o sultão por fugitivos muito bem pagos»[13], por «construtores navais de Nápoles e Veneza»[14].

A aclamadíssima arquitetura árabe também parece ter sido conquista sobretudo dos *dhimmis*, numa adaptação de suas origens persas e bizantinas. Quando o califa Abdal Malique mandou construir o grande Domo da Rocha em Jerusalém, o qual ficou conhecido como uma das grandes obras da arte islâmica, empregou arquitetos e artesãos bizantinos[15], o que fez com que o edifício se assemelhasse tanto à Igreja do Santo Sepulcro[16]. Do mesmo modo, em 762, quando o califa Almançor fundou Bagdá, confiou o projeto da cidade a um zoroastrista e a um judeu[17]. De fato, muitas mesquitas muçulmanas famosas foram originalmente construídas como igrejas cristãs e depois convertidas pela mera adição externa de minaretes e pela reforma dos interiores. Como uma reconhecida autoridade em arte e arquitetura islâmica o expressou: «O Domo da Rocha representa uma obra do que hoje entendemos como arte islâmica, isto é, uma arte não necessariamente feita por muçulmanos [...], mas antes criada em sociedades onde a maioria das pessoas — ou pelo menos a maioria das pessoas importantes — era de muçulmanos»[18].

Exemplos semelhantes abundam naquelas áreas intelectuais que inspiraram tanta admiração pelos árabes. Assim, no aclamado livro escrito em reconhecimento das «enormes» contribuições dos árabes para a ciência e a engenharia, Donald R. Hill observou que muito pouco de origens árabes podia ser encontrado ali e reconheceu que a maioria dessas contribuições se originou entre os povos conquistados. Por exemplo, Avicena, alguém que a Enciclopédia Britânica classifica como «o mais influente de todos os filósofos-cientistas muçulmanos», era persa. Também o eram os famosos estudiosos Omar Caiam, Albiruni e Razi. Outro persa, Alcuarismi, é reconhecido como o pai da álgebra. Aluclidisi, que nos apresentou as frações, era sírio. Bactisu e Ibne Isaque, figuras importantes do conhecimento médico «muçulmano», eram cristãos nestorianos. Masala Ibne Atari, famoso astrônomo e astrólogo, era judeu. Essa lista poder-se-ia estender por várias páginas. O que pode ter confundido tantos historiadores é o fato de que a maioria daqueles que contribuíram para a «ciência árabe» receberam nomes árabes e tiveram seus trabalhos publicados em árabe — afinal, esta era a língua «oficial» da nação.

Pensemos nos matemáticos. Os supostos algarismos arábicos eram de origem inteiramente hindu. Ademais, mesmo depois que o esplêndido sistema numeral hindu, baseado no conceito do zero, foi publicado em árabe, só veio a ser adotado por matemáticos, enquanto os outros muçulmanos continuavam a usar seu nada prático sistema tradicional. Muitas outras contribuições à matemática também foram erroneamente atribuídas aos «árabes». Por exemplo, Tabite Ibne Curra, famoso por suas muitas contribuições à geometria e à teoria numérica, é comumente identificado como «matemático árabe», mas era membro da seita pagã dos sabeus. É claro que havia ótimos matemáticos muçulmanos — quiçá por tratar-se de uma matéria tão abstrata que isola seus praticantes de qualquer crítica religiosa possível. O mesmo poderia ser dito da astronomia, embora também aí a maior parte do crédito deva ser conferido não aos árabes, mas aos hindus e persas. A «descoberta» de que a terra revolve em torno do próprio eixo é normalmente atribuída ao persa Albiruni, mas ele reconhecia tê-lo aprendido com Bramagupta e outros astrônomos indianos[19]. Tampouco Albiruni tinha certeza acerca dessa questão, observando em seu *Canon Masudicus* que «não faz diferença se você acredita que a Terra está em movimento ou se o céu está. Isso em nada afeta a ciência astronômica»[20]. Outro famoso astrônomo «árabe» foi Albatani, mas, a exemplo de Tabite Ibne Curra, também ele era membro da seita pagã dos sabeus (que adoravam as estrelas, o que explica seu interesse especial pela astronomia).

As várias afirmações de que os árabes desenvolveram uma medicina muito mais sofisticada que as culturas anteriores[21] são tão equivocadas quanto aquelas sobre os numerais «arábicos». A medicina «muçulmana» ou «árabe» era, na verdade, medicina cristã nestoriana; mesmo os principais médicos muçulmanos e árabes eram treinados num gigantesco complexo médico em Nisibo, na Síria. Não somente a medicina, mas todo o vasto leque de uma avançada educação era oferecido em Nisibo e nas outras instituições de ensino estabelecidas pelos nestorianos, incluindo a de Gundexapur, na Pérsia, a que o distinto historiador da ciência George Sarton (1884-1956) chamou «o maior centro intelectual do período»[22]. Por isso, os nestorianos «logo adquiriram a reputação, perante os árabes, de ótimos contadores, arquitetos, astrólogos, banqueiros, médicos, comerciantes, filósofos, cientistas, escribas e professores. Com efeito, antes do século IX, quase todos os estudiosos [na região islâmica] eram cristãos nestorianos»[23]. Foi primeiramente o cristão nestoriano Hunayn Ibne Isaque Alibadi (conhecido em latim como Joanício) quem «coletou, traduziu, revisou e supervisionou a tradução de manuscritos gregos, sobretudo os de Hipócrates, Galeno, Platão e Aristóteles, para o siríaco e para o árabe»[24]. De fato, ainda em meados do século XI, o escritor muçulmano Nasiri Crusau relatava: «Os escribas aqui na Síria, bem como no Egito, são todos cristãos, [...] [e] é muito comum que seus médicos [...] sejam cristãos»[25]. Na Palestina sob o domínio muçulmano, de acordo com a monumental história de Moshe Gil, «os cristãos exerciam imensa influência e ocupavam posições de poder, sobretudo por causa dos administradores talentosos entre eles que ocupavam cargos governamentais — apesar do veto muçulmano ao emprego de cristãos [em tais posições] — ou que faziam parte da elite intelectual do período, uma vez que eram excepcionais cientistas, matemáticos, médicos e assim por diante»[26]. A proeminência de oficiais cristãos também foi reconhecida por Abdal Jabar, que escreveu por volta de 995 que «os reis no Egito, Assã, Iraque, Jazira, Fáris e todos os seus arredores dependem dos cristãos em questões oficiais, na administração central e no manuseio dos fundos»[27].

Mesmo vários dos historiadores muçulmanos mais tendenciosos, incluindo Marmaduke Pickthall (1875-1936)[28], famoso inglês convertido ao Islã e tradutor do Corão, concordam com que a sofisticada cultura muçulmana se originou entre os povos conquistados. No entanto, o que tem sido amplamente ignorado é que o declínio dessa cultura e a incapacidade dos muçulmanos de acompanhar o Ocidente ocorreram porque a cultura muçulmana ou árabe era, em grande parte, uma ilusão que se apoiava numa complexa mistura de culturas *dhimmis* e, portanto, perdia-se facilmente, sempre vulnerável à repressão por tratar-se de algo herético. Por isso, quando, no século XIV, os muçulmanos do Oriente quase erradicaram toda inconformidade religiosa, o atraso muçulmano acabou por assumir a dianteira.

O Islã e Aristóteles

Subjacente à crença de que os muçulmanos eram mais eruditos e sofisticados do que o Ocidente cristão jaz o pressuposto de que uma sociedade que não se encontrasse submersa na filosofia e literatura grega era uma sociedade obscurantista! Desse modo, ao longo dos últimos séculos, muitos autores europeus enfatizaram a posse dos escritores clássicos pelos árabes, supondo que, por ter acesso à «sabedoria» avançada dos antigos, o Islã era uma cultura vastamente superior. Embora os estudiosos medievais europeus estivessem muito mais familiarizados com os «clássicos» do que se acredita, a verdade é que, devido à persistência da cultura bizantina/grega na maioria dos povos conquistados pelos árabes, os árabes mais instruídos tinham mesmo um conhecimento maior das obras de gregos clássicos como Platão e Aristóteles. O que pouco se reconhece é o impacto deveras negativo que o acesso aos estudos gregos teve sobre os estudos árabes.

As obras de Platão e Aristóteles chegaram aos árabes por meio de traduções siríacas no final do século VII e, depois, por meio de traduções árabes feitas pelos sírios possivelmente no século IX. No entanto, em vez de tratar essas obras como *tentativas* dos estudiosos gregos de responder a questões diversas, os intelectuais muçulmanos leram-nas prontamente do mesmo jeito como liam o Corão — como verdades fixas que deveriam ser compreendidas sem ser questionadas ou contraditas. Portanto, se os pensadores muçulmanos analisaram tais obras, foi com o intuito de reconciliar aparentes contradições internas. Por fim, o foco recaiu sobre Aristóteles. Como explica o respeitado historiador muçulmano Caesar Farah: «Em Aristóteles, os pensadores muçulmanos encontraram seu grande guia: ele se tornou o "primeiro mestre". Tendo aceitado isso *a priori*, a filosofia muçulmana, à medida que ia evoluindo nos séculos seguintes, escolheu meramente *continuar* na mesma veia e expandir o legado de Aristóteles, em vez de inovar»[29]. Isso acabou por levar o filósofo Averróis e seus seguidores a impor a posição de que a física de Aristóteles era completa e infalível; e, se observações reais se mostrassem em desacordo com algum dos ensinamentos aristotélicos, elas não passariam de erro ou ilusão[30].

Atitudes desse tipo impediram que o Islã avançasse do ponto em que os gregos haviam parado em sua busca do conhecimento. Por outro lado, o conhecimento do trabalho de Aristóteles motivou experimentações e descobertas entre os primeiros escolásticos cristãos. Com efeito, então como agora, adquiria-se uma boa reputação discordando, pela inovação e correção, da opinião recebida, o que motivava os escolásticos a procurar falhas nos gregos. E havia muitas falhas esperando por ser encontradas[31].

Livros e bibliotecas

Como se mencionou, no cerne de todas as afirmações acerca da superioridade da cultura muçulmana está a posse de traduções de muitos livros de autores clássicos. Todavia, os livros precisam ser armazenados nalgum lugar, e essas grandes coleções recebem o nome de bibliotecas — trate-se de coleções de livros pertencentes a indivíduos, trate-se de instituições dedicadas à aquisição e preservação de obras. Há evidências suficientes da existência de ambos os tipos de biblioteca no Islã desde os primórdios. Com efeito, os exércitos muçulmanos conquistadores depararam-se com bibliotecas por todo o Oriente Médio e África setentrional. Algumas dessas bibliotecas sobreviviam desde os tempos dos pagãos; outras tinham sido criadas por cristãos e judeus. Entre os coptas no Egito, «todo mosteiro, e provavelmente toda igreja, já teve sua própria biblioteca de manuscritos»[32]. Em todo o território bizantino o clero ortodoxo manteve bibliotecas. Em seus grandes centros de ensino, os cristãos nestorianos possuíam coleções enormes de livros. Parece não haver nada de incomum no relato de um monge nestoriano que pegava um livro da biblioteca do mosteiro a cada semana e dedicava a maior parte das horas do dia à sua contemplação e memorização[33]. Assim, demonstrou-se aos primeiros muçulmanos que, se desejavam «fazer uso do conhecimento diversificado que herdaram, precisariam ter livros, preferivelmente em língua árabe. Além disso, esses livros precisariam ser preservados em segurança e disponibilizados aos leitores»[34].

No entanto, a noção de que os muçulmanos valorizavam as bibliotecas é contrária à controversa afirmação de que eles teriam queimado a imensa biblioteca de Alexandria[35]. Conta-se que, após a conquista de Alexandria, o comandante muçulmano indagou o califa Omar, em Damasco, sobre o que se deveria fazer dessa biblioteca enorme, que diziam conter centenas de milhares de pergaminhos. Narra-se que Omar replicou: «Se o que está escrito neles concorda com o Livro de Deus [o Corão], eles não são necessários; se discorda, não são desejáveis. Portanto, queima-os»[36]. O general então distribuiu os pergaminhos aos quatro mil banhos da cidade a fim de serem usados como combustível, e a queima levou seis meses.

Esse relato provocou respostas incensadas da parte de muitos admiradores do Islã, não obstante importantes historiadores ocidentais (incluindo Edward Gibbon) a tenham rejeitado, satisfazendo-se, em sua grande maioria, com a tradição de que a biblioteca fora queimada por acidente quando Júlio César conquistou o Egito. Não obstante, Asma Afsaruddin fez a grave acusação de que essa história não reflete nada além do ódio cristão aos muçulmanos[37], no que ignora que ela veio a lume pela primeira vez no século XIII, num relato escrito por um historiador egípcio... muçulmano! Em seguida, essa história foi reproduzida por outros escritores muçulmanos, incluindo o famoso Ibne Caldune[38]. Que a acusação de que o califa mandou queimar a grande biblioteca tenha sido levantada por muçulmanos não torna sua veracidade mais provável; o primeiro relato foi escrito cerca de seiscentos anos depois do suposto acontecimento. Todavia, que a história tenha sido crida por tantos intelectuais muçulmanos sugere algo muito mais interessante: que muitos deles, incluindo alguns estadistas, eram hostis aos livros e à educação.

Uma atitude anti-intelectual assim parece óbvia quando se lê um pouco da história política muçulmana em vez dos relatos das glórias de sua ciência. Registra-se que, quando Mutavaquil se tornou califa em 847, imediatamente «começou a sufocar a pesquisa independente e a investigação científica, bem como a intensificar a supressão da dissenção religiosa com violência»[39]. A mesma coisa fizeram seus sucessores. Depois, com o colapso do califado, já não era possível aplicar quaisquer políticas — fossem elas «esclarecidas» ou «repressivas» — a um império muçulmano então fragmentado num mosaico de emirados e sujeitos a uma série de invasões internas. Daí em diante, alguns governantes muçulmanos mostraram-se mais tolerantes do que outros aos estudiosos, aos seus livros e ao seu conhecimento, mas a maioria não era muito transigente. De fato, Saladino, o famoso herói muçulmano do século XII, amplamente admirado pelos autores ocidentais, mandou fechar a biblioteca oficial do Cairo e descartar seus livros[40]. Tudo isso parece indicar uma tensão dominante entre a cultura sofisticada — e supostamente muçulmana — sustentada pelos *dhimmis* e a verdadeira cultura das elites muçulmanas.

A mítica Idade das Trevas

A afirmação de que os muçulmanos possuíam uma cultura mais avançada também se baseia em ilusões sobre o atraso cultural da cristandade: na crença amplamente difundida, porém infundada, de que, após a queda de Roma, a Europa regrediu a uma Idade das Trevas, perdendo aquela herança cultural que ainda possuía vitalidade no Islã. Voltaire (1694-1778) afirmou que, depois que Roma caiu, «a barbárie, a superstição [e] a ignorância cobriram a face da terra»[41]. Segundo Rousseau (1712-1778), «a Europa regrediu para o barbarismo dos períodos mais antigos. As pessoas desta parte do mundo [...] viveram, alguns séculos atrás, em condição pior do que a ignorância»[42]. Edward Gibbon (1737-1794) também declarou que tratara-se do «triunfo da barbárie e da religião»[43].

Não surpreende que essa tenha se tornado a opinião corrente. Assim, em seu *The Discoverers* (1983), o historiador Daniel J. Boorstin (1914-2004), vencedor do prêmio Pulitzer, incluiu um capítulo intitulado «A prisão do dogma cristão», no qual afirma que a «Idade das Trevas» começou antes mesmo da queda de Roma. «O cristianismo conquistou o Império Romano e a maior parte da Europa. Então observamos o fenômeno do esmorecimento da erudição em todo o continente, que foi por ele afligido de 300 d.C. até, pelo menos, 1300». Isso se deu porque «os líderes do cristianismo ortodoxo construíram uma grande barreira contra o progresso do saber»[44]. Nas palavras do distinto historiador William Manchester (1922-2004), esse foi um período de «guerras incessantes, corrupção, ilegalidade, obsessão com mitos estranhos e uma inconsciência quase impenetrável [...]. A Idade das Trevas foi severa em todas as dimensões»[45].

Algumas dessas afirmações são maliciosas, e todas demonstram assustadora ignorância. É verdade que, assim como os conquistadores muçulmanos, as tribos germânicas que conquistaram a Europa romana tiveram de adquirir um considerável nível cultural antes de se poderem equiparar a seus predecessores. No entanto, além de terem muitos romanos que os instruíssem e guiassem, eles tinham a Igreja, que cuidadosamente sustentava e *fazia avançar* a cultura herdada de Roma[46]. É ainda mais significativo que os séculos rotulados como «Idade das Trevas» tenham sido «um dos períodos mais inovadores da história humana», em que novas tecnologias foram desenvolvidas e postas em prática «numa escala jamais conhecida por civilizações anteriores»[47]. Com efeito, como se verá, foi durante a «Idade das Trevas» que a Europa iniciou o grande salto tecnológico que a colocou bem adiante do resto do mundo[48]. Este fato se tornou tão conhecido que a rejeição da «Idade das Trevas» como um mito infundado é hoje registrada pelos mesmos dicionários e enciclopédias que alguns anos atrás o aceitavam e promulgavam. Desse modo, se as edições mais antigas da Enciclopédia Britânica identificavam os cinco ou seis séculos após a queda de Roma como a «Idade das Trevas», sua décima quinta edição, publicada em 1981, dispensava a expressão por tratar-se de um termo «inaceitável», que supunha *incorretamente* que aquele fora «um período de trevas intelectuais e barbárie».

Como já ficou claro, as afirmações que falam de uma cultura muçulmana mais avançada e sofisticada com frequência baseiam-se numa espécie de «intelectualismo». Há muito mais numa cultura do que livros e «educação formal». Ninguém pode aprender a cultivar o solo, navegar ou vencer batalhas lendo Platão ou Aristóteles. A tecnologia, no sentido mais amplo da palavra, é uma realidade da vida cotidiana que determina quão bem as pessoas vivem e conseguem proteger-se. E, não obstante o que os intelectuais muçulmanos soubessem ou deixassem de saber sobre a ciência de Aristóteles ou a filosofia política de Platão em comparação ao conhecimento dos escolásticos cristãos, a tecnologia islâmica permanecia muito atrás da tecnologia de Bizâncio e da Europa.

Contrastes na tecnologia

Contrastar a cristandade com o Islã no que diz respeito às tecnologias importantes é bem mais difícil do que deveria ser, uma vez que a questão é dominada por autores muçulmanos que são muito dados a afirmações absurdas. Dessa forma, pode-se «descobrir» que «Ibne Firnas, da Espanha islâmica, inventou, construiu e testou uma máquina voadora no século IX»[49]. Tampouco os construtores navais europeus inventaram o leme, mas os muçulmanos. (Que construtores navais muçulmanos foram esses?). Os chineses não inventaram a bussóla; foram os muçulmanos. E assim por diante[50].

Transporte

O que sabemos com certeza absoluta é que, logo após a conquista muçulmana do Egito, do resto da África setentrional e da Espanha, a *roda* desapareceu de toda essa região![51] Durante séculos não houve carros nem carroças. Todos os bens eram carregados a mão ou levados por camelos, asnos ou cavalos. Isso não aconteceu porque os árabes não conhecessem a roda; eles apenas a julgavam de pouco uso. Em sua avaliação, rodas exigiam ruas e estradas. Camelos e pedestres não necessitavam de nada disso. Ademais, dado seu desdém pela roda, é duvidoso que os muçulmanos soubessem fabricar arreios próprios para conectar animais de carga a carros e carroças.

Por outro lado, nos primórdios da «Idade das Trevas», os europeus foram os primeiros a desenvolver jugos e arreios que possibilitavam que cavalos, em vez de bois, puxassem carroças pesadas, trazendo um ganho substancial em velocidade. Bem arreado, um cavalo podia puxar uma carroça carregada com até novecentos quilos[52], carga que exigiria pelo menos quatro camelos de carga, quiçá cinco[53]. A capacidade de tração dos cavalos europeus aumentou novamente quando, no século VIII, foi inventada a ferradura, a qual já se havia popularizado no século seguinte. As ferraduras não só protegiam os cascos do cavalo do desgaste e de ferimentos, sobretudo em superfícies duras, mas também permitiam que o animal fincasse as patas em superfícies mais macias para ganhar maior tração[54]. Ademais, os europeus do século X foram os primeiros a desenvolver um jugo que permitia que grandes equipes de cavalos ou bois se alinhassem numa coluna de pares, em vez de ficarem arreados lado a lado. Isto possibilitou o uso de grandes números de animais para puxar uma só carga[55].

Uma objeção que os árabes podem ter feito às carroças é a de que aquelas usadas antes e durante as conquistas muçulmanas tinham um eixo frontal fixo que as tornava difíceis de virar. Tampouco possuíam freios, podendo ser muito perigosas em descidas[56]. Antes do século IX, porém, os europeus já haviam resolvido esses problemas, e suas carroças tinham eixos frontais que giravam, bem como freios apropriados. Isso constituía uma vantagem significativa quando empreendiam alguma campanha militar importante a mais de quatro mil quilômetros de casa. Com efeito, acredita-se que um contingente da Primeira Cruzada tenha partido com pelo menos duas mil carroças[57].

Enfim, apesar de possuírem os cavalos mais rápidos do mundo, faltavam aos muçulmanos os grandes cavalos de carga dos europeus. Por isso, não lhes teria sido muito vantajoso o uso de carroças em vez de camelos de carga. É claro, porém, que tanto os muçulmanos quanto os europeus eram especialistas na criação de cavalos e, por isso, essas diferenças eram questão de preferência.

Agricultura

Grandes cavalos de carga também desempenharam função importante na revolução da agricultura que transformou a Europa durante a «Idade das Trevas». A produção de alimentos *per capita* aumentou dramaticamente. Um dos motivos para isso é o de que os cavalos podiam puxar o arado duas vezes mais rápido do que os bois; daí que, ao trocar bois por cavalos, o fazendeiro conseguia arar duas vezes mais terra com a mesma quantidade de tempo. Igualmente importante foi o fato de que os cavalos robustos dos fazendeiros da «Idade das Trevas» puxavam um arado bem superior.

Até certa altura do século VI, os fazendeiros mais avançados de todo o mundo usavam alguma variedade do arado romano, que não era nada mais do que um conjunto de gravetos dispostos em fileiras numa superfície achatada. O arado romano não revolve o solo, mas é simplesmente arrastado por sua superfície, deixando parte do solo imóvel entre sulcos rasos, o que exigia que se arasse o solo repetidamente em diversas direções[58]. Essa técnica já era pouco adequada aos solos finos e secos que se encontram ao longo do Mediterrâneo; para o solo pesado e úmido, porém extremamente fértil, da maior parte do norte europeu, era de todo insuficiente. Fazia-se necessário um arado muito pesado, com uma relha (lâmina) grande, robusta e afiada que pudesse revirar o solo e cavar um sulco profundo. A este foi adicionada uma segunda relha para cortar a camada de relva que era revolvida pela primeira. Em seguida foi adicionada a aiveca, que revolvia completamente a relva cortada. Por fim, rodas foram acrescidas ao arado a fim de facilitar seu transporte de um campo para o outro e possibilitar que a relha fosse configurada para arar a profundidades diversas. *Presto*! Terras que antes não podiam ser cultivadas, ou pelo menos não com eficiência, de repente tornaram-se muito produtivas, e mesmo em solos mais finos o uso do arado pesado com aiveca quase dobrou a produtividade das colheitas[59].

Durante o século VIII, deu-se a próxima etapa da revolução da agricultura: a adoção do sistema de três campos, no qual as terras cultiváveis eram divididas em três lotes[60] e o camponês tinha sua faixa de terra em cada um deles. Num lote plantava-se uma colheita de inverno, como a do trigo; no segundo, uma colheita de primavera, como a aveia (uma colheita especialmente importante, uma vez que o cavalo se tornara o principal animal de carga), de legumes (ervilha e feijão, por exemplo) ou de vegetais; o terceiro lote era o do alqueive que se deixava em pousio, isto é, a terra que se deixava descansar. No ano seguinte, o lote que fora deixado em pousio era cultivado com a colheita de inverno; o segundo, com uma primaveril; e o lote que dera a colheita de primavera no ano anterior ficava em pousio. A estratégia de fazer do lote de alqueive o pasto do gado não só diminuía a proliferação das ervas daninhas, mas o esterco espalhado pelos animais também ocasionava um aumento dramático na fertilidade do solo.

Como resultado, a partir da «Idade das Trevas» a maioria dos europeus passou a comer bem melhor do que a média das pessoas comuns jamais comera em qualquer parte do mundo. Com efeito, os europeus medievais podem ter constituído o primeiro grupo humano cujo potencial genético não foi consideravelmente reduzido por uma dieta insuficiente, de modo que eram, em média, maiores, mais saudáveis e mais dispostos do que as pessoas comuns de outros lugares.

Uma lista muito mais longa de avanços tecnológicos europeus durante a «Idade das Trevas» poderia ser organizada, e eu mesmo já o fiz noutro trabalho[61]. Aqui me parece mais conveniente concluir a questão com uma comparação abrangente no âmbito da tecnologia militar.

Poderio militar

Levemos em consideração que, em 732, supostamente nas profundezas da «Idade das Trevas», a pesada cavalaria de Carlos Martel possuía selas de encosto elevado equipadas com esporas que lhe permitiam aplicar todo o peso de um cavalo em carga e de um cavaleiro revestido de armadura pesada atrás de uma lança longa, sem que o cavaleiro fosse arremessado pela força do impacto. Em comparação, a cavalaria muçulmana inimiga montava sem sela ou sobre coberturas finas, e tampouco possuía esporas, limitando-se assim a brandir espadas e machados como haviam feito todas as cavalarias anteriores, incluindo as dos romanos e dos persas[62]. A cavalaria muçulmana podia esquivar-se e fugir das cargas ribombantes dos cavaleiros ocidentais, mas não podiam resistir-lhes.

Além disso, do mesmo modo como faltavam aos muçulmanos os cavalos robustos que se faziam necessários para arar o solo e puxar carroças pesadamente carregadas, também faltavam-lhes os cavalos de batalha necessários a cavaleiros com armaduras completas — problema que ficou claro pela primeira vez na Batalha de Tours/Poitiers e que nunca foi resolvido. Na era das Cruzadas, os cavaleiros europeus montavam cavalos que pesavam entre quinhentos e seiscentos quilos, enquanto a cavalaria muçulmana vinha montada em cavalos que pesavam entre trezentos e quatrocentos[63]. Isso dava aos cruzados uma vantagem considerável quando se tratava de batalhas um a um, pois o homem montado no cavalo maior e mais alto golpeava seu oponente de cima e seu cavalo podia compelir o cavalo inimigo. Isso também era importante porque o cavaleiro cruzado mediano pesava muito mais do que seu correspondente muçulmano: além de sua estatura em geral ser maior, o fator peso também era influenciado pela diferença da armadura.

Ao contrário dos tempos modernos, naquele tempo não havia um «equipamento padrão» à disposição das tropas. Embora alguns nobres provessem armas e armaduras para seus soldados, isso não era comum: a maioria dos combatentes trazia o próprio equipamento.

Por conseguinte, comparações entre o equipamento dos exércitos cristão e muçulmano são muito menos precisas do que, por exemplo, comparações entre o equipamento dos soldados americanos e japoneses na Segunda Guerra Mundial. Com as devidas ressalvas, pode-se dizer que os cruzados usavam armaduras consideravelmente melhores e mais completas do que seus oponentes muçulmanos. No entanto, não devemos achar que os europeus se equipassem com os conjuntos completos e articulados que vemos nos museus. Esses conjuntos vieram mais tarde, e apenas alguns membros da cavalaria pesada chegavam a usá-los, já que careciam perigosamente de praticidade. Cavaleiros em armaduras de placas precisavam ser postos em suas selas por meio de cabos: quando caíam, não conseguiam levantar-se e continuar lutando. Em vez de armaduras assim, até os cruzados da cavalaria pesada usavam cotas de malha grossas o suficiente para repelir tudo o que não fossem os mais poderosos golpes de espada e machado. Elmos cobriam suas cabeças, pescoços e, por vezes, parte de seus rostos. Também vestia-se deste modo a infantaria, que compunha de longe a maior parte de qualquer exército medieval.

A cota de malha era feita de pequenos anéis de ferro, cada um ligado a outros quatro. Vinha projetada como uma longa «camisa que se repartia na altura da virilha, com abas que desciam pelas coxas até a altura dos joelhos. Estas podiam ser amarradas em volta da perna como fazem os *cowboys* ou, mais usualmente, ficar dependuradas como um tipo de camisa aberta»[64]. Alguns cruzados também usavam meias de cota de malha, algumas das quais chegavam a cobrir os pés.

A cota de malha era bem conhecida no Oriente, mas não amplamente empregada. Em vez disso, usavam-se escamas metálicas costuradas em jaquetas de tecido ou couro — uma modalidade de armadura considerada «ultrapassada no Ocidente»[65]. As armaduras mais leves e menos completas dos guerreiros muçulmanos contribuíam muito para sua maior mobilidade, mas também os tornavam muito mais vulneráveis quando obrigados a lutar frente a frente. A armadura de cota de malha usada pelos francos era notavelmente resistente. As flechas muçulmanas, por exemplo, só as penetravam parcialmente, «muitas vezes sem ferir o corpo. A imagem do porco-espinho foi às vezes utilizada para descrever a aparência de homens [...] que estiveram sob o ataque dos turcos»[66]. Em suas memórias da Primeira Cruzada, Rudolfo de Caen resumiu a situação corretamente ao observar que os sarracenos «se fiavam em seus números; nós, em nossa armadura»[67].

Todavia, nenhuma armadura, nem mesmo a armadura completa de placas, era muito efetiva contra a invenção que tornou os cruzados tão letais em batalha: a besta. Embora fosse amplamente usada pelos cruzados, muito pouco foi escrito sobre ela porque se julgava muito vergonhoso, e até pecaminoso, utilizá-la. Em 1139, o Segundo Concílio de Latrão proibiu seu uso (a não ser contra os infiéis) «sob pena de anátema, sendo uma arma odiosa a Deus e aos cristãos». Essa proibição foi subsequentemente confirmada pelo Papa Inocêncio III[68]. No entanto, os exércitos europeus ignoraram a Igreja e fizeram uso indiscriminado da besta até ela se tornar obsoleta com o advento das armas de fogo. Deste modo, por exemplo, a guarnição dos cavaleiros templários do castelo de Safede, ao norte da Galileia, consistia em cinquenta cavaleiros e trezentos besteiros por volta de 1260[69].

As objeções «morais» à besta tinham que ver com a estratificação social, uma vez que essa arma revolucionária fazia com que camponeses não treinados se tornassem inimigos da soldadesca treinada. Eram necessários muitos anos de treinamento para que alguém se tornasse cavaleiro, e o mesmo valia para os arqueiros. De fato, levava anos para que os arqueiros desenvolvessem a força necessária no braço para atirar com um arco longo, sem falar na precisão dos tiros. Contudo, qualquer um podia tornar-se proficiente na besta em menos de uma semana. Para piorar, até um iniciante conseguia ser mais preciso do que um arqueiro altamente treinado no arco longo a distâncias de até 60, 65 metros[70]. Isso se dava porque a besta era mirada como um rifle e disparada por meio de um gatilho que liberava a corda e propelia uma seta (flecha pesada), a qual se dirigia em linha reta até o alvo para que se apontava a arma. Embora o arco longo pudesse ser disparado mais rapidamente e a uma distância maior (usando uma trajetória mais alta), ele não podia ser comparado à precisão da besta. Os projéteis atirados pela besta chamavam-se setas porque eram bem mais curtos e pesados do que as flechas atiradas por arcos comuns. Ainda que esta característica reduzisse o alcance da besta, aumentava enormemente o impacto de seus projéteis a distâncias menores. O fato de que pouco treinamento era necessário para manuseá-la significava que grandes números de besteiros podiam ser reunidos rapidamente; os genoveses chegaram a despachar, em diversas ocasiões, até vinte mil deles para uma única batalha[71].

Contra os besteiros cruzados, os muçulmanos adotaram um arco curto de alcance e impacto bem menores do que os da besta. As flechas muçulmanas eram eficientes contra inimigos revestidos de armaduras leves, como outros muçulmanos, mas, a não ser que fossem disparadas a queima-roupa, só feriam um cruzado se o atingissem num ponto desprotegido. Em comparação, a seta disparada por uma besta, a uma distância de 140 metros ou menos, tinha uma penetração admirável, até mesmo contra uma armadura de placas. Como registrou a princesa Ana Comnena (c. 1083-1153) na *Alexíada*, sua esplêndida narrativa do reinado de seu pai, a besta dispara com «violência e força tremendas, de forma que os projéteis, onde quer que atingissem, não ricocheteavam; de fato, eles atravessavam escudos, perfuravam peitorais de ferro pesados e continuavam seu trajeto do outro lado»[72].

Nos exércitos cruzados, como aquele organizado por Ricardo Coração de Leão, as bestas eram manipuladas por equipes de três homens: um carregava e manuseava um enorme escudo, atrás do qual se agachavam todos em batalha para proteger-se das flechas e projéteis do inimigo; outro recarregava as bestas e as passavam para o arqueiro, que realizava os disparos. Essas equipes normalmente eram capazes de disparar oito vezes por minuto, aproximadamente a mesma frequência de um arqueiro sozinho, porém com efeito muito mais devastador[73].

Equipes de besteiros dando apoio a unidades de infantaria bem equipadas e confiáveis compunham uma combinação letal: o inimigo sofria severas baixas pela ação dos besteiros e, ao avançar para o ataque, ainda tinha de encarar linhas de infantaria intactas[74]. Isso era especialmente problemático para os exércitos muçulmanos, uma vez que eram compostos sobretudo de uma cavalaria leve, pouco apta a atacar uma infantaria determinada, a não ser que a superasse amplamente em números. As graves derrotas sofridas no século VIII nas mãos dos francos, mesmo sem a besta, pode ter levado os líderes muçulmanos a reconsiderar a composição de suas forças. Todavia, nessas questões a tradição é muito difícil de superar; as forças árabes sempre foram compostas de cavalaria leve e haviam obtido uma brilhante série de conquistas iniciais com seus métodos tradicionais. Qualquer tendência à reavaliação dessa dependência da cavalaria, talvez em resposta à expulsão dos muçulmanos da Europa, foi sufocada no século XI, quando os turcos seljúcidas, recém-convertidos ao Islã, desbancaram o Oriente Médio árabe. Os turcos eram nômades montados que desprezavam a infantaria. Por isso, a confiança muçulmana a respeito da cavalaria leve perpetuou um *déficit* tático e tecnológico que acabou por desempenhar um importante papel durante as Cruzadas. Muitíssimas vezes na Terra Santa, a cavalaria muçulmana fracassou contra a infantaria cristã apesar de ser numericamente muito superior. Até os cavaleiros cristãos costumavam descer dos cavalos para lutar como infantaria, e suas unidades sempre incluíam muitas equipes de besta[75].

As bestas não apenas eram letais no campo de batalha, mas também bastante eficazes para derrubar soldados de defesa do alto das muralhas dos fortes, bem como para repelir ataques contra fortalezas. Também desempenhavam uma função muito importante em batalhas navais.

O elemento mais significativo que se deve considerar quando da comparação das frotas cristãs com as muçulmanas é o fato de que as frotas muçulmanas eram formadas por cópias das naus daquelas, além de serem construídas e tripuladas por rebeldes e mercenários cristãos. Disso resultava que as tripulações de navios muçulmanos não possuíam o mesmo grau de comprometimento que se via nas frotas adversárias. Assim, depois que Saladino reconstruiu uma frota muçulmana na década de 1180, ela foi completamente destruída em 1187 enquanto aguardava ancorada na costa de Tiro. Impediu-se dessa forma que a cidade, que estava sob o cerco dos exércitos de Saladino, fosse reabastecida pelo mar. De acordo com um relato egípcio, ao serem surpreendidas por uma frota cruzada, as tripulações de Saladino abandonaram suas naus sem lutar[76].

Além disso, porque eram sempre construídas por cristãos e produzidas a partir de modelos das naus cristãs, as frotas muçulmanas estavam sempre um pouco desatualizadas. Por conseguinte, além da habilidade náutica e de um comprometimento superiores, as frotas cristãs gozavam de uma «posição de liderança tanto no tamanho como nas capacidades tecnológicas de suas naus»[77]. Uma dessas vantagens consistia em encher de besteiros as torres de cada galé, o que permitia que as frotas cristãs infligissem baixas consideráveis a uma galé inimiga à distância — do mesmo modo como, tempos depois, a frota inglesa usou seus canhões contra a Armada Espanhola e recusou-se a lutar corpo a corpo. Além disso, os cristãos desenvolveram bestas pesadíssimas, que se montavam nos conveses das galés e eram empregadas para lançar grandes projéteis — às vezes, vasilhas de fogo grego — contra seus oponentes. Outra vantagem tecnológica vinha de galés especiais que viabilizavam às frotas cristãs o transporte de uma companhia de cavaleiros juntamente com seus corpulentos cavalos de guerra, a fim de fazê-los aportar numa praia inimiga já montados e prontos para a batalha[78].

Conclusão

Mesmo que reconheçamos a veracidade das afirmações de que os árabes instruídos possuíam um conhecimento superior dos autores clássicos e produziram alguns matemáticos e astrônomos excepcionais, a verdade é que eles permaneciam muito atrasados em relação a tecnologias vitais, como a das selas, esporas, ferraduras, carroças e carros, cavalos de carga e arreios, arados, bestas, fogo grego, construtores náuticos, marinheiros, agricultura produtiva, armaduras eficazes e uma infantaria bem treinada. Não causa espanto que os cruzados conseguissem marchar mais de quatro mil quilômetros, derrotar um inimigo tão numericamente superior a si e resistir enquanto a Europa pôde sustentá-los.

CAPÍTULO 4

Peregrinação e perseguição

Quando o Papa Urbano II convocou os cavaleiros da Europa a unir-se aos batalhões de Deus, ele o justificou com base no fato de que, após muitos séculos de tolerância, os muçulmanos tinham começado a profanar os locais sagrados cristãos na Terra Santa e a tratar os peregrinos cristãos com selvageria. Isso era verdade? Ou o papa teria inventado tudo? Para avaliar melhor a veracidade de tais afirmações, será útil traçarmos o surgimento da peregrinação cristã e analisar como os muçulmanos responderam a ela ao longo do tempo.

Os primeiros peregrinos

Não existiam peregrinos cristãos no primeiro século — e, mesmo que tivessem existido, não se saberia para onde teriam ido. Jesus passou quase todo o seu ministério na Galileia e fez apenas algumas[1] breves visitas a Jerusalém. Não obstante, possíveis cerimônias sagradas na Galileia não tinham então um significado excepcional. Com o tempo, Nazaré, Caná e vários outros lugares da Galileia começaram a atrair alguns peregrinos, e mosteiros e igrejas foram ali construídos a fim de comemorar os acontecimentos do passado; antes, porém, embora houvesse lugares sagrados em Jerusalém, a cidade fora destruída pelos romanos sob o comando de Tito em 70 e arrasada mais uma vez por Adriano em 135, após a Revolta de Barcoquebas. Por isso, embora os primeiros cristãos decerto partilhassem com os judeus de uma reverência especial por Jerusalém, não sabemos ao certo quando começaram a visitar seus locais sagrados.

O que sabemos é que peregrinos do Ocidente nunca representaram mais do que uma «pequena corrente» se comparados com o «fluxo de peregrinos para Jerusalém vindos do Oriente»[2]. Para a nossa tristeza, quase todo o conhecimento sobre os peregrinos bizantinos se perdeu e, assim, é da «pequena corrente» que temos mais ciência, ao passo que sabemos relativamente pouco das multidões que vinham das regiões cristãs do Oriente.

Um dos mais antigos peregrinos orientais foi Melitão († ca. 180), bispo de Sardes, que nos legou o mais velho cânone cristão conhecido do Antigo Testamento. Melitão visitou Jerusalém e, no *Peri Pascha* («Sobre a Páscoa», obra que não havia sido descoberta até a década de 1930), assinalou os principais locais sagrados da cidade. Outro visitante foi o célebre teólogo alexandrino Orígenes (ca. 185-254), que viajou para a Terra Santa e escreveu sobre o «desejo dos cristãos de buscar as pegadas de Cristo»[3]. Contudo, ainda que a Palestina fosse próxima às principais cidades de Bizâncio, não há quaisquer evidências de que muitos peregrinos a tenham visitado nos primeiros tempos[4].

Isso mudou com a conversão de Constantino. Sua mãe, a imperatriz Helena, ganhou fama de santidade depois de visitar Jerusalém, onde encontrou muitas relíquias sagradas e descobriu que tradições locais duradouras haviam sobrevivido com relação à localização de importantes lugares sagrados. Uma das tradições mais populares dizia que o túmulo de Cristo estava enterrado debaixo de um templo de Vênus construído por Adriano a fim de contrariar os cristãos.

O que se seguiu foi uma das primeiras empresas arqueológicas da história, bem relatada pelo historiador eclesiástico Eusébio (c. 263-339) em sua *Vida de Constantino*[5]. Eusébio parte da observação de que, aparentemente, os engenheiros de Adriano estiveram «determinados a esconder» o túmulo «dos olhos dos homens. [...] Depois de muito esforço para trazer a terra doutras partes, cobriram todo o local; então, tendo elevado o nível do terreno e o pavimentado com pedras, ocultaram completamente a gruta sagrada debaixo de um grande monte». Em cima dele, os romanos haviam construído «um santuário sombrio de ídolos mortos».

Eusébio prossegue: «Constantino ordenou que o local fosse purificado. [...] Assim que emitiu as ordens, essas construções enganosas foram destruídas, [...] imagens e demônios [...] foram todos derrubados e totalmente destruídos, [...] uma camada após a outra foi removida, [...] e então, de repente, contra todas as expectativas, o monumento venerável e sagrado à ressurreição de nosso Salvador fez-se visível, juntamente com a santíssima gruta». O que os escavadores parecem ter descoberto foi um túmulo esculpido na rocha que corresponde à descrição bíblica.

A resposta de Constantino foi mandar construir a grandiosa Igreja do Santo Sepulcro no local, e Eusébio, então bispo de Cesareia, esteve presente na consagração. Constantino também mandou construir grandes igrejas em Belém e no Monte das Oliveiras. A descoberta do que se acreditava ser o Santo Sepulcro e os outros projetos arquitetônicos de Constantino incentivaram um fluxo crescente de peregrinos.

O primeiro dos peregrinos ocidentais de que se tem notícia foi um homem de Bordeaux (França) que se hospedou na Terra Santa em 333, quando as igrejas de

Constantino estavam sendo terminadas. Não conhecemos seu nome, mas ele escreveu um itinerário extenso que sobrevive até hoje. Grande parte do relato tem por objetivo delinear uma rota e listar boas paradas pela viagem. Ele atravessou os Alpes até a Itália e, depois, encaminhou-se para a Trácia através de Bizâncio, cruzando o Bósforo e descendo a costa da Palestina. Segundo sua estimativa, tratou-se de uma viagem de mais de cinco mil quilômetros, e ele teve de trocar de cavalo 360 vezes[6].

Ao chegar à Terra Santa, o autor escreveu descrições das igrejas de Constantino e da localização dos lugares sagrados: «À esquerda [se o viajante se encaminha para o norte em direção à cidade e ao Portão de Damasco] está o monte Gólgota, onde o Senhor foi crucificado, e, a cerca de um tiro de funda dali, encontra-se a cripta onde depositaram seu corpo e da qual ressuscitou ao terceiro dia. Por ordem do imperador Constantino, foi erigida ali uma basílica [...] ladeada por cisternas de beleza admirável, com um batistério onde se batizam as crianças»[7].

Em 1884, um pesquisador italiano descobriu, na biblioteca de um mosteiro, um manuscrito que fora parte de uma carta escrita por uma mulher chamada Egéria (ou Etéria). Também ela peregrinara para a Terra Santa entre 381 e 384. Embora alguns historiadores tenham suposto que Egéria fosse uma religiosa, parece bem mais provável que tenha sido uma leiga abastada que registrara sua visita numa carta escrita para seu círculo de amigas (provavelmente na costa atlântica da Gália). A parte da carta que sobrevive foi copiada no século XI por monges da Abadia de Monte Cassino. Sem dúvida, essa porção foi valorizada porque descreve monges da Terra Santa e suas práticas litúrgicas. No entanto, a parte da carta de Egéria que sobrevive também relata suas visitas a muitos locais sagrados e algumas viagens adicionais ao Egito e ao Monte Sinai.

Em 385, São Jerônimo (340-420) liderou um grupo de peregrinos de Roma até a Terra Santa. Entre eles estava o bispo Paulino de Antioquia; a rica viúva Paula e sua filha solteira Eustóquia; além da boa amiga de Paula, a viúva Marcela. Paula era uma matrona romana de alta classe e provida de imensa riqueza. Havia sido parte da companhia de Jerônimo por muito tempo (o que gerara rumores de imoralidade). Após visitar os locais sagrados, Jerônimo e seu círculo feminino dirigiram-se ao Egito. Em 388, contudo, retornaram e estabeleceram residência perto de Belém, num mosteiro fundado por Paula. Durante os últimos 32 anos de sua vida, Jerônimo viveu ali e traduziu a Bíblia do grego e do hebraico para o latim.

Por mais estranho que pareça, Jerônimo julgava completamente desnecessária a peregrinação para a Terra Santa, e muitos dentre os Padres da Igreja condenaram ou ridicularizaram a prática. Santo Agostinho (354-430) denunciou as peregrinações; São João Crisóstomo (c. 344-407) ridicularizou-as[8]; e São Gregório de Nissa (c. 335-394) observou que não eram sugeridas pela Bíblia e que Jerusalém era uma cidade pouco atraente e pecaminosa. Jerônimo concordava, observando que vivia repleta de «meretrizes [...] [e que] a escória do mundo inteiro ali se reunia»[9].

O público, no entanto, não prestou atenção. Quando a imperatriz Eudócia (c. 401-460) se estabeleceu em Jerusalém em 440, a cidade estava se tornando uma residência cobiçada, e as mulheres nobres dominavam as fileiras dos peregrinos[10]. Ademais, a maioria dos peregrinos continuavam a vir do Oriente bizantino, uma vez que a viagem era demasiado longa e cara a partir do Ocidente. Até mesmo partindo de Constantinopla, tratava-se de uma viagem de mais de 1.500 quilômetros pelas estradas romanas até Jerusalém[11]. Os números, porém, continuaram aumentando e, no final do século V, já havia mais de trezentos albergues e mosteiros para alojar somente os peregrinos da cidade de Jerusalém[12]. Se supusermos que, em média, cada um pudesse acomodar vinte hóspedes, chegaremos a uma capacidade diária de seis mil, o que sugere um tráfego pesado, dado que a população residente na cidade naquele tempo era de somente dez mil[13].

A tendência de aumento do tráfego de peregrinos continuou ao longo do século VI, com um número crescente vindo do Ocidente pelo mar. Entre eles esteve Antonino Mártir, que por volta de 570 navegou da Itália até o Chipre e, então, para a costa da Palestina. Em sua narrativa, ele relata longamente a beleza das mulheres judias e é o primeiro a registrar que havia três igrejas no Monte Tabor, na Baixa Galileia — afirmação hoje confirmada pelas ruínas que restam[14]. Sua visita à Igreja do Santo Sepulcro ocorreu mais de dois séculos depois da construção original, e, de acordo com suas descrições, ela era constantemente decorada por visitantes piedosos: «A pedra com que se fechara o túmulo [...] foi adornada de ouro e pedras preciosas. [...] Seus ornamentos são inumeráveis. De varas de ferro veem-se dependurados braceletes, pulseiras, correntes, colares, diademas, faixas, correias de espadas e coroas imperiais feitas de ouro e pedras preciosas, bem como um sem-número de ornamentos dados pelas imperatrizes. O túmulo inteiro [...] é coberto de prata»[15].

As obras bizantinas em Jerusalém continuaram sob o célebre imperador Justiniano (483-565), que também expandiu grandemente Bizâncio ao «recuperar» a África setentrional, a Itália, a Sicília e uma porção do sul da Espanha de diversos invasores «bárbaros». Justiniano construiu e restaurou tantos edifícios em toda a parte de seu império que o antigo historiador Procópio (c. 500-565), membro da corte, escreveu um livro inteiro sobre as suas construções[16]. O mais monumental de todos os seus edifícios foi a Igreja Nova de Santa Maria, normalmente chamada de Igreja *Nea* (Nova), construída em Jerusalém provavelmente para rivalizar com a memória do Templo de Salomão. Foi construída com enormes blocos de pedra, e, segundo Procópio, nenhuma outra igreja «se lhe pode comparar»[17]. Vários arqueólogos modernos da Terra Santa suspeitaram de que a Igreja *Nea* servia primordialmente de depósito para os tesouros do Templo que haviam sido roubados pelos romanos em 70 e que, segundo relatos, teriam sido recuperados por Bizâncio nesse período[18]. De todo modo, o gigantesco complexo incluía um albergue para os peregrinos e era uma atração importante.

Mas então tudo acabou.

A Jerusalém muçulmana

Em 636, um exército muçulmano entrou na Palestina e, em 638, Jerusalém se rendeu. Logo após sua entrada triunfante em Jerusalém, o califa Omar escreveu uma carta tranquilizando a população da cidade:

> Esta é a aliança feita pelo servo de Deus Omar, comandante dos fiéis, ao povo de Jerusalém: ele vos garante a segurança, a cada pessoa e à sua propriedade; às vossas igrejas, às vossas cruzes, aos vossos doentes e sãos, a todo o povo de vosso credo. Não colocaremos soldados muçulmanos em vossas igrejas. Não destruiremos vossas igrejas nem danificaremos vossa propriedade, vossas cruzes ou qualquer coisa que vos pertença. Não

> obrigaremos o povo de Jerusalém a renunciar às suas crenças e não lhe faremos mal[19].

Tudo soa muito humano e razoável. No entanto, a próxima frase da carta diz: «Nenhum judeu viverá entre ele em Jerusalém».

Essa proibição parece estranha, uma vez que fontes árabes afirmam que os judeus locais haviam recebido bem, e com frequência ajudado, as forças muçulmanas na Palestina[20]. Alguns creem que a proibição era simplesmente uma extensão da política bizantina de afastar os judeus; São Jerônimo revelou que os judeus «são proibidos de vir para Jerusalém»[21]. (Deve-se notar que os bizantinos simplesmente estenderam a proibição que Adriano impusera aos judeus depois de esmagar sua revolta em 135[22].) Quanto à continuação da proibição por parte dos muçulmanos, era condizente com a proibição de que os judeus habitassem qualquer lugar da Arábia e com as perseguições de Maomé aos judeus de Medina[23]. De todo modo, alguns anos mais tarde, os governantes muçulmanos revogaram a proibição e permitiram que os judeus voltassem para a cidade. Isso foi, no máximo, uma graça duvidosa, dado que nem cristãos nem judeus podiam viver em Jerusalém — ou em qualquer outro lugar sob domínio muçulmano — a não ser que aceitassem o papel subordinado de *dhimmi* e se dispusessem a suportar o desprezo e eventual perseguição que essa condição acarretava. «Quase a cada geração, autores cristãos registraram atos de perseguição e assédio, até o ponto da matança e da destruição, pelas mãos dos governantes muçulmanos»[24]. Em diversos casos, os relatos — não apenas de fontes cristãs, como também muçulmanas — implicam a comunidade judaica como participante dos ataques aos cristãos[25].

Seja como for, assassinatos em massa de monges e peregrinos cristãos eram comuns. Uma lista assistemática, baseada apenas na imensa *História da Palestina: 634-1099*, de Moshe Gil, inclui os seguintes acontecimentos:

- No início do século VIII, setenta peregrinos cristãos da Ásia Menor foram executados pelo governador de Cesareia. Sete se salvaram após se converterem ao islamismo.
- Pouco tempo depois, sessenta peregrinos, também da Ásia Menor, foram crucificados em Jerusalém.
- No final do século VIII, os muçulmanos atacaram o Mosteiro de São Teodósio, perto de Belém, mataram os monges e destruíram duas igrejas próximas.
- Em 796, os muçulmanos queimaram vivos vinte monges do Mosteiro de Mar Saba.
- Em 809, houve múltiplos ataques a igrejas, conventos e mosteiros em Jerusalém e arredores, incluindo estupros e assassinatos em massa.
- Esses ataques foram renovados em 813.
- Em 923, no Domingo de Ramos, irrompeu uma nova onda de atrocidades; igrejas foram destruídas e muitos morreram.

Esses acontecimentos põem em xeque as afirmações sobre a tolerância religiosa muçulmana.

Em determinado momento, Jerusalém tornou-se uma cidade de grande significado religioso para os muçulmanos, mas não foi assim desde o princípio. Não há menção de Jerusalém no Corão, embora de início Maomé houvesse ensinado que os muçulmanos deveriam rezar voltados para lá; posteriormente, quando os judeus o desapontaram, recusando-se a aceitá-lo como profeta, ele mudou a direção das orações para Meca. Todavia, o que acabou por fazer com que os muçulmanos considerassem Jerusalém uma cidade santa é sua centralidade na famosa «Viagem Noturna» de Maomé.

Os muçulmanos acreditam que em 620, cerca de dez anos antes de sua morte, Maomé dormia na casa de seu primo em Meca quando foi acordado pelo anjo Gabriel, que o levou pela mão a um cavalo alado. Então os dois foram rapidamente transportados para Jerusalém, onde ele foi apresentado a Adão, Abraão, Moisés e Jesus. Dali, ele e Gabriel voaram até o céu, onde Maomé foi carregado através de cada um dos sete céus e além, onde lhe foi concedido ver Alá, que lhe apareceu como uma luz divina. No caminho de volta, Maomé teve uma série de interações com Moisés a respeito do número de vezes que os muçulmanos teriam de rezar diariamente — um número que se foi reduzindo gradualmente de cinquenta para cinco. De manhã, Maomé acordou em segurança na sua cama, em Meca[26].

O Domo da Rocha foi construído entre 685 e 691, no local do Templo judaico havia muito destruído, a fim de simbolizar que o Islã sucedera ao judaísmo e ao cristianismo[27]. Subsequentemente, aqueles que promoviam peregrinações muçulmanas a Jerusalém identificaram o local de construção do Domo da Rocha como o ponto de que Maomé e Gabriel, segundo se acreditava, subiram aos céus. A combinação de uma estrutura esplêndida e sua integração a esta sagrada tradição logo tornou Jerusalém importante para os muçulmanos, embora nem de longe tão relevante para o Islã como o é para o judaísmo e o cristianismo. A sacralidade de Jerusalém para as três fés vem causando conflitos desde então, o que é bem ilustrado pelo fato de se ver escrito em árabe, sobre a lateral do Domo da Rocha que se volta para a Igreja do Santo Sepulcro, os dizeres: «Deus não tem filho». (Também houve, porém, amargos conflitos entre cristãos em Jerusalém desde o cisma entre as Igrejas romana e grega).

Antes da invasão muçulmana, Jerusalém fora controlada pela Igreja Ortodoxa Bizantina, e os católicos romanos eram meramente tolerados ali. A dominação ortodoxa continuou sob os muçulmanos até cerca de 800, quando o califa Harune Arraxide concordou em permitir que Carlos Magno financiasse e mantivesse estruturas, incluindo albergues, para os peregrinos ocidentais, as quais foram colocadas sob o controle de católicos romanos. É claro que isso causou um profundo ressentimento aos ortodoxos[28], que, depois da morte de Carlos Magno, logo reafirmaram sua autoridade, deixando apenas uma igreja nas mãos dos latinos «e as freiras latinas servindo no Santo Sepulcro»[29]. (Até hoje ocorrem altercações entre monges católicos romanos e ortodoxos por causa do Sepulcro[30].) Em 1056, o Papa Vítor II queixou-se de que não apenas os oficiais bizantinos haviam estabelecido um tributo *per capita* aos peregrinos ocidentais que passavam pelo seu território, mas também os monges ortodoxos cobravam uma taxa no Santo Sepulcro dos ocidentais[31].

Como já se observou, as autoridades muçulmanas locais esperavam, ao reforçarem o significado religioso de Jerusalém, atrair um fluxo de peregrinos muçulmanos, sendo sua motivação a mesma de todo e qualquer promotor de turismo: atrair consumidores de fora da cidade. Porém, poucos peregrinos muçulmanos vieram. Durante certo tempo depois de Jerusalém passar para o domínio muçulmano, também parece ter havido poucos peregrinos cristãos. Todavia, seus números logo começaram a aumentar, e no século VIII eles já vinham em números substanciais, alguns deles de locais tão distantes quanto a Inglaterra e a Escandinávia. Houve uma breve interrupção no século IX devido a conflitos pelo controle da Sicília e do sul da Itália, mas isso logo passou com a derrota das forças navais muçulmanas no Mediterrâneo ocidental, e logo muitos peregrinos estavam já partindo de barco de Veneza ou Bari[32].

Os peregrinos foram bem recebidos na Terra Santa porque «traziam dinheiro e podiam ser taxados»[33]. Assim, no século X, o fluxo de cristãos ali havia-se tornado uma torrente.

Ondas de peregrinos penitentes

Peregrinação pode ser definida como «uma viagem empreendida por motivos religiosos até um local sagrado»[34]. Entre cristãos, sobretudo no Ocidente, as «motivações religiosas» cada vez mais tinham que ver com a expiação, isto é, com a obtenção do perdão dos pecados. Alguns que empreendiam aquela longa viagem buscavam o perdão pelos pecados acumulados de uma vida inteira, nenhum dos quais era particularmente terrível. No entanto, nos séculos IX e X, as multidões de peregrinos estavam repletas daqueles que haviam ouvido de seus confessores que sua única esperança de redenção estaria numa peregrinação, ou até em várias, a Jerusalém. Por exemplo, quando o conde Thierry de Trier assassinou seu arcebispo em 1059, seu confessor exigiu que ele fizesse uma peregrinação, e ele foi[35].

Talvez o peregrino mais notório tenha sido Fulco III, conde de Anjou (972-1040), a quem foi exigido que fizesse quatro peregrinações para a Terra Santa, uma das quais a título de penitência por mandar queimar viva a sua esposa em seu vestido de casamento, porque ela supostamente tivera relações sexuais com um pastor.

Se levarmos todos os elementos em consideração, pode ser que quatro peregrinações tenham sido muito pouco, dado que Fulco era «saqueador, assassino e ladrão, afeito a jurar em falso, um personagem verdadeiramente amedrontador e de crueldade demoníaca [...]. Sempre que tinha a menor desavença com um vizinho, avançava sobre suas terras, saqueando, pilhando, estuprando e matando; nada o podia parar»[36]. Não obstante, quando confrontado por seu confessor, Fulco «respondeu com expressões extravagantes de devoção»[37].

O caso de Fulco revela o aspecto mais fundamental da peregrinação cristã medieval. Os cavaleiros e a nobreza da cristandade eram muito violentos, muito pecaminosos e... muito religiosos! Como Sidney Painter (1902-1960) afirmou: «[O] cavaleiro médio era selvagem, brutal e lascivo. Ao mesmo tempo, era, à sua própria maneira, devoto»[38]. Por conseguinte, cavaleiros e nobres tinham uma necessidade crônica de redenção e estavam dispostos a aceitar os fardos envolvidos para obtê-la; havia amplo consenso de que, para crimes terríveis, somente uma peregrinação bastaria. Considerem-se os seguintes excertos das «Leis de Canuto», escritas por volta de 1020 e atribuídas ao rei viking da Inglaterra e da Dinamarca:

> 39. Se alguém matar um ministro do altar, será fora-da-lei perante Deus e perante os homens, a não ser que expie profundamente a falta com uma peregrinação.
> [...]
> 41. Se um ministro do altar se tornar homicida ou cometer outro tipo de crime grave, deverá abrir mão de suas ordens eclesiásticas e de sua terra natal e partir em peregrinação[39].

E assim aconteceu. Perto do fim do século X, o enorme e energético movimento monástico baseado em

Cluny (na França) construiu albergues e hotéis ao longo de toda a rota oriental a fim de acomodar o tráfego de peregrinos. Grupos de mil eram comuns, e sabe-se que um grupo da Alemanha partiu com pelo menos sete mil peregrinos de sexo masculino (incluindo um contingente de bispos), aos quais é provável que se tenham integrado pequenos grupos ao longo do caminho[40]. Este grupo foi atacado tanto na ida como na volta por assaltantes beduínos, e por fim somente cerca de dois mil sobreviveram à viagem[41].

No século X, havia muitos peregrinos escandinavos, embora a maioria dos seus compatriotas ainda fossem pagãos[42]. «A maior parte dos peregrinos escandinavos preferia dar a volta, vindo por mar pelo Estreito de Gibraltar e retornando por terra pela Rússia»[43]. Como os francos, os conversos escandinavos eram «muito devotos de Cristo, ainda que não o fossem de seus mandamentos»[44]. Entre eles estava Torvaldo, o Amplo Viajante, que viera desde a distante Islândia. Torvaldo era um viking renomado que se convertera ao cristianismo e então «tentara pregar a nova fé aos seus compatriotas em 981»[45]. Ele peregrinou em 990 em busca de redenção por haver matado dois poetas que ridicularizaram sua fé, bem como outro homem que tinha criticado sua pregação. Em seguida à sua viagem, ele dedicou suas atividades missionárias à Rússia e aí morreu, ao que parece sem assassinar nenhum pagão russo. Outro peregrino escandinavo foi Lagman Godredsson, rei da Ilha de Man, que buscava redenção por haver matado seu irmão. O mesmo com Swein Godwinson, outro peregrino escandinavo real. Ele morreu nas montanhas, tentando cumprir a exigência de realizar a viagem descalço para expiar seus assassinatos.

E assim as coisas prosseguiram.

A destruição do Santo Sepulcro

Em 878, uma nova dinastia estabeleceu-se no Egito e tomou o controle da Terra Santa do califa em Bagdá. Inicialmente, pouca coisa mudou. Mas, em 996, Aláqueme tornou-se o sexto califa fatímida do Egito aos 11 anos de idade e governou até seu desaparecimento aos 36.

Muito se debateu sobre a sanidade mental de Aláqueme. O ilustre Marshall Hodgson admite que ele era «excêntrico», mas afirma tratar-se de «um líder eficiente»[46]. É verdade que Aláqueme viveu com simplicidade. Também é verdade que às vezes passeava pelas ruas e conversava com pessoas comuns. Por outro lado, ordenou que todos os cães do Cairo fossem mortos; que nenhuma uva fosse cultivada ou comida (para evitar a produção de vinho); que as mulheres nunca deixassem suas casas; e que os sapateiros parassem de produzir sapatos femininos. Aláqueme também proibiu o xadrez e o consumo de agrião ou qualquer peixe sem escamas. De improviso, ordenou que todos trabalhassem de noite e dormissem de dia, por serem essas suas preferências de horário. Assassinou seu tutor e quase todos os seus vizires, grandes números de seus altos oficiais, poetas e médicos, bem como muitos de seus parentes — frequentemente cumprindo o papel de carrasco ele próprio. Cortou as mãos das escravas de seu palácio. Para expressar sua oposição aos banhos públicos para mulheres, mandou emparedar de surpresa a entrada para o mais popular deles, sepultando vivas todas as que se encontravam dentro. Aláqueme também forçou todos os cristãos a usar um crucifixo de dois quilos em volta do pescoço e todos os judeus a usar um pingente igualmente pesado de bezerro (representando a vergonha de haverem adorado o Bezerro de Ouro). Por fim, Aláqueme mandou substituir o nome de Alá pelo seu próprio nos cultos das mesquitas[47].

Nada disso mudou a história. Ocorre, porém, que Aláqueme ordenou a queima ou o confisco de todas as igrejas cristãs (ao fim, cerca de «trinta mil foram queimadas ou pilhadas»[48]) e a pilhagem e completa destruição da Igreja do Santo Sepulcro em Jerusalém, incluindo todos os traços do túmulo esculpido que havia debaixo dela. De acordo com um cronista árabe do século XI, Iáia ibne Saíde de Antioquia, Aláqueme ordenou a Yaruk, governador da Palestina, que «demolisse a igreja [do Santo Sepulcro], removesse seus símbolos e se livrasse de todo o traço e memória dela». O filho de Yaruk e dois associados «tomaram toda a mobília que ali havia e derrubaram a igreja desde os seus alicerces, exceto o que foi impossível destruir. [...] [Eles] trabalharam duro para destruir o túmulo e remover até o seu último resquício, e de fato despedaçaram e arrancaram a maior parte dele»[49].

Rumores desse ultraje causaram uma onda de ira por toda a Europa — um amargo ressentimento que foi mais tarde reacendido por aqueles que recrutavam voluntários para a Primeira Cruzada. Aláqueme, porém, desapareceu durante um passeio pelos montes onde costumava praticar a astrologia; seu burro voltou para casa coberto de sangue. Os drusos acreditam que Aláqueme está «escondido» e retornará como o Mahdi no dia do juízo. Muitos outros acreditam que foi assassinado por ordem de sua irmã, que temia que ele a quisesse matar como matara tantos outros.

Em troca da soltura de cinco mil prisioneiros muçulmanos detidos por Bizâncio, o sucessor de Aláqueme permitiu a reconstrução da Igreja do Santo Sepulcro[50], embora a maior parte da destruição perpetrada à caverna não pudesse ser desfeita. As obras tiveram início em 1037, quando o fluxo de peregrinos do Ocidente havia retomado sua força: «Uma torrente infindável de viajantes rumava para o Oriente, por vezes em companhias de milhares, com homens e mulheres de todas as idades e estratos sociais, prontos [...] para passar um ano ou mais em viagem»[51]. E, do mesmo modo como não podiam mais visitar a Igreja do Santo Sepulcro original, tampouco podiam visitar a enorme Igreja Nea de Justiniano, que também se encontrava em ruinas: não se sabe ao certo quem a destruiu nem quando[52]. Ainda assim os peregrinos vinham, muito embora, além das dificuldades e perigos de uma viagem tão longa, se houvessem tornado mais frequentes e sangrentos os ataques muçulmanos a peregrinos cristãos[53]:

- Em 1022, Geraldo de Thouars, abade de Saint-Florent-lès-Saumur, havia chegado à Terra Santa, quando foi preso e executado pelos muçulmanos.
- Em 1026, Ricardo de Saint-Vanne foi apedrejado por ter sido visto rezando a Missa em território islâmico.
- Em 1040, Ulrich de Breisgau foi apedrejado por uma multidão perto do rio Jordão.
- Em 1064, o bispo Gunther de Bamberg e sua grande companhia de peregrinos foram emboscados pelos muçulmanos perto de Cesareia, e dois terços deles não sobreviveram.

Apesar dos perigos pelo caminho, novamente os peregrinos foram acolhidos em Jerusalém graças às suas substanciais contribuições para a economia local.

Contudo, em 1071, as coisas mudaram dramaticamente.

A invasão turca

No fim do século X, uma enorme tribo de nômades saqueadores da região sudeste do mar Aral, que hoje se divide entre Uzbequistão e Turcomenistão, encontrou o Islã e logo se converteu — primeiro por tratado e, depois, por convicção. (Os pagãos costumavam converter-se muito mais prontamente ao Islã do que os judeus, cristãos ou zoroastristas[53].) No entanto, o Islã a que se converteram diferia consideravelmente da ortodoxia muçulmana então prevalente. Claude Cahen (1909-1991) descreveu-o como um «Islã popular»: não apenas por sua falta de sofisticação, mas por sua intolerância militante contra grupos islâmicos «hereges», sobretudo os xiitas. Cahen continua: «Naturalmente os turcos, ao adotarem a nova fé[,] não esqueceram completamente os costumes, crenças e práticas dos seus ancestrais não muçulmanos»[55]. Por isso, mesmo como muçulmanos, os turcos seljúcidas persistiram no banditismo, «pilhando e saqueando onde quer que a oportunidade se apresentasse»[56]. E, embora às vezes fossem empregados como mercenários por diversos governantes muçulmanos, sua conversão ao Islã não protegeu outros muçulmanos ou sociedades governadas por muçulmanos de seus ataques. Com o tempo, porém, em vez de batidas rápidas, os turcos passaram a impor um controle permanente sobre certos territórios — substituindo assim o mero banditismo por saques sistemáticos e organizados, realizados por estágios.

No século XI, os turcos seljúcidas começaram a se mudar para oeste. Sob um eficiente líder chamado Tugril, em 1045 já haviam tomado a Pérsia, estabelecendo-se em Bagdá como os herdeiros do califado Abássida, para então Tugril se proclamar «sultão e rei do Oriente e do Ocidente». Ainda em modo expansionista, Tugril dirigiu suas forças para o norte e atacou a Armênia, reino cristão monofisita que fora recentemente dominado por Bizâncio e estava sujeito a uma violenta perseguição religiosa liderada por bispos ortodoxos bizantinos. Dado o ressentimento dominante contra Bizâncio, os príncipes armênios ofereceram pouca resistência, embora se possa achar que certamente teriam resistido mais se soubessem o que os aguardava. Assim, em 1048, enquanto os bizantinos estavam distraídos com uma revolta interna, os turcos devastaram a cidade de Ardzen, massacraram os homens, estupraram as mulheres e levaram as crianças cativas[57].

Entretanto, os turcos não ocuparam propriamente a Armênia; antes, se contentaram em continuar saqueando--a. Outros massacres se seguiram. Em 1063, Tugril morreu e foi sucedido por seu sobrinho Alp Arslan, de 33 anos. No ano seguinte, Arslan levou um grande exército até a Armênia e sitiou sua capital, Ani. Embora gozasse de uma ótima posição defensiva, a cidade rendeu-se após meros 25 dias, obviamente pensando que isso lhes pouparia um sofrimento inútil. Contudo, de acordo com o historiador árabe Sibt ibn al-Gawzi († 1256), que dizia citar um testemunho ocular, «o exército entrou na cidade, massacrou seus habitantes, pilhou e saqueou-a [...]. Os cadáveres eram tantos que bloqueavam todas as ruas»[58]. Em 1067, as forças de Arslan empurraram a linha de defesa bizantina até Cesareia da Capadócia, no centro da Turquia moderna, e realizaram outro massacre. Por fim, essas depredações atraíram uma resposta séria dos bizantinos.

Para que isso fosse possível, no entanto, era necessário que os bizantinos superassem a complexidade e covardia das intrigas políticas da corte grega, que se tinham acentuado com a morte do imperador Constantino X, famoso por sua negligência em relação ao exército e aos interesses do império. Com a coroação de Romano Diógenes como imperador bizantino no dia 1º de janeiro de 1068, parecia restaurar-se uma liderança competente e responsável. Romano era um general bem-sucedido e muito experiente — jovem, vigoroso, bravo e completamente ciente da ameaça seljúcida.

O primeiro ato do imperador romano foi iniciar a reconstrução do exército bizantino, que se tornara um apanhado desmoralizado de mercenários — mal equipados, mal treinados e com somas enormes de salários em atraso. Ele levou dois anos para cumprir a tarefa, dedicando muito tempo e esforço ao recrutamento de novas forças. Em 1071, estava pronto para avançar contra os turcos com cerca de sessenta ou setenta mil combatentes. (Algumas fontes muçulmanas afirmam que o exército bizantino contava com 600 mil homens, enquanto o historiador armênio Mateus de Edessa calculou o número em um milhão!). Embora houvesse passado dois anos fazendo melhorias ao exército, Romano não conseguira fazer mais do que juntar uma tropa um pouquinho mais bem equipada, treinada ou leal do que antes. Para piorar, tratava-se de um «exército sortido», composto de mercenários provindos de várias nações diferentes, alguns dos quais eram inimigos ferrenhos uns dos outros[59]. Com efeito, um dos principais contingentes era composto de oguzes, turcos que tinham laços com os seljúcidas e prontamente desertaram para o lado inimigo durante a batalha crucial.

Mesmo contrariado por diversos presságios e completamente ciente dos defeitos de seus batalhões, Romano marchou para o leste a fim de travar batalha com os turcos. Tendo acampado perto de Erzurum, Romano inexplicavelmente dividiu seu exército, concedendo o comando de sua maior porção a José Tarcaniotes e enviando-a para atacar Khelat (hoje Ahlat) às margens do lago de Vã, enquanto ele próprio liderava o contingente menor em direção à cidade de Manzikert. Ninguém sabe o que aconteceu em seguida, mas o destacamento maior fugiu e não retornou à campanha. Alguns historiadores muçulmanos afirmam que Alp Arslan, com um exército muçulmano muito menor, venceu uma batalha campal contra Tarcaniotes e seus gregos. Outros dizem que, quando a notícia de que um exército turco estava para chegar começou a circular entre os bizantinos de Tarcaniotes, eles simplesmente bateram em retirada. No entanto, o fato de que nenhuma notícia da derrota tenha chegado até Romano, que estava a apenas cinquenta quilômetros de distância, está de acordo com a conclusão formulada pelo visconde Norwich, para quem Tarcaniotes era um traidor mancomunado com os conspiradores de Constantinopla e simplesmente abandonou Romano.

Então, com apenas um terço de seu exército, Romano ainda assim tentou lidar com os turcos. Uma série de altercações-relâmpago se seguiram, e por fim ocorreu a batalha principal em Manzikert, na qual os oguzes mudaram de lado e os bizantinos foram desbaratados. Romano lutou até que seus ferimentos o impossibilitaram de brandir sua espada, quando foi capturado. Levado a Alp Arslan, os dois parecem ter-se dado muito bem, e um tratado de paz foi assinado. Nele cedia-se uma área aos turcos e firmava-se o pagamento de um tributo anual; ademais, Romano concordou em dar uma de suas filhas em casamento a um dos filhos de Alp Arslan. Levando-se tudo em conta, não foi um mau negócio para os bizantinos.

Enquanto isso, em Constantinopla, não apenas a notícia da derrota e perda de território chegara aos ouvidos

dos conspiradores crônicos da corte, como também ficaram sabendo que suas forças na Itália haviam sido vencidas por Guilherme Braço de Ferro e seus normandos. Então os conspiradores reuniram tropas das guarnições mais próximas e cavalgaram ao encontro do imperador romano que retornava. Talvez tenha havido alguma luta. De todo modo, Romano foi capturado. Como conta o historiador bizantino João Escilitzes: «Homens inclementes o capturaram e, sem dó nem piedade, arrancaram seus olhos. Carregado adiante numa besta de carga barata, qual um cadáver em decomposição, com os olhos arrancados e o rosto e cabeça em carne viva, cheios de vermes, ele viveu mais alguns dias entre dores e com um fedor insuportável ao seu redor, até que entregou o espírito»[60].

O novo imperador, Miguel V, era incompetente, e o seu reino não consistiu em nada além de uma insurreição ou motim após o outro em todo o império. No ano de 1078, as coisas saíram tanto do controle que Miguel abdicou e fugiu, sendo substituído por um general idoso. Três anos depois, também este abdicou em favor de um comandante jovem e brilhante: Aleixo Comneno. Embora não tenha sido capaz de retomar os territórios perdidos, Comneno restaurou a ordem, estabeleceu um exército confiável e acabou por escrever a carta que fez com que o Papa Urbano II lançasse a Primeira Cruzada.

Àquela altura, os turcos poderiam ter-se contentado com a vida de elite governante de um território substancial e próspero, não fosse pelo antagonismo religioso. Os turcos eram muçulmanos sunitas ortodoxos, enquanto o califado fatímida no Cairo era governado por xiitas — hereges «culpados» pela divisão do Islã. Então os turcos avançaram para o oeste e o sul, invadindo um território fatímida que incluía a Terra Santa.

O comandante turco era Atsiz bin Uvaq, que servira na corte de Alp Arslan até desertar para servir aos fatímidas na Palestina, ao que desertou também dos fatímidas para, em 1071, tornar-se o comandante das forças invasoras turcas. Há debate entre os historiadores[61] sobre se Atsiz tomou Jerusalém em 1071, durante o primeiro ano de sua campanha, ou em 1073, mas é consensual que Acre foi tomada em 1074 e Damasco, em 1075. Naquele momento, Atsiz dirigiu-se para o sul, com a intenção de expulsar os fatímidas do Egito, mas foi totalmente derrotado em 1077. Na sequência da vitória fatímida sobre os turcos, houve levantes de muçulmanos fatímidas na Palestina, e Atsiz foi obrigado a fugir até Damasco. Todavia, logo retornou e cercou Jerusalém. Dada a promessa de segurança por Atsiz, a cidade abriu seus portões, mas as tropas turcas tiveram autorização para matar e pilhar, ocasionando a morte de milhares. Em seguida, as tropas de Atsiz assassinaram as populações de Ramla e Gaza, e depois as de Tiro e Jafa[62].

Com todo esse tumulto e derramamento de sangue, aquele certamente não era um bom momento para ser um peregrino cristão. As coisas, no entanto, logo pioraram: não somente porque os governantes turcos iam atrás dos peregrinos, mas também porque não interferiam (e possivelmente não podiam interferir) com as hordas de assaltantes e oficiais das vilas que os perseguiam. Uns poucos grupos maiores e bem armados conseguiam realizar a travessia, tal como aquele liderado por Roberto I de Flandres em 1089; a maioria, todavia, era vitimizada ou decidia dar meia-volta[63]. Até mesmo o historiador sírio Al-Azimi, do século XII, reconheceu que, em 1093, os muçulmanos da Palestina impediram os peregrinos cristãos de ir a Jerusalém. Ele também sugeriu que o retorno dos sobreviventes e seus relatos sobre o ocorrido motivaram a organização das Cruzadas. Moshe Gil observou que, ao falar de sobreviventes, Al-Azimi sugere claramente que «houvera um massacre»[64], quiçá até muitos deles.

Por fim, a nobreza europeia não dependia do papa ou de Aleixo Comneno para informar-se sobre as brutalidades cometidas contra os peregrinos cristãos. Eles recebiam informações confiáveis e independentes de seus próprios parentes e de amigos que haviam conseguido sobreviver, tendo retornado «para o Ocidente exaustos e empobrecidos, com uma história atemorizante para contar»[64]. Trata-se dos mesmos indivíduos mencionados por Al-Azimi.

Conclusão

As Cruzadas não foram convocadas gratuitamente. Os esforços dos muçulmanos por conquistas e colonização continuaram no século XI (e ainda por vários séculos). Os peregrinos de fato arriscavam suas vidas para ir à Terra Santa. Os locais sagrados do cristianismo não eram seguros, e os cavaleiros da cristandade tinham a confiança de que poderiam consertar a situação.

CAPÍTULO 5

Alistando os cruzados

Uma coisa era o Papa Urbano II concluir que a Europa deveria unir-se em apoio ao cristianismo oriental e à libertação da Terra Santa. Mas como ele conseguiria fazer isso? Como dezenas de milhares de pessoas puderam ser persuadidas a apostar as próprias vidas e fortunas num tal desafio? Muitos, sobretudo aqueles recrutados por Pedro, o Eremita, talvez não soubessem muito bem o que os esperava. Mas os grandes nobres e cavaleiros não eram tolos nem ingênuos. Eles conheciam bem a viagem: alguns já haviam estado na Terra Santa em peregrinação, e todos tinham parentes próximos e associados que um dia puseram os pés lá. Portanto, sabiam que estavam diante de uma viagem muito longa e arriscada e que, ao chegarem a seu destino, enfrentariam batalhas sangrentas contra um inimigo perigoso e determinado. Também sabiam perfeitamente bem que não havia um pote de ouro esperando-os nas areias da Palestina. Então, como foram recrutados?

Pregando as Cruzadas

Por mais eloquente que o Papa Urbano II tenha sido ao se dirigir à multidão em Clermont, um discurso não conseguiria enviar milhares de cavaleiros à Terra Santa. De fato, quando chegou a Clermont, o papa já estivera na estrada por quatro meses visitando importantes nobres francos (franceses), abades e bispos. Uma vez que a maioria deles desempenhou papéis de liderança na organização da Primeira Cruzada, podemos ter certeza de que o Santo Padre usou suas visitas para garantir esse apoio. Se acreditarmos no relato segundo o qual, durante o famoso discurso em Clermont, alguns dos presentes começaram a retalhar cruzes e costurá-las em seus peitorais, podemos presumir que se haviam preparado de antemão para fazê-lo; os cavaleiros não costumavam carregar *kits* de costura consigo. Ademais, de acordo com um dos relatos, quando o papa terminou de falar, «enviados de Raimundo, conde de Toulouse, apareceram e anunciaram que seu senhor havia aceitado a cruz»[1].

Contudo, não obstante o que o papa fizera para angariar apoio, Clermont era apenas o começo; o plano ainda precisava ser amplamente «vendido» antes que pudesse ser implementado. Por conseguinte, diz o relato de Baldrico, arcebispo de Dol, que, no final de seu discurso em Clermont, Urbano dirigiu-se aos bispos e bradou: «Vós, irmãos e colegas bispos; vós, colegas sacerdotes que também tomais parte em Cristo, fazei este mesmo anúncio pelas igrejas confiadas a vós e pregai vigorosamente, com toda a alma, a viagem a Jerusalém»[2]. Contudo, mesmo que todos o tivessem feito, seus esforços provavelmente teriam sido insuficientes. A Primeira Cruzada só tornou-se realidade porque o papa conseguiu que centenas que não estiveram em Clermont a pregassem. Para entender como conseguiu isso, será útil analisar de que tipo de papa se tratava e os recursos eclesiais que tinha à disposição.

Duas Igrejas

Sob vários aspectos, a conversão de Constantino foi uma catástrofe para o cristianismo. Teria bastado que ele concedesse ao cristianismo o direito legal de existir sem ser perseguido. Todavia, quando fez dele «o recipiente mais favorecido dos recursos quase ilimitados da predileção imperial»[3], Constantino minou o compromisso autêntico do clero. De repente, um credo que se vinha reunindo em casas e estruturas humildes foi transferido para prédios públicos magníficos; a nova igreja de São Pedro construída pelo imperador em Roma fora projetada no formato de basílica tal qual as salas imperiais do trono. Uma igreja composta pelo povo e sustentada modestamente com a contribuição de seus membros subitamente ganhou um poder, um *status* e uma riqueza imensos como parte do serviço público imperial. Os bispos «eram agora figurões do mesmo nível dos senadores mais ricos»[4]. Com consequência, como bem afirmou Richard Fletcher, os «privilégios e isenções concedidos ao clero cristão precipitaram um enorme fluxo de pessoas para o sacerdócio»[5].

À medida que os cargos cristãos foram-se tornando outra forma de predileção imperial, logo passaram a ser preenchidos pelos filhos da aristocracia. Não havia mais a necessidade de que alguém fosse moralmente qualificado, e muito menos de que fosse «chamado». Adquirir uma posição na Igreja era sobretudo uma questão de influência, comércio e, vez ou outra, hereditariedade. A simonia tornou-se corriqueira: um extenso e caríssimo tráfico de cargos religiosos desenvolveu-se, envolvendo não somente a venda de postos elevados como o episcopado, mas até de colocações mais baixas em paróquias. Logo surgiram grandes famílias clericais, cujos filhos seguiam seus pais, tios e avôs no serviço do altar, incluindo o papado[6]. Como resultado, muitos indivíduos dissolutos, corruptos, imorais e insinceros adquiriram posições elevadas: o Papa Bento IX (1012-1055), sobrinho de outros dois pontífices anteriores, assumiu o trono sem sequer ter sido ordenado sacerdote e causou tantos escândalos «envolvendo-se com a prostituição de Roma» que foi subornado para deixar o cargo[7].

É claro que muitos que entravam para a vida religiosa não eram carreiristas ou libertinos; mesmo alguns dos filhos e filhas das famílias clericais eram profundamente sinceros. Por esse motivo, surgiu aquilo que se tornou, com efeito, algo como duas igrejas paralelas. Elas podem ser proveitosamente identificadas como a *Igreja do Poder* e a *Igreja da Piedade*. A Igreja do Poder era o corpo da Igreja tal qual evoluía em resposta ao imenso poder e riqueza concedidos ao clero por Constantino. Incluía a grande maioria dos sacerdotes, bispos e cardeais, bem como papas que governaram a Igreja durante a maior parte do tempo, até os dias da Contrarreforma no século XVI. Sob vários aspectos, a Igreja da Piedade sustentava-se como uma reação à Igreja do Poder. Poderia ter sido silenciada ou posta de escanteio, não fosse pelo fato de que tinha uma base firme no monaquismo, o qual, por sua vez, contava com forte apoio entre as elites governantes: 75% dos santos medievais ascéticos eram filhos e filhas da nobreza, incluindo muitos filhos e filhas de reis[8].

De modo notável, ao mesmo tempo que começara uma «corrida» ao sacerdócio entre os filhos dos privilegiados, deu-se também uma rápida expansão do monaquismo: em meados do século IV, havia milhares de monges e freiras, quase todos vivendo em comunidades organizadas. Naturalmente, aqueles que levavam uma vida ascética sentiam-se superiores aos outros, o que era de fato reconhecido pela teologia católica. No entanto, seu antagonismo em relação ao clero regular e, especialmente, à hierarquia da Igreja tinha uma base diferente: o fato não era que estes simplesmente não estivessem levando vidas ascéticas, mas que muitos levavam vidas dissolutas. Essa era uma questão que não se deixava esquecer. Repetidas vezes os líderes da Igreja da Piedade buscaram reformar a Igreja do Poder e, durante períodos notáveis, conseguiram adquirir o controle do papado e impor mudanças importantes. Foi durante um desses interlúdios de controle por parte da Igreja da Piedade que Urbano II ascendeu ao Trono de Pedro.

Oto (ou Odo) de Lagery nasceu na nobreza da França setentrional em 1042. No início de sua adolescência, entrou para a Igreja e rapidamente subiu à posição de arquidiácono da catedral de Rheims. Em 1067, ingressou no mosteiro de Cluny, que rapidamente se tornara a maior e mais pujante organização monástica da Europa. Aí Oto logo adquiriu o cargo de grão-prior, inferior somente ao de abade, e em 1078 o Papa Gregório VII (ele mesmo ex-monge e membro fervoroso da Igreja da Piedade) nomeou-o cardeal-bispo de Óstia. Foi eleito papa por aclamação em 1088 e adotou o nome de Urbano II. Morreu em 29 de julho de 1099, duas semanas depois de os cruzados tomarem Jerusalém, mas antes que a notícia de sua vitória chegasse ao Ocidente.

O fato de Urbano II ser membro estimado da Igreja da Piedade foi importante porque lhe dava credibilidade junto aos frades e monges, que desempenharam o pouco de pregação que se fez na Europa medieval: «A pregação ao laicato foi, no melhor dos cenários, esporádica»[9] neste período. Sacerdotes de paróquias locais pregavam muito pouco. Não era obrigatório que o fizessem durante a Missa e, de qualquer forma, a frequência à Missa era extremamente baixa[10]. A pouca pregação efetiva que se fazia foi empreendida por monges e frades andarilhos, mais usualmente no mercado do que numa igreja, e foram eles que aceitaram o pedido do papa de pregar o apoio à Primeira Cruzada. Por isso, centenas (talvez milhares) de frades e monges espalharam a mensagem papal em cada povoado, vila e cidade. Entre eles havia três homens distintos que abandonaram carreiras eclesiásticas extremamente bem-sucedidas para viver como ascetas na floresta de Craon: Roberto de Arbissel, Vitalis de Mortain e Bernardo de Tiron. A convite do papa, os três deixaram a reclusão para pregar a Primeira Cruzada, e subsequentemente cada um fundaria com sucesso uma nova ordem monástica.

Além disso, do mesmo modo como esses três homens, bem como o próprio papa, provinham das classes mais altas, também isso se aplicava à maioria dos monges, o que lhes permitiu dar testemunho da Cruzada diretamente aos seus parentes nobres. Nesse período, os monges normalmente entravam para suas ordens pelo processo de *oblação* (ou oferta), no qual um jovem menino (ou, com muito menos frequência, uma menina) era matriculado numa ordem religiosa por seus pais, que pagavam uma taxa de entrada substancial. Com frequência essa prática tem sido interpretada como uma forma de descarte de filhos «excedentes» que não teriam direito à herança[11], mas na verdade a taxa de entrada geralmente equivalia a uma herança bastante substancial[12]. De qualquer forma, a oblação era uma prática tão comum que a maior parte da nobreza tinha tios, filhos, irmãos e sobrinhos que viviam em clausura em comunidades próximas, com as quais normalmente permaneciam em contato frequente. Esse arranjo manteve fortes os laços entre a Igreja da Piedade e a nobreza e teve efeitos significativos na religiosidade das famílias privilegiadas.

Entretanto, o papa não delegou somente a tarefa de pregar a Cruzada. Partindo de Clermont, ele pôs-se a caminho novamente, passando os próximos nove meses numa viagem de mais de três mil quilômetros pela França, «entrando em cidades do interior, cujos cidadãos jamais tinham visto um rei ou alguém de tamanha importância internacional, [...] acompanhado de um rebanho de cardeais, arcebispos e bispos, [...] cujo séquito deve ter-se estendido por quilômetros no campo»[13]. Por onde passava, o papa consagrava capelas locais, igrejas, catedrais, mosteiros, conventos e cemitérios, assim como abençoou altares e relíquias locais. A maioria dessas ocasiões era de cerimônias públicas, e enormes multidões compareceram a elas — ou pelo menos «enormes» em relação ao tamanho da população local (a população de Paris era de cerca de 25 mil)[14]. O papa usou todas essas oportunidades para pregar a Cruzada. Talvez até mais importante que isso, a visita do Santo Padre e sua pregação estimularam muitos moradores, incluindo bispos, a continuar a pregação da Cruzada muito tempo depois de o papa e sua comitiva terem partido[15]. Além disso, enquanto o papa «viajava pela França, missivas e legados papais viajavam expeditamente para a Inglaterra, Normandia e Flandres, para Gênova e Bolonha, exortando, comandando e persuadindo [...]. Mais tarde naquele mesmo ano, o papa enviou os bispos de Orange e Grenoble para pregar a Cruzada em Gênova e trazer a formidável potência marítima genovesa para a guerra»[16].

De diversos modos, os pregadores da Cruzada tiveram imenso sucesso. Convenceram não apenas milhares de combatentes a se voluntariar, como também números ainda maiores de homens e mulheres sem potencial militar nenhum. Logo, milhares dessas pessoas, muitas delas camponeses, viajaram para o Oriente sob a liderança de Pedro, o Eremita, causando danos consideráveis ao longo do caminho; então, sofreram mortes desnecessárias — como veremos adiante.

Guerra penitencial

Muitos céticos sublinharam que as peregrinações frequentemente mostraram-se incapazes de melhorar o comportamento subsequente dos peregrinos. O maior problema aqui não é que alguns peregrinos fossem como Fulco III, que retornou de cada uma de suas quatro peregrinações pronto e desejoso de pecar de novo. O problema parece ter sido a expectativa de que uma peregrinação autêntica deveria transformar fundamentalmente o caráter e a personalidade do peregrino — ou ao menos transformá-lo num tipo de pessoa muito mais pacífico e disposto a perdoar. Contudo, não era isso o que tipicamente acontecia. Pelo contrário, a maior parte dos guerreiros que partia em peregrinação retornava tão violenta e disposta a guerrear quanto antes. Por exemplo, de acordo com a Crônica de Monte Cassino (ca. 1050), «quarenta normandos vestidos como peregrinos, ao retornarem de Jerusalém, desembarcaram em Salerno. Tratava-se de homens de porte considerável e constituição impressionante, dotados de grande experiência militar. Encontraram a cidade sitiada pelos sarracenos. Suas almas inflamaram-se clamando a Deus. Exigiram armas e cavalos de Gaimare, príncipe de Salerno, receberam-nos e lançaram-se ferozmente contra o inimigo. Mataram e capturaram muitos e puseram o resto em debandada, alcançando uma vitória milagrosa com o auxílio de Deus. Juraram que haviam feito tudo aquilo somente pelo amor de Deus e da fé cristã; recusaram a recompensa e não quiseram permanecer em Salerno»[17].

Que mesmo os cavaleiros mais piedosos julgassem o pacifismo incompreensível pode causar confusão às sensibilidades modernas, mas esse pressuposto era fundamental para a convocação à Cruzada do Papa

Urbano. Provindo de uma família de nobres cavaleiros, o papa contava com essa propensão à violência. Ele compreendia plenamente que, desde a mais tenra infância, o cavaleiro era educado para considerar a lide sua principal função e que ao longo de toda a sua vida «o cavaleiro passava a maior parte do tempo treinando com suas armas ou lutando de verdade. Períodos entediantes de paz eram amplamente dedicados à caça montada de animais perigosos, como o javali selvagem»[18]. Uma vez que o papa não conseguia fazer com que os cavaleiros da Europa observassem uma paz de Deus, podia pelo menos alistá-los no serviço dos batalhões sagrados e direcionar sua bravura violenta a uma causa santa. E, para realizar isso, Urbano propôs algo inteiramente novo — que a participação na Cruzada seria moralmente equivalente ao serviço numa ordem monástica, na qual uma forma especial de santidade e a certeza da salvação podiam ser conquistadas por aqueles que dela participassem.

Como Guiberto de Nogent recordou das palavras de Urbano em Clermont: «Deus instituiu no nosso tempo guerras santas, para que a ordem dos cavaleiros, [...] que vêm matando uns aos outros, [...] possa encontrar um novo modo de obter a salvação. E assim eles não são obrigados a abandonar os cuidados seculares por completo e escolher a vida monástica ou outra profissão religiosa, como costumava ocorrer; antes, podem obter alguma medida da graça de Deus enquanto seguem suas próprias carreiras, com a liberdade e as vestimentas a que estão acostumados»[19]. Dessa maneira, Urbano valeu-se de uma visão realista não apenas da cavalaria, mas também da situação militar vigente. Dezenas de milhares de pacifistas dedicados não podiam fazer nada para libertar a Terra Santa. Seria preciso um exército de cavaleiros beligerantes, motivados mas não transformados pela promessa de salvação. Daí a ideia da guerra penitencial.

Muitos historiadores recentes seguem Carl Erdmann (1898-1945) quando argumentam que a convocação do Papa Urbano à Cruzada não era nada de novo, que tratava-se de um *pot-pourri* de ideias e práticas bem conhecidas — guerra santa, peregrinação e indulgências[20]. Além disso, motivos religiosos eram de pouca importância para os cavaleiros, visto que eles partiam primariamente em busca de ganhos. Estes historiadores também seguem a afirmação curiosa de Erdmann de que o Papa Urbano tinha muito menos interesse na libertação da Terra Santa do que no envio de reforços aos bizantinos, com a possibilidade de assim ampliar sua autoridade sobre a Igreja oriental.

Nenhuma dessas afirmações é sustentada pelas evidências, nem mesmo aquela citada por Erdmann, que «vasculhou as versões do sermão [do papa em Clermont], isolando e tirando de contexto [excertos] [...] que sustentassem sua tese de que não era a liberação de Jerusalém que Urbano tinha em mente, mas a realização do plano de Gregório VII para a unificação da igreja cristã»[21].

Dado que todas as versões existentes do discurso de Urbano em Clermont foram registradas bem depois dos acontecimentos, é possível que se use de alguma liberdade em relação ao que o papa tenha pregado de fato. Todavia, não há nada de ambíguo na declaração emitida pelo Concílio de Clermont, reunido pelo papa pouco antes de seu discurso: «Quem quer que empreenda a viagem para libertar a Igreja de Deus em Jerusalém por pura devoção, e não para ganhar glória ou dinheiro, poderá trocar a viagem por toda a penitência por seus pecados»[22]. Nada aqui sobre a salvação de Bizâncio.

Ademais, em sua campanha para angariar voluntários, o papa escreveu diversas cartas que ainda sobrevivem, e cada uma delas coloca Jerusalém como destino específico da Cruzada que então se organizava. Por exemplo, em sua carta a Bolonha: «Ouvimos dizer que alguns de vós tendes concebido o desejo de ir a Jerusalém e sabeis que isso nos agrada, e deveis saber também que, se algum dentre vós viajar [...] somente pelo bem de suas almas e pela liberdade das igrejas, será liberado de toda a penitência por seus pecados»[23].

Quanto à afirmação de que a ideia de uma guerra penitencial não representava nada de novo, ele não a propôs num vácuo teológico. A penitência e a peregrinação vinham conectadas já havia muitos séculos. Tampouco a ideia de uma «guerra justa» era algo novo; fora avaliada extensivamente por Santo Agostinho (354-430), bem como por muitos outros teólogos. Contudo, a combinação desses conceitos foi de fato criativa. E, como já vimos, Urbano explicou repetidas vezes, e dos modos mais diretos e desprovidos de qualificações e detalhes teológicos, que qualquer um que partisse para a Cruzada no espírito adequado obteria a remissão das penas de seus pecados. Essa ideia foi tão nova que muitos teólogos se lhe opuseram naquele tempo, declarando-a incoerente com as doutrinas cristãs sobre a violência, que a consideravam algo invariavelmente pecaminoso. Com efeito, a «ideia de uma guerra penitencial foi revolucionária [...] porque punha o ato de lutar no mesmo plano meritório da oração, das obras de caridade e do jejum»[24].

Enfim, ainda que Erdmann estivesse certo e o papa não tivesse enfatizado sobretudo a libertação de Jerusalém, o fato muito mais importante é que libertar Jerusalém era o que os cruzados criam ser sua missão, como explicam em muitos documentos sobreviventes. Godofredo de Boullion e seu irmão Balduíno de

Bolonha emitiram um documento endereçado à sua mãe que deveria entrar em efeito caso não retornassem de sua «luta por Deus em Jerusalém»[25]. Raimundo de Saint-Gilles afirmou que estava partindo «em peregrinação para guerrear contra povos estrangeiros e derrotar nações bárbaras, a fim de que a Cidade Santa de Jerusalém não fosse mantida em cativeiro e o Santo Sepulcro do Senhor Jesus não permanecesse contaminado por mais tempo»[26].

Palavras assim foram acompanhadas por feitos. Os cavaleiros não se contentaram com algumas vitórias decisivas sobre as forças muçulmanas e com seu afastamento de Constantinopla. Não: famintos, cheios de doenças, tendo comido a maioria de seus cavalos e com números grandemente reduzidos, propeliram-se em direção a Jerusalém e, contra todas as expectativas, arremessaram-se contra seus muros rumo à vitória.

Redes de alistamento

As fontes primárias que tratam das Cruzadas — das rotas percorridas, dos sofrimentos suportados e das batalhas travadas — são bem conhecidas há séculos. Contudo, apenas recentemente os historiadores reconheceram a imensa quantidade de dados disponíveis sobre os próprios cruzados — sobre quem se unia à causa e como financiavam a sua participação. Como observado primeiramente por Giles Constable[27], esses dados encontram-se em «documentos legais que descrevem transferências de propriedade por doação, venda ou penhor, muitas das [quais] [...] registram benefícios e outros arranjos financeiros feitos pelos membros das classes proprietárias que partiam em cruzada; testamentos redigidos em seu favor; e disputas em que se envolviam seus herdeiros e parentes»[28]. Esses tesouros adquiriram significado maior quando Jonathan Riley-Smith os carregou numa plataforma de dados digital[29]. Ele o fez porque queria tirar o foco dos acontecimentos e direcioná-lo aos indivíduos, a fim de verter luz sobre os motivos que levavam algumas pessoas à decisão de aderir às Cruzadas quando a maioria de seus pares não aderia.

A descoberta mais importante de Riley-Smith foi-lhe imposta pelos dados: as Cruzadas eram dominadas por algumas poucas famílias aparentadas entre si! Ao que parece, não foram tanto os indivíduos que decidiram aceitar a convocação do papa, mas famílias. Embora Riley-Smith não o soubesse, isso está em pleno acordo com uma ampla literatura a respeito do recrutamento para movimentos sociais, trate-se de campanhas políticas ou de novas religiões. As pessoas envolvem-se ativamente em movimentos sociais quando muitos de seus amigos, parentes ou outros associados próximos já o fizeram. Dito de outro modo, atividades sociais coletivas não são a soma de um número de escolhas independentes feitas por indivíduos; antes, consistem no produto de redes sociais. Assim, por exemplo, a reconstrução dos grupos iniciais de conversos de novas religiões, do budismo ao mormonismo, mostra-nos que essas religiões começaram como assuntos familiares[30]. O mesmo se deu com as Cruzadas.

Considere-se a família liderada pelo conde Guilherme Cabeça Dura, de Borgonha. Ele tinha cinco filhos. Destes, três partiram na Primeira Cruzada e o quarto tornou-se um sacerdote que, como Papa Calisto II (1119-1124), inaugurou uma extensão da Cruzada para atacar Damasco em 1122. Conde Guilherme também teve quatro filhas. Três delas casaram-se com homens que se uniram aos seus cunhados e partiram na Primeira Cruzada, enquanto a quarta foi mãe de um guerreiro da Primeira Cruzada também. Quando da Segunda, esta família enviou dez cruzados em 1147. Houve vários casos semelhantes. Balduíno de Ghent uniu-se à Primeira Cruzada acompanhado de seu irmão, seu tio e seus dois cunhados. Já as quatro irmãs Montlhéry tiveram tantos esposos, filhos e outros parentes próximos envolvidos nas Cruzadas e na manutenção de reinos cruzados que Riley-Smith precisou de um capítulo inteiro para tratar delas[31]. Riley-Smith também descobriu que, além de os cruzados se aglomerarem em famílias imediatas, essas famílias também se uniam umas às outras por laços de matrimônio e parentesco, laços estes que até atravessavam as fronteiras dos dois principais grupos nacionais envolvidos na Primeira Cruzada: os francos e os normandos. Por exemplo, Florina, neta do conde Guilherme Cabeça Dura, casou-se com Sueno da Dinamarca e o acompanhou na Primeira Cruzada.

Além do fato de as redes formarem a base para a adesão a movimentos sociais, havia uma segunda razão para que as famílias fossem tão proeminentes na geração de cruzados: fazia-se inevitável que as famílias estivessem profundamente ligadas à habilidade de um cavaleiro de partir em cruzada. Somas substanciais precisavam ser levantadas para custear a aventura, e arranjos precisavam ser feitos a respeito de propriedades e herdeiros em caso de óbito. Com efeito, foi por isso que Riley-Smith conseguiu montar um corpo de dados tão elaborado: esses arranjos eram registrados por escrito em documentos formais. Em muitos casos, eles assumiam a forma de grandes hipotecas, de notas promissórias ou de acordos de empréstimo.

Finanças

Partir numa cruzada era um empreendimento muito caro. Um cavaleiro precisava de armadura, armas, pelo menos um cavalo de guerra (de preferência dois ou três), um palafrém (cavalo de montaria) e cavalos de carga ou mulas, sendo todos estes itens muitos custosos. Por exemplo, Guy de Thiers pagou dez libras por um cavalo de guerra, o que equivalia a mais de dois anos de salário para um capitão de embarcação[32]. Um cavaleiro também precisava de servos (um ou dois para cuidar dos cavalos), roupas, tendas e uma variedade de outros suprimentos — por exemplo, ferraduras —, bem como de uma quantia substancial de dinheiro em espécie para comprar provisões ao longo do caminho e daqueles suprimentos que podiam ser saqueados ou que eram dados em tributo. Precisava, ainda, pagar vários membros de sua comitiva. Naquele tempo, o dinheiro consistia inteiramente de moedas e, por serem as moedas tão pesadas, um grupo de cavaleiros geralmente compartilhava um carro-tesouraria[33].

A maioria dos cruzados também precisava de fundos para sustentar suas famílias e propriedades enquanto estava no Oriente. A melhor estimativa é a de que um cruzado médio precisasse levantar pelo menos quatro ou cinco vezes o valor da sua renda anual antes de poder partir[34]. Isso revela a absurdidade de todas as afirmações de que os cruzados eram, em sua maioria, filhos mais novos sem terras, pois teria sido mais barato para essas famílias manter seus filhos em casa e prover-lhes uma herança adequada.

O Papa Urbano pediu que os cruzados mais ricos subsidiassem aqueles que não tivessem fundos suficientes, e em resposta alguns grandes nobres puseram números consideráveis de cavaleiros a seu serviço. Isso, no entanto, ainda deixou numerosos necessitados de somas elevadas, especialmente entre a nobreza menor. Alguns financiaram a sua participação vendendo propriedades, e algumas vendas de enorme porte ocorreram. A fim de levantar os fundos necessários às Cruzadas, Godofredo de Bouillon vendeu todo o condado de Verdun para o rei Filipe de França. O visconde de Bourges vendeu tanto a cidade como o condado de mesmo nome; o comprador também foi o rei Filipe[35]. De modo semelhante, «parte do condado de Chalon e o castelo de Couvin»[36] trocaram de mãos. Em escala menor, há muitos registros da venda de vinhas, moinhos e florestas, e até da venda de novos direitos à terra a camponeses.

No entanto, as famílias medievais falavam tanto em *jamais* abrir mão de propriedades que a maioria dos aspirantes a cruzados preferia emprestar em vez de vender. Alguns abordavam seus parentes e amigos em busca de empréstimos. É claro que, uma vez que as cruzadas se concentravam tanto nas famílias, isso muitas vezes gerava um beco sem saída, pois todos aqueles que em outras circunstâncias poderiam ter emprestado dinheiro estavam eles próprios tentando levantar fundos. Consequentemente, apenas cerca de 10% dos cruzados obtiveram seus fundos de parentes[37]. Um desses foi Roberto, duque da Normandia, que «penhorou todo o ducado da Normandia» ao seu irmão, rei Guilherme II da Inglaterra, por dez mil marcos em 1096[38], soma que teria pago os salários de 25 capitães de embarcação por um ano[39]. Para obter essa soma, o rei teve de impor um novo imposto à nação, apesar de muitos protestos violentos[40]. Mesmo depois de vender o condado de Verdun, Godofredo de Bouillon hipotecou seu condado de Bouillon ao bispo de Liège por quinze mil marcos[41].

Como os bancos não haviam sido inventados ainda, as ordens monásticas serviam como os principais financiadores da Europa[42], e era a elas que a maioria dos aspirantes a cruzados se voltava. Como a Igreja ainda se atinha à sua oposição aos pagamentos a juros (por motivo de usura), as transações eram bastante criativas. Hoje em dia, hipoteca-se uma propriedade, como uma fazenda ou uma fábrica, a um credor e repaga-se o principal mais os juros — sendo estes uma quantia que se paga pelo uso do principal. Enquanto isso, quem a toma em empréstimo retém a posse da propriedade hipotecada e recebe qualquer renda que a propriedade venha a produzir. No século XI, porém, um senhor tomava em empréstimo uma soma na forma de uma *vifage*, arranjo pelo qual o controle da propriedade e a renda, toda ou em parte, que ela gerava passava para o credor até que o principal fosse repagado. A renda obtida do uso da propriedade pelo credor era obviamente substituta dos juros, e por isso não se cometia nenhum pecado de usura. Assim, por exemplo, para partir na Primeira Cruzada, Guilherme de Le Vast cedeu sua terra por três marcos de prata para a abadia de Fécamp. Em retorno, a abadia coletaria todos os aluguéis até que Guilherme lhes repagasse. (A dívida não se saldava com o que se extraía dos aluguéis.) Bernardo Morel conseguiu termos melhores quando pegou um empréstimo das freiras de Marcigny com sua fazenda. Seu acordo de *vifage* cedia somente metade de toda a renda da fazenda às freiras até que ele, ou seus herdeiros, repagassem o empréstimo[43].

É claro que, como acontece com as hipotecas atuais, o não pagamento da dívida resultava na tomada do bem; e, porque uma alta porcentagem desses cavaleiros e nobres que partiram na Primeira Cruzada morreu de doenças, fome ou ferimentos em batalha, a tomada de bens por parte de credores tornou-se ubíqua. Assim, o acordo de hipoteca assinado por Acardo de Montmerle com os monges de Cluny penhorava sua propriedade em troca de dois mil soldos, sob a condição de que «ninguém poderá saldar [esta hipoteca] a não ser eu mesmo. Assim, se eu morrer, [...] aquilo que é objeto desta hipoteca [...] tornar-se-á posse hereditária por direito do mosteiro de Cluny em perpetuidade». Acardo morreu em combate perto de Jerusalém[44].

Mas não era só o levantamento de fundos necessário à participação nas Cruzadas o que levava os cavaleiros que tinham aceitado a cruz a entrar em negociação com as ordens religiosas. Eles queriam assegurar, tanto quanto possível, seu destino e o de suas famílias. Assim, Estêvão de Blois deu uma floresta à abadia de Marmoutier «para que Deus, por intercessão de São Martinho e seus monges, possa perdoar-me pelo que quer que eu tenha feito de errado, guiar-me pela viagem ao partir de minha terra natal e trazer-me de volta são e salvo, bem como cuidar de minha esposa Adela e de nossos filhos»[45]. Roberto de Burgundio de Sablé deu uma vinha e uma fazenda à mesma abadia «para que Deus possa manter-me são e salvo na ida e na vinda»[46]. Muitos outros doaram propriedades substanciais para grupos monásticos, pedindo orações constantes pelas suas almas e seu sucesso.

Por fim, deve-se ter em mente que cerca de 85% a 90% dos cavaleiros francos *não* corresponderam à convocação papal à Cruzada[47]. Isso parece dar respaldo à afirmação de que aqueles que partiam iam motivados sobretudo por um idealismo piedoso. Deve-se supor que, se se houvesse acreditado amplamente que haveria potencial para grandes ganhos no saque de uma terra de onde manava «leite e mel», muitos outros guerreiros ter-se-iam voluntariado.

Iniciando uma debacle

O papa empreendeu esforços frequentes para limitar as cruzadas aos combatentes e seu pessoal de suporte. Em Clermont, disse: «Não [...] aconselhamos os velhos ou fracos, ou aqueles incapazes de portar armas, a empreender esta jornada; tampouco as mulheres devem partir sem seus maridos ou irmãos como guardiães legais. Estes, pois, seriam mais um impedimento do que um auxílio, mais um fardo do que uma vantagem»[48]. Ele também proibiu os clérigos de participar, a não ser que recebessem permissão de seus superiores.

Nos grupos organizados pela nobreza, o conselho do papa prevaleceu pelo menos até certo ponto, embora até esses contingentes contivessem números substanciais de não combatentes: monges e membros do clero, aqueles idosos demais para lutar, algumas esposas e pobres desarmados, além dos costumeiros e amplos contingentes de seguidores de campo e prostitutas[49]. Infelizmente, os maiores grupos a se dirigirem para o Oriente na Primeira Cruzada prestaram pouca atenção às sensatas limitações do papa. Pelo contrário, consistiam principalmente de camponeses e aldeãos, incluindo muitas mulheres e crianças. Havia alguns cavaleiros entre eles, e, ainda que muitos dos outros homens houvessem garantido algumas armas, eles não possuíam nenhum treinamento nelas — uma deficiência fatal, como se pôde ver mais tarde. Estes grupos ficaram conhecidos como a «Cruzada Popular». Foram motivados e liderados por Pedro, o Eremita.

Pedro, o Eremita, era tão pequeno que seus amigos lhe chamavam «Pequeno Pedro». Tinha «feições escuras e um rosto longo e delgado, horrivelmente semelhante ao do burro que sempre montava e que era quase tão reverenciado quanto ele próprio. Andava descalço, e suas roupas eram encardidas. Não comia carne nem pão, mas apenas peixe, e bebia vinho»[50]. Pedro nascera perto de Amiens e, ao que parece, tentara realizar uma peregrinação a Jerusalém pouco antes de 1096, sendo porém mandado de volta e torturado pelos turcos, segundo Ana Comnena[51]. Não se sabe se estivera em Clermont para ouvir o papa falar, mas rapidamente abraçou a convocação à cruzada e iniciou uma campanha evangelizadora de eficácia notável em apoio dela. De acordo com Guilherme de Tiro, «ele era esperto, seu olhar era brilhante e cativante, e falava com facilidade e eloquência»[52]. Numa época em que a maioria das pessoas raramente ou nunca ouvira uma pregação apaixonada, as arengas carismáticas de Pedro a cada parada causavam ondas de entusiasmo público. Guiberto de Nogent, que o encontrou em pessoa, escreveu que Pedro «era cercado de multidões tão grandes, recebeu presentes tão enormes, sua santidade foi tão exaltada, que ninguém em minha memória jamais foi tido em honras tão elevadas»[53]. Com efeito, à medida que se deslocava de cidade em cidade, inspirava tantos a deixar suas casas e segui-lo que, quando Pedro chegou a Colônia, imagina-se que seu séquito tenha chegado a quinze mil homens, mulheres e crianças[54], um número equivalente à população de Londres e não muito abaixo da população de Paris[55].

Pedro fez uma pausa breve em Colônia para pregar aos alemães e reunir uma força ainda maior. Muitos de seus seguidores franceses, porém, especialmente os cavaleiros, não estavam dispostos a esperar. No início de abril de 1096 (cerca de cinco meses antes da data de partida de 15 de agosto fixada pelo Papa Urbano), milhares marcharam em direção à Hungria sob a direção de Gualtério Sem-Haveres. Muito pouco se sabe sobre

Gualtério além do fato de que era um cavaleiro franco da Borgonha e «um soldado famoso», segundo Alberto de Aquisgrão[56]. Não obstante seu nome, ele não era pobre. Seu contingente incluía alguns dos cavaleiros que se haviam unido a Pedro e à «grande companhia de soldados francos de infantaria»[57], e eles possuíam os fundos necessários para pagar sua travessia da Europa. Todavia, ao apressar-se, Gualtério pôs uma pressão irresistível sobre Pedro, que iniciou sua marcha para o Oriente, junto de sua grande massa de seguidores, que talvez contasse com vinte mil pessoas, cerca de dez dias depois. Sua chegada inesperadamente adiantada a Constantinopla atrapalhou o cronograma do imperador Comneno e prejudicou as relações entre os cruzados e os bizantinos.

Conclusão

Os cavaleiros europeus costuraram cruzes em seus peitos e marcharam para o Oriente por duas razões principais: uma, genérica; outra, específica das Cruzadas. A razão genérica era a percepção da necessidade de penitência. A específica consistia na libertação da Terra Santa.

Assim como hoje, a Igreja no período medieval também tinha grandes reservas em relação à violência, em especial à matança. Isso criou sérias preocupações entre os cavaleiros e seus confessores, uma vez que a guerra era crônica entre a nobreza medieval e qualquer cavaleiro que sobrevivesse por muito tempo provavelmente teria matado alguém. Mesmo quando as vítimas eram homens maus sem nenhuma qualidade que os redimisse, suas mortes eram computadas como pecados[58], e na maioria dos casos o assassino não gozava de nenhuma superioridade moral sobre a vítima — por vezes, ocorria o inverso. Além da violência, o estilo de vida dos cavaleiros medievais celebrava os sete pecados capitais e estava em violação crônica dos mandamentos contra o adultério, o roubo e a cobiça da esposa alheia[59]. Por conseguinte, os cavaleiros encontravam-se sempre em necessidade extrema de penitência, enquanto seus confessores lhes impunham toda sorte de atos expiatórios, às vezes exigindo deles uma viagem até a Terra Santa.

Assim, a convocação à Cruzada não representava um chamado a fazer algo de novo; certamente muitos cavaleiros já vinham considerando havia muito uma peregrinação (e alguns já tinham ido e retornado). Dessa vez, o próprio papa lhes assegurava que a Cruzada lhes lavaria as penas dos pecados e que, ao mesmo tempo, poderiam resgatar a Terra Santa, incluindo o túmulo de Cristo, de outros danos e sacrilégios nas mãos dos inimigos de Deus. Tratava-se de uma missão inteiramente nobre e santa, e os cavaleiros a encaravam como tal. O burgúndio Estêvão I de Neublans expressou-o desta forma: «Considerando quantos são os meus pecados e o amor, a clemência e a misericórdia de Nosso Senhor Jesus Cristo, que sendo rico se fez pobre por nós, estou determinado a retribuir-lhe de alguma forma por tudo o que me deu livremente, embora eu seja indigno. Assim, decidi ir a Jerusalém, onde Deus foi visto como homem e falou com os homens, e adorar o local que seus pés pisaram»[60].

Se os cruzados não tivessem sido motivados pela religião, e sim por terras e despojos, os cavaleiros europeus teriam respondido antes, em 1063, quando o Papa Alexandre II propusera uma cruzada para expulsar os infiéis da Espanha. Diferentemente da Terra Santa, a Espanha moura era extremamente rica, possuía uma abundância de terras férteis e estava próxima. No entanto, quase ninguém reagira à convocação papal. Por outro lado, apenas 33 anos mais tarde, dezenas de milhares de cruzados partiram para os desertos secos e empobrecidos da Palestina. O que mudara? A Espanha não era a Terra Santa! Cristo não tinha andado pelas ruas de Toledo, nem fora crucificado em Sevilha.

CAPÍTULO 6

Rumo ao Oriente

Ninguém sabe ao certo quantas pessoas partiram para o Oriente durante a Primeira Cruzada. Fulquério de Chartres afirmou que seis milhões de combatentes iniciaram a viagem para o Oriente e que seiscentos mil chegaram a Niceia[1]. Isso é impossível, já que a população total da França, de onde a maioria dos cruzados vinha, era de menos de cinco milhões em 1086[2].

Ana Comnena relatou que somente as tropas de Pedro, o Eremita, consistiam de «oitenta mil homens de infantaria e cem mil cavaleiros»[3]. Na realidade, porém, o séquito inteiro de Pedro, incluindo todas as mulheres e crianças, era de cerca de vinte mil[4]. As outras fontes originais são igualmente absurdas[5].

A melhor estimativa moderna diz que cerca de 130 mil partiram para a Terra Santa, dos quais cerca de treze mil eram nobres e cavaleiros[6], acompanhados por talvez cinquenta mil soldados de infantaria treinados e entre quinze e vinte mil não combatentes, incluindo membros do clero, servos e os seguidores usuais do acampamento[7]. O resto era composto de camponeses e aldeãos que se tinham deixado levar pela animação. Esses números são pelos menos compatíveis com as estimativas de que, após sofrerem grandes perdas pelo caminho, cerca de quarenta mil cristãos ocidentais sitiaram Niceia em junho de 1097 e quinze mil alcançaram Jerusalém em 1099[8].

Não obstante sua composição, a Primeira Cruzada foi composta de três elementos primários. Primeiramente, a

«Cruzada Popular» — tropa principal liderada por Pedro, o Eremita, com um grupo que ia à frente liderado por Gualtério Sem-Haveres. Vários grupos que partiram mais tarde também foram associados à Cruzada Popular, mas são mais corretamente tratados à parte, como a «Cruzada Alemã». Um desses grupos foi liderado por um sacerdote chamado Volkmar; outro, encabeçado pelo discípulo de Pedro, um monge chamado Godescalco. O terceiro veio a ser recrutado por um nobre secundário da Renânia, Emico de Leisingen (ou Leiningen), provavelmente não associado com a expedição de Pedro. Além de a maioria dos envolvidos nesses grupos ser de alemães em vez de francos, a razão principal para analisarmos os três separadamente em relação à Cruzada Popular vem do fato de que cometeram uma série de massacres de judeus ao longo do rio Reno em preparação para sua jornada ao Oriente. Todos os três, por sua vez, foram aniquilados ao tentarem abrir caminho pela Hungria. Pouco tempo depois, aqueles participantes do corpo principal da Cruzada Popular que haviam conseguido chegar a Constantinopla foram mortos ao adentrar território turco.

O sucesso da Primeira Cruzada foi alcançado por companhias de cavaleiros bem armados e bem treinados que partiram de vários meses a um ano depois dos grupos envolvidos fosse na Cruzada Popular, fosse na Cruzada Alemã. Esses batalhões são geralmente identificados como a «Cruzada dos Príncipes», uma vez que foram estes que os organizaram e lideraram; os líderes de três dos cinco maiores contingentes eram filhos de reis.

O papa fixara o dia 15 de agosto de 1096 como data de partida, de forma que as colheitas já houvessem sido feitas ao longo das rotas orientais. Isso era crucial, pois os exércitos medievais necessariamente se sustentavam do solo, sendo impossível transportar, por longas distâncias e via terrestre, suprimentos suficientes de comida e forragem. Todos os grupos em partida, incluindo os cruzados populares, prepararam-se para comprar suprimentos, mas, se os locais não cooperassem, os exércitos não teriam outra opção senão tomar aquilo de que precisavam, o que degenerava frequentemente em pilhagem ou algo pior[9]. A disponibilidade de suprimentos também foi a razão que levou os contingentes cruzados a seguirem várias rotas diferentes; assim, não se sobrecarregavam as capacidades locais.

Todos os grupos de cruzados planejavam encontrar-se em Constantinopla, onde esperavam juntar forças com um exército bizantino, numa união que estaria sob o comando do imperador Aleixo Comneno. No fim das contas, Comneno não assumiu o comando nem proveu forças significativas de Bizâncio, e os ocidentais tiveram de prosseguir sozinhos.

A «Cruzada Popular»

Muitos mitos cercam a Cruzada Popular. Baseados no relato de Eceardo de Aura, muitos historiadores modernos afirmaram que Pedro convenceu tantas pessoas comuns a partir em Cruzada porque as condições econômicas na Europa estavam terríveis naquele período[10]. Esse argumento é frequentemente estendido para explicar por que os filhos mais jovens da nobreza também estavam ansiosos por participar[11]. Todavia, não foi assim. As Cruzadas só se tornaram possíveis porque aquele não era um período de dificuldade econômica, mas de uma explosão de crescimento[12], o que explica por que até mesmo a Cruzada Popular foi relativamente bem custeada não apenas por seus participantes, mas por simpatizantes também.

Apesar de ser conhecido como Gualtério Sem-Haveres, ele e seus seguidores puderam pagar por seus suprimentos ao longo de todo o caminho até Constantinopla. Foi a falta de disciplina, e não a pobreza, o que produziu episódios de pilhagem por parte do contingente de Pedro. Ele partiu com um carro de tesouro bem provido, e muitos — talvez a maioria — de seus seguidores possuíam reservas próprias[13].

Isso nos leva ao segundo mito: o de que os seguidores de Pedro se compunham sobretudo da escória da sociedade — uma «horda esfarrapada»[14], completamente empobrecida e desesperadamente ignorante, em sua maioria «atraída das classes mais baixas»[15]. Essa acusação remonta também aos cronistas antigos: Eceardo dispensou os seguidores de Pedro, a exemplo de Guiberto de Nogent[16]. De acordo com Alberto de Aquisgrão, o contingente de Pedro incluía «todo o povo comum, tanto os castos como os pecadores, adúlteros, homicidas, ladrões, perjuros e assaltantes»[17]. Na verdade, essas visões meramente refletem o pedantismo dos tempos. O pior que se pode dizer dessas pessoas é que eram plebeus e que provavelmente venderam tudo o que tinham para financiar sua participação.

Gualtério Sem-Haveres

O grupo de Gualtério partiu pelo caminho que era conhecido como rota setentrional. Deixando Colônia, passou pela Suábia, Baviera e Áustria, e daí para a Hungria, entrando no Império Bizantino pela Bulgária. Dali passou por Nis até Sofia e, então, para Constantinopla. A marcha não foi inteiramente tranquila. Quando adentraram a Bulgária, dezesseis do contingente de Gualtério alojaram-se na cidade de Semlin, a oeste de Belgrado, na esperança de comprar armas. Segundo Alberto de Aix, «ao verem que Gualtério e seu exército não se encontravam, [os moradores da cidade] puseram mãos naqueles dezesseis e roubaram-lhes as armas, [armadura], vestes, ouro e prata, e assim os deixaram partir nus e de mãos vazias»[18]. Gualtério recusou-se a ser provocado e marchou contra Belgrado, onde ocorreu uma nova crise. Sem saber de antemão que os cruzados estavam a caminho, o magistrado bizantino local enviou uma mensagem urgente ao governador em Nis pedindo instruções. Enquanto isso, ele estupidamente recusou-se a permitir que as tropas de Gualtério comprassem comida. Em vez de passar fome, os cruzados partiram em pilhagem e renderam alguns pastores locais, o que causou revolta em alguns búlgaros ao ponto de fecharem um grupo de espoliadores numa igreja e queimarem o prédio, matando cerca de sessenta cruzados. Sabendo que uma retaliação lhe custaria tempo e baixas, além de poder ocasionar grande fome, Gualtério marchou com suas tropas pelas florestas até Nis, capital da província, onde foram bem recebidos e puderam reabastecer-se. Então, passando adiante, chegaram a Constantinopla em 20 de julho, tendo estado 102 dias na estrada. Uma vez em seu destino, Gualtério e seu contingente foram recebidos pelo imperador e armaram acampamento do lado de fora dos muros, à espera de Pedro.

O progresso de Pedro

Pedro, o Eremita, partiu com seus asseclas para o leste de Colônia em 19 de abril e seguiu a mesma rota que o contingente de Gualtério. A marcha até a fronteira húngara foi pacífica e tranquila. O rei Colomano concedeu-lhes passagem pela Hungria, contanto que «não houvesse pilhagem e que tudo o que fosse necessário ao exército fosse adquirido sem contenção e a um preço justo»[19]. A companhia de Pedro observou essas regras ao longo de todo o território da Hungria. A Bulgária, porém, era outra questão. Assim como Gualtério tivera problemas em Semlin, Pedro também os teve.

À medida que se aproximava de Semlin, Pedro recebeu notícia de que os búlgaros planejavam emboscar seu contingente e apossar-se de seu tesouro. Pedro dispensou o aviso pensando tratar-se de mero rumor, mas, ao se aproximar da cidade, sua companhia viu penduradas nos muros as armaduras que tinham sido roubadas aos dezesseis retardatários de Gualtério. Isso enraiveceu muitos na guarda avançada, e Pedro não teve controle suficiente para impedi-los de atacar a cidade e matar um grande número de seus habitantes. Alberto de Aix relata que Pedro e suas forças permaneceram cinco dias ali e saquearam tanto a cidade como os seus arredores, levando «uma abundância de grãos, rebanhos de ovelhas e de gado graúdo, um suprimento substancial de vinho e um número infindável de cavalos»[20]. Passando adiante, os cruzados sofreram sérias baixas ao tentarem atravessar um rio. Oito dias depois, chegaram a Nis, e Pedro pediu permissão para comprar comida. Esta lhe foi concedida, mas no dia seguinte alguns retardatários alemães entraram numa disputa e atearam fogo a alguns moinhos próximos à cidade. Pedro correu para a retaguarda a fim de tentar resolver as contendas, mas chegou tarde demais para impedir que milhares de seus homens entrassem em conflito com os búlgaros. Cerca de um terço do contingente de Pedro foi morto[21], e muitos dos seus carros se perderam nas mãos búlgaras, incluindo o carro do tesouro.

Quando chegou a Constantinopla o aviso desses reveses, o imperador Aleixo enviou oficiais com grandes presentes para encontrar Pedro e supervisionar o restante da jornada. Depois de mais de três meses de viagem, as forças de Pedro alcançaram Constantinopla em 1º de agosto (quatorze dias antes da data de partida fixada pelo papa). Pouco tempo depois, Pedro encontrou-se com o imperador, que lhe deu uma quantia substancial de moedas de ouro, e ambos concordaram que Pedro deveria atravessar o mar de Mármara com o seu contingente e acampar em Helenópolis. Ali, Gualtério Sem-Haveres e seus cavaleiros uniram-se a ele.

O plano era que esta força combinada esperasse pela chegada dos outros grupos de cruzados e só então partisse para a Terra Santa. Os seguidores de Pedro tinham suprimentos abundantes e Helenópolis era um local seguro, contanto que não se aventurassem pelo território turco; Niceia, a capital seljúcida da Ásia Menor, estava a apenas quarenta quilômetros de distância. Provavelmente não fora muito realista a expectativa de que uma companhia tão indisciplinada se mantivesse fora de perigo pelo tempo que os grupos da Cruzada dos Príncipes levariam para alcançá-los. Dois meses depois, a monotonia ocasionou expedições de pilhagem na direção de Niceia. Seu sucesso inicial motivou uma «febre de guerra», e, na ausência de Pedro, todos os seus combatentes partiram em marcha para atacar os turcos, sendo ali abatidos; Alberto de Aquisgrão afirma que Gualtério Sem-Haveres foi morto por sete flechas. Uma força de auxílio bizantina conseguiu resgatar alguns sobreviventes que se refugiaram num castelo deserto à beira-mar. Esses parecem ter sido cavaleiros. Ao que parece, todos os não combatentes, incluindo as mulheres e as crianças, haviam morrido ou sido escravizados.

Muitos historiadores puseram a culpa pelo desastre no imperador, que posicionara os Cruzados Populares em Helenópolis. Todavia, Helenópolis serviu de porto seguro pelo tempo que os europeus permaneceram ali. A causa imediata desse desastre foi simplesmente o fato de os seguidores de Pedro terem chegado muito cedo e não terem reconhecido a força e as habilidades de seu inimigo. A causa fundamental foi mesmo a falta de autoridade.

A Cruzada germânica e o massacre de judeus

Os historiadores constantemente afirmam que o corpo principal dos seguidores de Pedro atacou judeus ao longo do caminho até Constantinopla[22]. Trata-se de uma afirmação temerária. Como Frederic Duncalf (1882-1963) demonstrou, os seguidores de Pedro «não parecem ter sido culpados pela perseguição dos judeus que se tornou tão prevalente no vale do Reno depois de sua partida»[23]. Vários desses massacres foram cometidos por dois grupos que vinham atrás da expedição de Pedro, mas a maior parte foi obra de cavaleiros alemães que pareciam não estar relacionados a ele.

Emico de Leisingen foi um conde menor da Renânia que respondeu ao chamado do papa à cruzada reunindo um pequeno exército de cavaleiros alemães. Então, em 3 de maio de 1096, duas semanas depois de o grupo de Pedro partir para a Terra Santa, Emico liderou suas tropas num ataque contra a população judaica de Speyr[24]. Certos historiadores acreditam que os ataques de Emico aos judeus foram cínicos, motivados principalmente pela ganância, enquanto outros creem que ele sinceramente acreditava em que todos os «inimigos de Cristo» deviam ser convertidos ou mortos. De todo modo, tendo sido avisado da aproximação e das intenções de Emico, o bispo de Speyr pôs os judeus locais sob sua proteção, e as forças invasoras só conseguiram pôr as mãos numa dúzia de judeus que, por algum motivo, deixaram de prestar atenção ao aviso do bispo. Todos os doze foram mortos. Então, Emico levou suas forças até Worms. Também aqui o bispo protegeu os judeus locais em seu palácio. Desta vez, contudo, Emico não se conformaria: seu exército derrubou os portões do bispo e matou cerca de quinhentos judeus. Esse padrão repetiu-se na semana seguinte em Mogúncia, onde o bispo também tentou proteger os judeus, mas foi atacado e forçado a fugir para não perder a vida; e de novo em Colônia e Metz. Como resumiu o distinto historiador do antissemitismo Léon Poliakov (1910-1997): «É importante observar que em quase toda a parte [...] os bispos procuraram, por vezes até arriscando as próprias vidas, proteger os judeus»[25]. A essa altura, uma porção do exército de Emico desgarrou-se e partiu com o objetivo de purgar o vale Moselle da presença judaica. Tomando o cuidado de atacar somente as cidades *sem um bispo residente*, eles conseguiram matar alguns milhares de judeus.

Enquanto isso, dois dos seguidores de Pedro, o Eremita, que haviam ficado para trás a fim de organizar os retardatários, também atacaram os judeus. Volkmar superou a oposição do bispo local e massacrou os judeus de Praga. Godescalco liderou um ataque assassino contra os judeus de Ratisbona. O papa «condenou duramente» todos esses ataques, «mas não havia muito mais que ele pudesse fazer»[26]. Os cavaleiros húngaros, por outro lado, podiam fazer muito. Ao chegarem à Hungria e começarem a pilhagem, Volkmar e suas forças foram eliminados pelos cavaleiros locais. O mesmo destino acometeu Godescalco. E, quando Emico alcançou a Hungria com seus exércitos, cavaleiros húngaros negaram-lhes a passagem e, diante de uma tentativa de avanço à força, acabaram por despachá-los.

Segundo Steven Runciman (1903-2000), célebre historiador das Cruzadas, essas derrotas soaram à «maioria dos bons cristãos» como «castigos ministrados do alto aos assassinos dos judeus»[27]. Isso está em consonância com os esforços dos bispos locais pela preservação dos judeus e com o fato de que outros exércitos convocados para a Primeira Cruzada não molestaram a população judaica — com a possível exceção de algumas centenas de judeus que podem ter morrido em Jerusalém durante o massacre que se seguiu à sua queda diante dos cruzados.

A «Cruzada dos Príncipes»

Cinco grupos principais compunham a Cruzada dos Príncipes, cujo nome é bastante adequado, uma vez que não apenas eram estes grupos liderados por príncipes, como também continham muitos outros integrantes de elevado *status*. Os grupos partiram em diferentes momentos e seguiram diferentes rotas, mas todos chegaram a Constantinopla.

Hugo de Vermandois

O rei Filipe I de França era inelegível à Cruzada, tendo sido excomungado por casar-se com a esposa de outro homem e por recusar-se a abandoná-la quando a Igreja exigiu que o fizesse. Ele, no entanto, apoiou a empresa dos cruzados, comprou diversos condados de outros nobres, levantou o dinheiro necessário para que partissem e encorajou seu irmão Hugo a participar.

Hugo, conde de Vermandois (1053-1101), era filho do rei Henrique I de França com uma princesa escandinava, Ana de Quieve. Ele tinha cerca de quarenta anos quando partiu para o Oriente e, como se verá, era dotado de uma arrogância impressionante até mesmo para seus tempos. Durante muito tempo foi lembrado como Hugo, o Grande, porque teria sido assim designado por Guilherme de Tiro. Na realidade, descobriu-se que se tratava de um erro do copista, que confundiu *Minus* — isto é, «o mais novo» — com *Magnus*[28]. Esta correção está de acordo com a realidade, pois, apesar de toda a sua pose e jactância, Hugo era um comandante nada eficiente. Contudo, dadas as suas conexões com a realeza, conseguiu reunir um grupo bastante seleto de cavaleiros nobres da região de Paris e, pouco antes de partir, recebeu em sua companhia cavaleiros que tinham sobrevivido à derrota de Emico na Hungria. O contingente de Hugo partiu em agosto, de acordo com o plano do papa.

Hugo decidiu realizar parte da viagem por mar, saindo do porto de Bari no reino normando do sul da Itália. Sua marcha até a porção meridional da península não foi tranquila, e ele chegou a Bari em outubro, onde encontrou o príncipe normando Boemundo organizando uma companhia de cruzados. Hugo, contudo, não quis esperar pelos normandos, apesar das advertências de que não se tratava de uma boa época do ano para viajar. Antes de partir em suas naus, Hugo enviou, segundo Ana Comnena, esta mensagem ao imperador Aleixo: «Sabes, Imperador, que sou o rei dos reis, o maior de todos sob os céus. É minha vontade que me encontres quando chegar e me recebas com toda a pompa e cerimônia devida ao meu nobre berço»[29].

Ao imperador não agradou essa mensagem — e, ao que parece, tampouco a Netuno. As tempestades invernais previstas ocorreram, e a maior parte dos navios de Hugo afundou perto do porto bizantino de Dirráquio. Muitos de seus homens se afogaram, mas Hugo conseguiu alcançar a praia, onde oficiais bizantinos o encontraram «atordoado e encharcado»[30]. Os gregos reequiparam seus cavaleiros sobreviventes e lisonjearam Hugo, mas mantiveram-no em cárcere privado. Após ser escoltado até Constantinopla, foi saudado por Aleixo Comneno, mas não se viu libertado até fazer um juramento de lealdade ao imperador.

Depois da conquista de Antioquia pelos cruzados em 1098, Hugo voltou para a França. Ali, foi censurado por não ter cumprido o juramento de ir até Jerusalém — o novo papa, Pascoal II, chegou mesmo a ameaçar excomungá-lo por causa disso —, e por isso voltou para a Palestina em 1101, onde foi ferido em batalha e morreu em virtude dos ferimentos recebidos.

Godofredo de Bulhão

Godofredo de Bulhão (c. 1060-1100) também foi duque da Baixa Lorena, parte do Sacro Império Romano-Germânico. Por sua mãe, era descendente direto de Carlos Magno. Tratava-se de um homem alto, robusto, de cabelos muito loiros e admirado por suas maneiras agradáveis. Godofredo foi muito influenciado pelos monges cluníacos e comprometeu-se tanto com as Cruzadas que fez sacrifícios substanciais para ir: vendeu duas grandes propriedades e tomou empréstimos do bispo de Liège, dando em garantia seu castelo. Isso lhe possibilitou equipar e suprir um grande exército.

Uniram-se a ele nessa empreitada seus dois irmãos: Eustácio III e Balduíno de Bolonha.

Eustácio não estava ansioso para partir, mas teve um ótimo desempenho uma vez que chegou à Terra Santa. Balduíno fora destinado à Igreja, mas não possuía gosto pela contemplação e castidade. Era ainda mais alto que Godofredo e de compleição tão escura quanto a de Godofredo era clara. Quando partiu na Cruzada, levou consigo sua esposa normanda, Godehilde de Toeni, e seus filhos pequenos. Parece que não tinha a intenção de voltar para a Europa. Seja como for, ele teve uma carreira gloriosa nos estados cruzados e acabou por tornar-se rei de Jerusalém, sucedendo ao seu irmão Godofredo (embora este nunca se tenha deixado coroar).

Godofredo decidiu realizar a viagem até Jerusalém pela rota setentrional. Deixou Lorena no final de agosto, subiu o vale do Reno em marcha e, então, desceu o vale do Danúbio, até que alcançou a Hungria. O rei Colomano da Hungria ainda estava irritado por causa de suas experiências com os cruzados populares. Assim, quando Godofredo enviou uma delegação adiante para negociar a passagem, Colomano arranjou um encontro direto com Godofredo. Esse encontro convenceu o rei a permitir que os cruzados atravessassem (por um preço substancial), mas somente se Balduíno, sua esposa e filhos servissem de reféns para garantir o bom comportamento do exército. Embora relutasse em impor esse fardo à sua família, Balduíno acabou concordando, e Godofredo enviou mensageiros que anunciassem a todos em seu exército que quaisquer infrações contra os húngaros ou sua propriedade seriam punidas com a morte. Nenhuma violação foi reportada, e, quando as forças de Godofredo chegaram à Bulgária, Balduíno e sua família foram libertados.

Após entrarem na Bulgária, o exército de Godofredo passou por Belgrado, ainda deserta e em ruínas desde seu saqueio cinco meses antes pelas forças de Pedro. Partindo em direção de Nis, encontraram-nos no meio do caminho representantes do imperador Aleixo, que providenciou o reabastecimento dos cruzados. Então Godofredo levou seu exército com tranquilidade até Selímbria, no litoral do mar de Mármara. Ali, por razões inteiramente desconhecidas, perdeu o controle de suas tropas, e elas pilharam a região por oito dias. Houve quem dissesse que se haviam irado ao ouvirem que Hugo de Vermandois era mantido como prisioneiro — pelo menos foi isso o que Godofredo usou como desculpa quando se encontrou com representantes bizantinos enviados pelo imperador[31]. De todo modo, restaurou-se a ordem, e o exército de Godofredo chegou a Constantinopla em 23 de dezembro de 1096.

A chegada desta força enorme, bem equipada e indisciplinada de soldados treinados aos seus portões causou muita preocupação ao imperador Aleixo. Por isso, ele buscou assegurar-se da lealdade de Godofredo e pô-lo, a ele e suas tropas, a alguma distância da capital. Primeiro, convidou Godofredo a vê-lo e fazer-lhe um juramento de reverência, usando Hugo de Vermandois como mensageiro. Godofredo recusou. Por fim, Aleixo recorreu a ameaças, marchando até o acampamento de Godofredo com um grande exército de veteranos bizantinos. Em face de uma força invencível, Godofredo consentiu em fazer o juramento e ter suas tropas transportadas através do Bósforo para um acampamento em Pelecano.

Atrás do exército de Godofredo, seguiu-se uma variedade de pequenos grupos de cavaleiros, «provavelmente compostos de diversos vassalos de Godofredo, que preferiram viajar pela Itália»[32] e tinham vindo de lá por mar. Eram um grupo truculento e também resistiram ao juramento ao imperador. Por fim, acabaram realizando-o, mas somente depois da intervenção de Godofredo. Então, também eles foram rapidamente transportados pelo Bósforo: o imperador estava convencido de que os cruzados queriam, na verdade, tomar seu império, e não ir para Jerusalém. O grupo que veio depois era aquele que mais provavelmente possuía planos imperiais — os normandos, que já haviam derrotado exércitos gregos liderados por Aleixo repetidas vezes e governavam as ex-colônias bizantinas no sul da Itália.

Boemundo de Taranto

Em 9 de abril de 1097, Boemundo, príncipe de Taranto (ca. 1058-1111), chegou a Constantinopla, seguido de seu exército amplo e veterano de cavaleiros normandos. Tratou-se de um acontecimento notável, já que Boemundo era filho de Roberto Guiscardo, que liderara a conquista normanda da Sicília e da Itália meridional e, nela, derrotara repetidas vezes os melhores exércitos que Bizâncio podia expedir para defendê-las. Para piorar, pai e filho haviam lutado, e em geral vencido, um grande número de batalhas contra os exércitos bizantinos liderados pelo próprio imperador Aleixo Comneno.

Não é de espantar que, quando Aleixo soube que um dos contingentes principais de cruzados era composto de normandos recrutados na Itália e liderados por Boemundo, ficou muito apreensivo. Muitos anos depois, na *Alexíada*, sua filha Ana, que tinha quatorze anos quando encontrou Boemundo, registrou um esboço impressionante do homem: «Sua aparência inspirava admiração; a menção de seu nome, terror [...]. Sua estatura era tamanha que ele ultrapassava em quase um côvado [cerca de trinta centímetros] a altura dos homens mais altos». Na verdade, seu nome real era Marco; seu pai o apelidara Boemundo (como o gigante mítico) por causa de seu enorme tamanho quando criança. Ana continua: «Ele tinha uma cintura fina [...] perfeitamente proporcional [...]. Sua pele era [...] muito branca [...]. Seu cabelo era castanho claro e não tão comprido como o dos outros bárbaros (isto é, não lhe caía aos ombros) [...]. Era dotado de certo charme, que era um pouco abafado pelo impacto que seu porte como um todo causava; havia algo de duro e selvagem no seu aspecto, suponho que devido à sua grande estatura e olhos; até seu riso soava como uma ameaça aos outros [...]. Sua arrogância manifestava-se em tudo; também era sagaz»[33].

O imperador sabia bem que Boemundo era, sem dúvida alguma, o comandante mais experiente, talentoso e politicamente astuto dentre os cruzados, tendo aprendido tudo do jeito mais difícil possível. Anos antes, em 1081, depois de colocarem sob seu controle o novo reino normando da Itália e da Sicília, Roberto Guiscardo e seu filho Boemundo haviam atravessado o mar Adriático com suas tropas normandas, tomando Corfu e Durazzo, cidades costeiras dentro da região bizantina principal. O imperador Aleixo Comneno marchou para o norte a fim de expelir os normandos, somente para ser totalmente derrotado na Batalha de Dirráquio. Em seguida, os normandos conquistaram quase todo o norte da Grécia. Desesperado para impedir que os normandos tomassem todo o seu império, Aleixo pagou uma enorme soma (reportada como 360 mil peças de ouro) a Henrique IV, o sacro imperador romano, para que atacasse o papa, que era aliado dos normandos na Itália. Roberto Guiscardo voltou correndo para a Itália no intuito de fazer frente a essa ameaça, deixando Boemundo no comando da Grécia. Embora tivesse ainda vinte e poucos anos, Boemundo mostrou-se um líder brilhante, peculiarmente hábil em reconhecer e opor-se a táticas inimigas. Ele derrotou Aleixo em duas batalhas, colocando assim os normandos no controle da Macedônia e de quase toda a Tessália. Aleixo, então, conseguiu convencer os turcos seljúcidas de que os normandos eram uma ameaça para eles também, e assim, com um novo exército que incluía milhares de turcos, conseguiu a muito custo derrotar os normandos em Larissa. A esta altura, sobretudo porque faltavam a Boemundo os recursos para pagar os salários atrasados à sua tropa, o grosso do exército normando navegou de volta para a Itália, não obstante Corfu e uma região substancial da costa do Adriático ainda se encontrassem em poder seu. Para reconquistá-los, Aleixo contratou os venezianos, que em seguida atacaram pelo mar e restauraram a área para o império.

Cerca de quinze anos depois e já se aproximando dos quarenta, Boemundo levantara fundos suficientes para suprir completamente um amplo exército em cruzada. Acompanhado do autor anônimo dos *Gesta francorum*, o relato testemunhal mais influente da Primeira Cruzada, ele embarcou suas forças em Bari e navegou até a costa da Bulgária, e daí marchou para Constantinopla. Seus encontros com o imperador Aleixo foram tensos. Boemundo estava tão desconfiado da situação quanto Aleixo. Ciente da tendência grega a envenenamentos palacianos, recusou-se a consumir qualquer alimento oferecido na corte; entretanto, manteve toda a sua acuidade política e concordou prontamente em prestar juramento de fidelidade a Aleixo. Então, ele atravessou o Bósforo com suas tropas para unir-se ao contingente de Godofredo em Pelecano.

Raimundo IV de Toulouse

O quarto grupo de cruzados era liderado por Raimundo IV de Toulouse (c. 1041-1105), também conhecido como conde Raimundo de Saint-Gilles. Embora extremamente devoto, fora excomungado duas vezes por casar-se com mulheres às quais, segundo regras eclesiásticas, era muito proximamente aparentado. Seguindo o aspecto de rede das cruzadas, a segunda das três esposas de Raimundo era sobrinha de Boemundo.

Raimundo decidira ser sepultado na Terra Santa; então, quando o papa começou a fazer circular sua proposta de Cruzada, ele foi um dos primeiros a responder; seus representantes acompanharam o discurso de Urbano em Clermont com o anúncio de que Raimundo já havia tomado a cruz. Aos 55 anos, Raimundo era decerto o mais velho dentre os líderes cruzados, e provavelmente também o mais rico. Partiu em outubro de 1096 à frente de uma grande companhia de cavaleiros, acompanhado de sua terceira esposa (filha do rei Afonso VI de Castela) e de seu filho pequeno (que morreu na viagem).

O grupo de Raimundo cruzou os Alpes. Por causa da estação, ele decidiu não navegar pelo mar Adriático, e assim marchou até conseguir descer pela costa oriental — o que acabou sendo uma escolha pouco sábia. As estradas eram muito ruins; por ser inverno, o clima estava horrível; os habitantes locais eram, em sua maioria, eslavos incivilizados que se recusavam a prover-lhes suprimentos, assediavam-nos, assaltavam sua retaguarda e assassinavam os retardatários. Famintos e miseráveis, o contingente chegou a Dirráquio no início de fevereiro. Ali foram recebidos por oficiais bizantinos e escoltados pelas tropas locais. Isso parece ter provocado o antagonismo dos cavaleiros de Raimundo, que já estavam irritados. Houve uma série de pequenas altercações entre eles e suas escoltas, mas nada de muito sério ocorreu até que chegaram a Roussa, na Trácia. Uma vez que Raimundo seguira para Constantinopla e não estava ali para exercer controle, seus seguidores, ao descobrirem que não havia provisões à venda em Roussa (pois os homens de Boemundo haviam comprado tudo duas semanas antes), escalaram os muros da cidade e saquearam todas as casas. Então, à medida que continuavam, foram interceptados por um grande destacamento bizantino e sofreram uma derrota completa.

Enquanto isso, Raimundo negociava com o imperador Aleixo, que tentava manipular o medo de Raimundo de que Boemundo se tornasse o líder da Cruzada. Aleixo assegurou-lhe de que jamais daria o comando imperial a Boemundo, mas, em vez de jurar fidelidade ao imperador, Raimundo só se comprometeu a apoiá-lo se Aleixo liderasse a Cruzada em pessoa. Então, ele e suas forças, reunidos depois de sua batalha com os bizantinos, foram transportados pelo Bósforo.

Roberto, duque da Normandia

Roberto, duque da Normandia (c. 1051-1134), filho mais velho de Guilherme, o Conquistador, perdeu o trono da Inglaterra por haver-se aliado ao rei de França e conspirado contra o pai. Embora mantivesse o ducado da Normandia, faltava-lhe muito em termos de riquezas, e ele teve de hipotecar a Normandia para seu irmão, rei Guilherme da Inglaterra, para poder financiar um exército e partir em cruzada. Seu grupo contava com cavaleiros normandos da Inglaterra e da Escócia, bem como da Normandia; os vários notáveis entre eles incluíam seu primo

Roberto II, conde de Flandres; seu cunhado Estêvão, conde de Blois; e o clérigo Fulquério de Chartres, que escreveu uma longa história sobre toda a empreitada.

Depois de cruzarem os Alpes, as forças de Roberto marcharam rumo ao sul pela Itália, até chegarem ao reino normando. Porque já se aproximava o fim do ano, Roberto hibernou com suas forças na Calábria. Aparentemente sem pressa nenhuma, finalmente foi a Brindisi em abril, de onde partiu por mar. A primeira nau a sair mal se havia posto a caminho quando de repente se partiu ao meio, e cerca de quatrocentos homens se afogaram. Alguns dentre os mais irresolutos desertaram nesse momento, mas a maioria do exército foi transportada em segurança a Dirráquio. Dali partiram em marcha, alcançando Constantinopla no início de maio. Foram recebidos cordialmente pelo imperador; Roberto prestou o juramento requerido a Aleixo e, então, ele e suas tropas foram transferidos para a outra margem do Bósforo.

Enfim, todo o elenco dos cruzados encontrava-se reunido.

Abandonados por Bizâncio

Ocorreu que Aleixo jamais supusera que milhares de nobres e cavaleiros europeus de alto escalão responderiam à sua convocação por auxílio contra os turcos. Ele presumira que lhes seriam enviadas companhias de mercenários; poucos bizantinos das altas classes se envolviam em atividades militares, e, durante séculos, os exércitos do império consistiram de mercenários e até de escravos — normalmente sob o comando de um eunuco[34]. Agora Aleixo estava diante de milhares de homens vindos por espontânea vontade e dedicados a uma causa, e que já haviam demonstrado plenamente o quão difíceis seriam de controlar. Aleixo e sua corte os julgavam bárbaros perigosos; por sua vez, os cruzados julgavam Aleixo e sua corte um bando de maquinadores decadentes e traiçoeiros. Os *Gesta francorum* a todo momento atribuem um adjetivo depreciativo ao se referirem a Aleixo, recorrendo a epítetos como «o imperador desprezível»[35].

Ambos os lados estavam certos. Aqueles bárbaros perigosos venceram batalha após batalha contra todas as expectativas, mesmo após ter sido abandonados pelos maquinadores traiçoeiros. Com efeito, quando chegou a hora de atacar os turcos, Aleixo não assumiu o comando nem unificou seu exército com o dos cruzados. Em vez disso, enviou um pequeno contingente para acompanhar os cruzados apenas por onde fosse necessário recuperar territórios bizantinos recentemente perdidos: ele interpretara o juramento prestado a ele como uma concessão plena e exclusiva de direitos sobre todas aquelas regiões e cidades recuperadas. Uma vez que os cavaleiros ocidentais cumpriram essa meta, Aleixo pareceu não ter intenção alguma de que sequer um modesto exército bizantino fosse adiante. Seu entendimento era de que, se os cruzados quisessem seguir até a Terra Santa, isso seria problema deles, uma vez que «Jerusalém era estrategicamente irrelevante para o império»[36]. Doravante, os «bárbaros» teriam de prosseguir por conta própria, mesmo que as batalhas mais difíceis ainda estivessem por vir. Desse modo, sentindo-se traídos pelo imperador, muitos líderes cruzados rejeitaram as reivindicações territoriais de Aleixo e renegaram seus juramentos a ele com base no fato de que não mantivera sua palavra. Assim teve início um antagonismo entre Oriente e Ocidente que resultaria, afinal, no saque de Constantinopla em 1204, durante a Quarta Cruzada.

Conclusão

Uma característica assaz frustrante da literatura sobre as Cruzadas é a falta de números confiáveis. Não apenas é extremamente difícil saber quantas pessoas de fato partiram na Primeira Cruzada, como também houve poucas tentativas plausíveis de estimar quantas vidas se perderam pelo caminho. Sabemos que uma porção substancial dos cruzados populares foram mortos em suas diversas batalhas na Bulgária. É claro que muitos mais morreram das causas naturais que sempre afetavam esses grupos naquele tempo; mesmo durante a Guerra Civil Americana, o Exército da União perdia três homens por motivo de doença para cada homem morto em batalha[37]. Por isso, é muito difícil estimar quantos dos cruzados de Pedro sobreviveram para ser abatidos pelos turcos. Do mesmo modo, embora muitos — talvez a maioria — do contingente de Hugo de Vermandois que partiu de Bari se tenham afogado, não podemos estimar quantos homens havia ali, e muito menos quantos caíram pelo caminho.

Com tudo isso em mente, estimo que dos pelos menos 130 mil que partiram na Primeira Cruzada em 1096, noventa mil não participaram do cerco de Niceia em junho de 1097. Isso significa uma perda média de aproximadamente 35 pessoas por quilômetro e meio, as quais morriam ou retrocediam. Quando Jerusalém foi tomada, talvez uns 115 mil (ou 88% dos) cruzados originais não estivessem lá. Se isso parece excessivo, considere-se que, dos normandos de Boemundo que eram proeminentes o bastante para serem nomeados nos *Gesta francorum*, um terço havia morrido antes de 1099, e de um outro quarto não conhecemos o paradeiro[38]. Ademais, essas estimativas de perda não incluem os milhares de cavaleiros que chegaram por mar no decorrer da campanha. Assim, o número total dos mortos ou desertores provavelmente chegava aos 120 mil.

Foi somente quando os filhos europeus dos altos escalões morreram nas trincheiras da Primeira Guerra Mundial que a Europa voltou a sofrer uma perda de líderes equiparável àquela que ocorreu durante a Primeira Cruzada. Os que marcharam para o Oriente estavam entre os melhores e mais brilhantes de seu tempo. Quando morreram, as responsabilidades administrativas por suas maiores propriedades e por muitas outras preocupações importantes recaíram sobre suas respectivas viúvas e filhos menores — a exemplo do que aconteceu na Inglaterra, na França e na Alemanha da década de 1920. Ainda assim, o compromisso com as Cruzadas permaneceu intenso por muitos anos, durante os quais as famílias envolvidas na Primeira Cruzada continuaram a enviar as gerações subsequentes em defesa da Terra Santa. Com efeito, quando a Europa começou a se cansar das Cruzadas, parece não terem sido as famílias que mais deram as que se desencorajaram; antes, foram as famílias que nunca haviam enviado um único membro seu que se opuseram à continuação dos impostos necessários à manutenção dos reinos cruzados.

CAPÍTULO 7

Vitórias sangrentas

A verdadeira fase militar da Primeira Cruzada começou quando as forças combinadas da Cruzada dos Príncipes, acompanhadas de «um pequeno destacamento de engenheiros bizantinos com máquinas de cerco»[1], deixaram seu acampamento às margens do Bósforo e marcharam quarenta quilômetros ao sul até Niceia, a primeira fortaleza muçulmana entre eles e a Terra Santa. Mal sabiam que mais de um ano depois, após batalhas aguerridas e pesadas baixas, ainda estariam em Antioquia. E ainda faltaria outro ano antes que alcançassem os portões de Jerusalém, em 7 de junho de 1099.

Niceia

Niceia era a capital do sultanato seljúcida de Rum, governado por Quilije Arslan. *Rum* era o nome turco de «Roma», e esse sultanato era composto de uma ampla porção da Anatólia que os turcos haviam conquistado dos bizantinos, que ainda se referiam ao seu império como Império Romano. Aquele era o momento oportuno para atacar Niceia, pois o sultão, por ter abatido facilmente os seguidores de Pedro, o Eremita, tinha tanto desprezo pelos cruzados que ignorara a aglomeração próxima das forças *franj* [francas] e levara seu exército para o Oriente, a fim de confrontar um opositor de seu governo. Com efeito, sua preocupação era tão pequena que ele deixou sua esposa, filhos e tesouros em Niceia.

O cerco de Niceia começou em 14 de maio de 1097. Quando o sultão Arslan soube que os cruzados tinham cercado a cidade e, em seguida, repelido um avanço de tropas locais, voltou correndo com seu exército. Ao chegar, atacou imediatamente as forças de Raimundo de Toulouse, cujas tropas bloqueavam a passagem para a entrada sul. Roberto de Flandres veio com algumas de suas tropas em auxílio de Raimundo, e a batalha com o exército do sultão Arslan durou o dia todo. Arslan ficou aturdido ao perceber que, «no um a um, seus turcos não eram páreo para os bem equipados ocidentais em campo aberto»[2]. Como relatam os *Gesta francorum*, os turcos «chegavam animadamente [...], mas todos os que vinham [...] tinham suas cabeças cortadas por nossos homens, que lançavam as cabeças dos mortos para dentro da cidade por meio de uma catapulta, de modo a causar maior terror em meio à guarnição turca»[3]. Ao cair da noite, o sultão fez retroceder suas forças e abandonou Niceia à sua sorte.

No entanto, os vencedores também haviam sofrido terrivelmente. Novamente dos *Gesta*: «Muitos de nossos homens sofreram o martírio ali e entregaram suas abençoadas almas com alegria e satisfação»[4]. Não obstante essas baixas, Niceia ainda estava nas mãos dos turcos. Então os cruzados começaram a planejar uma tomada geral.

Sem que soubessem, o imperador Aleixo tinha planos bem diferentes. Enviou vários de seus agentes a conduzir negociações secretas, e eles convenceram os turcos a entregar a cidade. Desse modo, ao nascer do sol do dia em que a tomada de Niceia devia começar, os cruzados depararam-se com a visão de estandartes bizantinos agitando-se ao vento acima das torres defensivas de Niceia e de tropas bizantinas patrulhando os muros, tendo sido ali introduzidas durante a noite. Cruzados ocidentais só receberam permissão de entrar na cidade em grupos de seis ou menos por vez.

Essa foi outra confirmação para os líderes ocidentais de que Aleixo e sua corte não eram confiáveis, aumentando assim o crescente antagonismo ao imperador — sobretudo porque nenhuma tropa grega havia auxiliado na batalha. Suspeitas contra Aleixo intensificaram-se ainda mais quando os comandantes turcos e a família do sultão, em vez de serem mantidos como reféns, foram levados a encontrar-se com o imperador em Alexandria. «O imperador, que era um tolo e um patife», dispensou-lhes o tratamento devido a hóspedes distintos e enviou-os para casa a salvo e em grande estilo, deixando-os, como dizem os *Gesta*, «prontos para prejudicar os francos e obstruir sua Cruzada»[5]. Boemundo evidentemente lembrou aos seus colegas que Aleixo já havia empregado forças turcas contra ele certa vez.

Talvez buscando apaziguar os cavaleiros, Aleixo decidiu reforçar o minúsculo contingente bizantino que acompanhava os cruzados. Isso não impressionou ninguém no acampamento dos cruzados porque, embora o exército bizantino estacionado dentro e em volta de Constantinopla os ultrapassasse vastamente em número, Aleixo só enviou um destacamento pequenino de cerca de dois mil soldados[6], comandado por um general chamado Tatício, filho de um escravo turco.

Dorileia

Uma semana depois da rendição de Niceia, os cruzados começaram a deslocar-se de novo. Durante muito tempo, os historiadores acreditaram que eles partiram em direção às ruínas de Dorileia — as quais dão nome à sua próxima batalha importante. Hoje se aceita que eles tenham seguido uma rota mais ocidental e que a batalha tenha ocorrido a cerca de sessenta quilômetros a oeste de Dorileia[7]. Enquanto isso, os turcos haviam-se reagrupado sob Quilije Arslan e recebido pesados reforços de outros príncipes turcos, bem como de mercenários persas e albaneses. Após os cruzados terem viajado por três dias, seus espiões os alertaram da aproximação de grandes forças turcas, de modo que se podia esperar uma batalha em breve. Na alvorada do 1º de julho, essa enorme força turca atacou a vanguarda cruzada composta das tropas de Boemundo, infligindo-lhe baixas substanciais enquanto os normandos se organizavam. Boemundo reuniu os não combatentes no centro do acampamento, onde havia poços, e atribuiu-lhes a tarefa de carregar água para as tropas; as mulheres cruzadas geralmente desempenhavam essa tarefa vital com muita bravura e eficiência. Boemundo desmontou seus cavaleiros e posicionou-os com a infantaria a fim de formar um sólido perímetro defensivo. O exército turco consistia inteiramente de uma cavalaria leve equipada com arcos e espadas[8] e, embora causassem algumas baixas com suas flechas, não conseguiam avançar contra a linha de infantaria. Ao que parece, os turcos confundiram as forças de Boemundo com o exército cruzado inteiro e foram pegos desprevenidos quando o corpo principal dos cavaleiros surgiu ribombante, carregando pesadamente contra o seu flanco e retaguarda.

Ambos os lados sofreram perdas consideráveis, mas as baixas turcas foram muito maiores. De acordo com os *Gesta*: «Assim que nossos cavaleiros vieram em carga, os turcos, árabes, sarracenos, agulanos e todo o resto dos bárbaros bateram em retirada. [...] Só Deus sabe quantos deles havia ali. Fugiram apressadamente para seu acampamento, mas não puderam permanecer ali por muito tempo; por isso continuaram fugindo, e nós os perseguimos, matando-os por um dia inteiro, e apossamo-nos de muitos espólios. [...] Se Deus não tivesse estado conosco nesta batalha e não nos tivesse enviado reforços logo, nenhum de nós teria escapado»[9]. A derrota foi tão rápida e completa que, mais uma vez, Arslan perdeu todo o seu tesouro (o qual ele conseguira reunir para repor aquele que fora perdido em Niceia[10]). Não obstante, antes de bater em retirada para as montanhas com suas forças, Arslan ordenou que suas tropas devastassem a região, para que fosse «impossível [aos cruzados] alimentarem-se enquanto a atravessavam»[11].

Depois de descansarem por dois dias em seguida à batalha, os cruzados iniciaram sua travessia da Anatólia em direção a Antioquia. Tratou-se de uma marcha terrível. O calor do verão era intenso. Não havia água: os poços e cisternas (construídas para armazenar águas pluviais) haviam sido destruídos pelos turcos. Como os *Gesta* relatam, eles atravessavam «uma terra deserta, sem água e inabitável, da qual mal conseguimos emergir ou escapar vivos, pois sofremos grandemente de fome e sede e não encontramos nada para comer, exceto plantas repletas de espinhos... Com esse tipo de comida, sobrevivemos a grandes penas, mas perdemos a maioria dos nossos cavalos»[12].

Os cruzados caminharam com muita fadiga até que alcançaram Icônio, num vale fértil cheio de córregos e pomares. Além de tomar posse da cidade, os cruzados repousaram ali por alguns dias e, então, marcharam para Heracleia, também localizada em vale fértil. Lá encontraram um exército turco de porte, liderado por dois emires que parecem ter achado que sua mera presença seria suficiente para fazer os cruzados mudarem de rota. No entanto, os cruzados atacaram imediatamente, e logo os turcos retrocederam a toda a velocidade. Foram salvos de uma matança pela escassez de cavalos dos cruzados.

Em Heracleia, os cruzados tinham duas opções de rota para Antioquia. A primeira era mais direta, mas muito montanhosa. A outra passava por Cesareia Mázaca e era mais longa, porém mais facilmente expugnável. Boemundo escolheu atravessar as montanhas, enquanto o resto optou por Cesareia, a qual descobriram ter sido abandonada pelos turcos. As forças reencontraram-se em Coxon. Ali acharam suprimentos abundantes e foram recebidos cordialmente por uma população amplamente cristã. Após três dias de repouso, puseram-se a caminho novamente e descobriram que a viagem de Coxon a Antioquia «era uma das mais difíceis que os cruzados teriam de encarar»[13]. Como relatam os *Gesta*: «Ao partirmos, começamos a cruzar uma maldita montanha, tão alta e íngreme que nenhum dos nossos homens ousava ultrapassar os companheiros na trilha. Cavalos caíram no precipício, e uma besta de carga arrastou outra para baixo. Quanto aos cavaleiros [...], [alguns deles] jogaram fora suas armas e prosseguiram»[14]. As armaduras foram descartadas devido à perda dos animais de carga; eram pesadas demais para carregar.

Uma vez vencida a montanha, os cruzados reorganizaram suas unidades em Marache. Aqui Balduíno de Bolonha e cerca de cem cavaleiros montados, acompanhados do historiador Fulquério de Chartres, abandonaram a Cruzada e viajaram para o Oriente, onde Balduíno foi adotado por Toros, governante armênio e sem filhos de Edessa. (Negociações secretas vinham ocorrendo havia já algum tempo.) Pouco depois, Toros foi assassinado por uma multidão de cidadãos, Balduíno tornou-se o primeiro conde de Edessa e o condado de Edessa tornou-se o primeiro dos reinos cruzados.

Enquanto isso, os cruzados marcharam até a cidade de Antioquia, então capital da Síria.

Antioquia

Antioquia situa-se às margens do Oronte, ali onde o rio corta as montanhas a cerca de vinte quilômetros do Mediterrâneo. No início da era cristã, tratava-se da terceira maior cidade do Império Romano; só Roma e Alexandria eram maiores[15]. Sob domínio muçulmano, sofreu um declínio considerável, fosse populacional ou comercial. Tendo sido recuperada brevemente por Bizâncio no século X, resgatou alguma importância, mas entrou em declínio de novo ao ser retomada pelos turcos. Mesmo assim, em 1098, a cidade gozava de tamanho substancial e era dotada de fortificações impressionantes.

Parte dela ficava na encosta duma montanha, e seus muros maciços subiam pelas escarpas, cruzavam um rio e incluíam uma cidadela situada trezentos metros acima da zona principal da cidade. Quatrocentas torres pontuavam essas muralhas, «espaçadas de modo a que cada metro entre elas estivesse ao alcance do arco»[16]. Porque essas defesas eram tão fortes, as conquistas de Antioquia em geral se haviam dado por traição. E era precisamente isso o que Boemundo tinha em mente também ali. No entanto, ele guardou a ideia para si enquanto os outros líderes refletiam sobre a situação militar.

Nesse ínterim, as coisas não iam bem dentro da cidade. Por um lado, a guarnição era demasiado pequena para ocupar completamente as muralhas. Por outro, por haver recentemente maltratado os residentes cristãos (que eram a maioria) e convertido sua catedral num estábulo, o emir criara uma população de potenciais traidores[17].

Enquanto os cruzados consideravam suas opções, o emir enviou embaixadores por todas as partes em busca de apoio militar — e teve nisso algum sucesso, embora os reforços ainda precisassem de algum tempo para chegar. Paralelamente, em outubro de 1097, os cruzados empreenderam um cerco à cidade. Contudo, assim como o comandante muçulmano não possuía tropas suficientes para ocupar por completo as muralhas, também os cruzados eram em número demasiado pequeno para conseguirem cercar totalmente a cidade. Por isso, o fluxo de suprimentos para Antioquia não cessava. Em novembro, os cruzados receberam um importante reforço: treze galés e transportes genoveses aportaram na costa, trazendo mais cruzados e suprimentos. No entanto, as forças cruzadas logo consumiram todos os suprimentos disponíveis, incluindo a forragem.

À medida que o inverno se intensificava, os sitiadores sofriam muito mais de fome e doenças do que os sitiados dentro de Antioquia, uma vez que estes continuavam a ser reabastecidos. Numerosos não combatentes mais pobres que estavam com os cruzados chegaram a morrer de fome. Obviamente, Aleixo poderia ter enviado suprimentos abundantes por mar, mas não o fez. Antes, em fevereiro, ele ordenou a Tatício e seu contingente de tropas bizantinas que se retirassem, e eles foram embora em navios que haviam sido enviados para trazer suprimentos, mas que não haviam aproveitado a oportunidade para esse propósito. Tatício piorou ainda mais a situação ao fingir que não estava desertando, mas apenas voltando para buscar suprimentos abundantes para os cruzados. Os cruzados entendiam muito bem o que estava acontecendo. Os *Gesta* colocam-no desta forma: «Ele é mentiroso e sempre será. Fomos então deixados na mais premente necessidade»[18]. Logo a situação deteriorou-se tanto nos acampamentos cruzados que Pedro, o Eremita, e Guilherme, o Carpinteiro (os quais haviam participado do massacre dos judeus com Emico), desertaram e dirigiram-se para Constantinopla. Tancredo, sobrinho de Boemundo, perseguiu-os e trouxe-os de volta em desgraça. Depois de humilhá-los longamente em público, Boemundo deixou-os sobreviver. Pouco depois, Guilherme fugiu outra vez e provavelmente encontrou refúgio com Aleixo[19].

Foi então que um reforço muçulmano de tamanho considerável chegou a Antioquia. A batalha foi travada numa terça-feira de carnaval, em 9 de fevereiro de 1098. Apesar de estarem em grande desvantagem numérica, os cruzados obtiveram uma vitória esmagadora. Como lhes restavam poucos cavalos, quase todos os cavaleiros se uniram às fileiras da infantaria pesada, contra a qual a cavalaria muçulmana sofreu terríveis baixas a cada ataque. No momento certo, Boemundo apareceu de repente no flanco muçulmano com uma cavalaria remanescente de talvez trezentos cavaleiros. Ao mesmo tempo, a infantaria cruzada também atacou. O exército muçulmano foi massacrado. Além de sua incrível vitória, os cruzados também adquiriram do acampamento inimigo os suprimentos de que desesperadamente precisavam. Como resumem os *Gesta*: «Dessa forma, pela vontade de Deus, naquele dia nossos inimigos foram vencidos. Nossos homens capturaram muitos cavalos e outras coisas de que precisavam muito, e trouxeram de volta ao portão da cidade cem cabeças de turcos abatidos»[20]. Um mês depois, uma pequena frota normanda vinda da Inglaterra aportou à costa, trazendo suprimentos adicionais e mais cruzados.

Ainda assim, as perspectivas de tomar a cidade de assalto pareciam desfavoráveis. Por conseguinte, iniciou-se um pequeno fluxo de deserção. Ele adquiriu grandes proporções quando Estêvão de Bois e um considerável grupo de francos nortenhos desertaram sem avisar; foram embora um dia antes. Esta defecção teve efeitos bem mais devastadores do que uma simples redução nas fileiras dos cruzados. Com efeito, nesse momento Aleixo, percebendo que apesar de tudo os cruzados acabariam tomando Antioquia, havia levado um grande exército bizantino rapidamente para o sul, a fim de participar da vitória e reclamar para si Antioquia. Estêvão de Blois e outros desertores nobres encontraram Aleixo em Alexandreta, apenas sessenta quilômetros ao norte de Antioquia. Lá disseram ao imperador que a situação em Antioquia era irremediável. Em vez de pôr-se a caminho rapidamente para consertar a situação, Aleixo decidiu esperar onde estava enquanto aguardava maiores informações.

Nesse ínterim, Boemundo tentava subornar alguém em Antioquia que lhes pudesse abrir os portões, evitando desse modo um ataque sangrento e muito arriscado às muralhas da cidade. Os esforços subversivos de Boemundo foram possibilitados pelo fato de a cidade estar repleta de cristãos que odiavam o comandante turco e, assim, quiseram prover a Boemundo uma rede extensa de comunicação dentro da cidade. Não obstante, o traidor que encontrou não foi um cristão, mas um muçulmano converso no comando da torre de um portão posterior e de um segmento da muralha a sudeste da cidade. Na noite entre os dias 2 e 3 de junho, um dia após a deserção de Estêvão de Blois, Boemundo passou com um pequeno grupo de seus normandos pelo portão destrancado e tomou controle de dez torres e de um longo trecho da muralha; a partir daí, membros da população cristã da cidade atacaram tropas muçulmanas internamente, enquanto os cruzados fluíam para dentro da cidade. As tropas muçulmanas foram eliminadas logo, incluindo a maioria daqueles que tinham fugido da cidade, entre eles seu comandante.

Antioquia era uma cidade cristã novamente. No entanto, aquela parecia ser uma vitória vazia. Um enorme e imponente exército muçulmano estivera se reunindo por algum tempo, composto de forças supridas por muitos sultões e emires e lideradas pelo sultão turco Querboga. Temendo este desenvolvimento, mais deserções aconteceram, incluindo o cunhado de Boemundo, Guilherme de Grant-Mesnil. Os desertores chegaram ao acampamento bizantino em Alexandreta exatamente quando Aleixo, tendo ouvido que Antioquia fora tomada, estava reiniciando sua marcha ao sul para reclamar seu direito; de fato, Estêvão de Blois aprontava-se para retornar a Antioquia também. No entanto, notícias da chegada iminente das formidáveis forças de Querboga definiram a questão. Todos concordaram que era tarde demais para salvar a Cruzada e bateram em retirada para o norte. Note-se que, quando chegou a casa, Estêvão de Blois foi universalmente chamado de covarde, até mesmo pela esposa, que se mostrou tão inclemente em seu desprezo que, em 1101, Estêvão viu-se forçado a recrutar um novo exército, liderou-o de novo à Terra Santa e foi morto num ataque mal planejado contra os egípcios na Batalha de Ramla. Note-se também que, com esta retirada, Aleixo destruíra qualquer credibilidade residual que ainda poderia ter com os cruzados. Quando eles mais precisavam de seu auxílio, ele os abandonara à própria sorte.

O exército grande e bem treinado de Querboga chegou aos portões de Antioquia em 9 de junho de 1098. Parecia não haver esperança: a esta altura, os cruzados podem ter contado com menos que duzentos cavalos de guerra[21]. Consequentemente, Querboga presumiu que os cruzados assumiriam a defensiva e ocupariam os muros, o que exigiria um cerco. E era precisamente essa a estratégia que muitos dos comandantes cruzados pensavam ser a única possível além da rendição.

Desse modo, por alguns dias estendeu-se uma luta aguerrida entre a força de ataque de Querboga e os cruzados que defendiam os muros, com pesadas baixas de ambos os lados. Então, a religião interveio. Em 11 de junho, um sacerdote relatou que Cristo lhe aparecera durante a noite e prometera auxílio divino aos cruzados dentro de cinco dias. Em resposta, os líderes todos juraram não abandonar sua missão. Então, em 14 de junho, o conde Pedro Bartolomeu relatou que Santo André lhe aparecera em visão e revelara a localização da Santa Lança — a lança usada pelo soldado romano que perfurara o lado de Jesus na Crucifixão. Muitos do clero permaneceram céticos, mas vários nobres aceitaram esse relato e ajudaram Bartolomeu a cavar no local prometido. Eles escavaram uma peça de ferro que proclamaram ser mesmo uma ponta de lança, e esta notícia causou grande entusiasmo em todo o exército. Com a lança guiando-os pelo caminho, eles certamente seriam invencíveis. E, incrivelmente, eles foram!

Em 20 de junho de 1098, Boemundo foi reconhecido como comandante-geral do exército cruzado, em apreciação de sua maior experiência e da gravidade da situação. Ele preparou o exército imediatamente para avançar em ataque contra os turcos — não apenas por causa das garantias divinas, mas porque percebia que se tratava da melhor opção militar, embora consistisse numa «aposta arriscada»[22]. Então, em 28 de junho, com o historiador Raimundo de Aguilers carregando a Santa Lança, as forças cruzadas remanescentes marcharam contra o Portão da Ponte de Antioquia para encarar as hostes de Querboga, muito maiores. Os turcos atacaram de imediato, mas retrocederam após colidir com as irremovíveis formações de infantaria pesada, as quais eram disciplinadas e bem equipadas e cujos membros estavam confiantes de que compunham os batalhões de Deus. De muitas maneiras, foi como uma reprise da Batalha de Tours. As forças muçulmanas atacaram e morreram. As fileiras dos cruzados pareciam impermeáveis. Logo, os turcos começaram a retirar-se e fugir. Os cruzados passaram atropelando com suas formações compactas, invadiram o acampamento de Querboga e mataram todos os que estavam a seu alcance. O único motivo verdadeiro de haver conseguido escapar parte das forças turcas foi a ausência dos cavalos necessários aos cruzados para capturá-los. Um triunfo tão completo sobre um inimigo tão poderoso pareceu incompreensível a muitos cruzados, mesmo depois do fato. Espalhou-se a história de que um contingente de santos montados descera dos céus e se unira ao ataque[23].

Foi assim que outra grande força turca acabou destruída, e agora o caminho para Jerusalém se lhes abria plenamente. Contudo, Boemundo não pretendia marchar até lá. Em vez disso, iniciou negociações para assumir o governo de um novo reino baseado em Antioquia. O acordo inicial com o imperador Aleixo, ratificado com juramento pelos líderes cruzados, reconhecia seu direito a todos os territórios que recentemente haviam feito parte de Bizâncio. Isso incluía Antioquia. Todavia, Boemundo contrapôs que, quando Aleixo os desertou, invalidaram-se todos os juramentos e obrigações. Ademais, porque fora Boemundo a negociar a abertura do portão e liderar as tropas que tomaram a cidade, e também porque era muito popular entre os residentes cristãos dali, ele reclamou o direito de governar. Embora a maioria dos líderes concordasse com Boemundo em que Aleixo não tinha direito nenhum, não estavam preparados para ceder-lhe Antioquia. O resto do ano se passou entre disputas e manobras relacionadas àquelas reivindicações. Esse atraso não refletia nenhuma perda de determinação em reconquistar Jerusalém, e ficou acordado que eles esperariam até o início da primavera para dirigir-se para o sul. Os cruzados usaram este intervalo para redigir cartas ao Papa Urbano implorando-lhe que viesse e assumisse o comando das forças cruzadas. Alguns historiadores acreditam que os cruzados sabiam que o papa não viria para o Oriente, mas que lhe escrever «permitiria adiar mais uma vez a necessidade de decidir sobre o destino de Antioquia»[24].

Enquanto isso, o exército sofria. Começou uma epidemia (pode ter sido de tifo)[25], e muitos morreram. Houve escassez de alimento, ao que eles começaram a comer os cavalos que lhes restavam. Logo, muitos estavam comendo «folhas, espinhos e couro»[26]. Mais uma vez, como em Niceia, muitos dos pobres morreram de fome. Em dezembro, sob a liderança de certos cavaleiros desapossados, um grupo de homens pobres equipou-se com as abundantes armas muçulmanas capturadas e formou uma brigada de combate. Conhecidos como *tafurs*, foram notáveis por seu fanatismo religioso e sua ferocidade. Desprovidos dos fundos necessários à compra da pouca comida que havia disponível, os *tafurs* tomaram de assalto a cidade muçulmana de Maarrat al-Numan. Seguiu-se um massacre e, segundo alguns relatos, houve ali incidentes de canibalismo[27].

Enfim, em fevereiro, os cruzados começaram a marchar para Jerusalém. Boemundo acompanhou-os por cerca de oitenta quilômetros até Latáquia e, por consenso mútuo, retornou para assumir pleno controle de Antioquia. Latáquia era um porto, e os cruzados continuaram seguindo a costa, sendo reabastecidos diversas vezes por frotas de Gênova, Pisa, e até da Inglaterra. Os navios continuaram chegando não apenas porque seus donos apoiavam a causa, mas talvez sobretudo porque os líderes cruzados tinham dinheiro para pagar bem pelos suprimentos. Ademais, cada viagem trazia mais alguns cruzados tardios dispostos a pagar pela passagem. Os navios, é claro, puderam vir porque a armada bizantina controlava o Mediterrâneo oriental e Aleixo estava disposto a permitir o acesso aos portos do Chipre para os navios europeus. Para compensar por esse gesto, Aleixo escrevera à corte fatímida no Cairo que «negava qualquer envolvimento com a investida [cruzada]» contra Jerusalém[28]. Mais tarde, quando os cruzados se apossaram de cópias dessa correspondência, ficaram chocados com tamanha traição.

Finalmente, em 7 de junho de 1099, os cruzados chegaram aos muros de Jerusalém.

Jerusalém

Segundo Runciman, «a cidade de Jerusalém era uma das grandes fortalezas do mundo medieval. [...] Seus muros estavam em bom estado de conservação, e [estava ocupada por] uma forte guarnição de tropas árabes e sudanesas»[29]. Note-se que estas não eram tropas turcas. Um ano antes de os cruzados chegarem, a cidade fora capturada dos turcos pelos fatímidas do Egito sob o comando do seu grão-vizir, Alafdal, que tirara proveito das derrotas dos turcos em Antioquia para investir contra eles. Com Jerusalém seguramente nas mãos dos fatímidas, o vizir retornou para o Cairo, deixando Ifitcar Aldaula como governador da cidade.

Quando soube da aproximação dos cruzados, Ifitcar mandou poluir ou soterrar todos os poços ao redor da cidade, levou embora todos os rebanhos e pôs operários para construir máquinas defensivas, como catapultas. Também expulsou a população cristã. Essa foi uma sábia decisão, dado que os cristãos superavam os muçulmanos numericamente na cidade e, como demonstrado por Boemundo em Antioquia, não era provável que se mostrassem leais ao regime. A expulsão dos cristãos também reduziu pela metade o consumo dos suprimentos armazenados em Jerusalém. Contudo, toda a estratégia de Ifitcar consistia no fato de que não acreditava ter de defender a cidade por muito tempo, uma vez que uma enorme quantidade de reforços estava para chegar.

As forças cruzadas que se reuniram para atacar Jerusalém compunham-se de somente cerca de 1.300 cavaleiros e, talvez, dez mil soldados de infantaria[30], reduzidas como foram a aproximadamente um terço do exército cruzado que sitiara Niceia dois anos antes. Como sempre, além dos guerreiros, havia muitos outros não combatentes. Levando-se tudo em consideração, os cruzados estavam bem equipados, tendo-se abastecido bem e com tranquilidade durante a marcha ao longo da costa; em média, haviam viajado somente cerca de doze quilômetros por dia e tirado muitos dias inteiros de descanso[31]. Ao longo do caminho, foram bem recebidos em algumas cidades; de outras eles simplesmente passaram ao largo. Agora, porém, o tempo era essencial. O calor estava-se intensificando e sua comida e água logo estragariam.

Então, em 13 de junho, os cruzados lançaram um ataque. As coisas iam bem enquanto eles destroçavam as defesas externas. Todavia, aconteceu de lhes faltar o número de escadas necessário para que conseguissem subir pelos muros em números suficientes, e por isso foram repelidos. Tratou-se de uma derrota muito grave, pois não havia materiais nos arredores que pudessem ser usados para a construção de mais escadas, quanto mais de máquinas de cerco, como torres portáteis. Neste momento crítico, seis navios cristãos — dois de Gênova e quatro da Inglaterra — chegaram a Jafa, a cerca de quarenta quilômetros de distância. Todos os seis traziam comida, e os genoveses carregavam ainda cargas de cordas, pregos e parafusos, necessários à construção das máquinas de cerco.

Nesse ínterim, Tancredo e Roberto de Flandres conduziram expedições em busca de madeira e retornaram com toras e tábuas, muitas das quais vinham carregadas por prisioneiros muçulmanos capturados pelo caminho. À medida que trabalhavam na construção de escadas portáteis e torres de madeira equipadas com rodas e catapultas, os cruzados sofriam grandemente de calor e sede: tiveram, pois, de enviar destacamentos até o rio Jordão para buscar água. Houve deserções, uma vez que a muitos parecia que, mesmo com escadas e outros equipamentos, as chances não estavam a seu favor, sobretudo porque sabiam que um enorme exército saíra do Egito para atacá-los. Novamente, buscou-se uma solução na religião.

Um sacerdote recebeu uma visão que prometia a vitória se os cruzados parassem de brigar entre si, fizessem jejum e caminhassem descalços ao redor dos muros de Jerusalém. A visão foi aceita como autêntica e observou-se um jejum de três dias. Então, em 8 de julho de 1099, a procissão começou: bispos, clero, príncipes, cavaleiros, soldados e não combatentes — todos descalços enquanto davam a volta na cidade em marcha. Os residentes de Jerusalém subiram aos muros para caçoar deles, mas «eles se gloriavam de tais afrontas»[32]. A procissão terminou no Monte das Oliveiras, onde Pedro, o Eremita, ora reconciliado com os cruzados, pregava um sermão apaixonado.

Os dois dias seguintes foram um turbilhão de atividades. As torres de cerco estavam sendo concluídas e todas as preparações necessárias eram feitas. Durante a noite dos dias 13 e 14 de julho, as fossas que circundavam os muros foram preenchidas em diversos pontos a grande distância uns dos outros, de modo que as torres pudessem ser movidas até os muros. Na noite do dia 14, os homens de Raimundo de Aguilers conseguiram encostar sua torre na muralha sul.

Não obstante a batalha aguerrida, os cruzados não conseguiam progredir. Então, na manhã seguinte, as forças de Godofredo de Bouillion encostaram sua torre na muralha norte. Conta-se que Godofredo teria ficado de pé em cima da torre atirando com sua besta[33]. Deve-se supor que muitos outros em seu esquadrão também possuíssem bestas e que seus projéteis letais tenham permitido aos homens de Godofredo apossar-se firmemente de um trecho do muro até o meio-dia. Isso possibilitou que se posicionassem as escadas portáteis no muro sem resistência, e um forte grupo cruzado escalou as muralhas e logo passou a lutar nas ruas. As forças muçulmanas foram desbaratadas e começou um massacre; na manhã do dia 16, a cidade estava coberta de cadáveres.

Essa é a história de terror usada repetidamente para vilipendiar os cruzados. Por isso, façamos aqui uma pausa para considerar a questão de várias perspectivas. Primeiramente, não só é absurdo, como também uma grande dissimulação, usar este acontecimento para «provar» que os cruzados eram bárbaros sedentos de sangue, ao contrário dos muçulmanos mais civilizados e tolerantes.

Massacres de cidades inteiras perpetrados pelos muçulmanos já foram relatados nos capítulos anteriores, e os cruzados sabiam dessas ocorrências. Em segundo lugar, o «código de guerra» comumente aplicado em relação a inimigos sitiados dizia que, se a cidade não se rendesse antes que os atacantes fossem forçados a tomar a cidade de assalto (o que inevitavelmente ocasionava elevados números de baixas entre as forças sitiantes), seus habitantes deveriam esperar um massacre como exemplo para os outros no futuro. Ou seja, se os muçulmanos tivessem entregado Jerusalém em 13 de junho, quando as torres estavam prontas para serem movidas até os muros, certamente teriam conseguido termos de rendição que evitassem um massacre.

Outro item do código de guerra medieval estipulava: «aos vencedores, os espólios». Despojos e espólios eram motivações importantes, sobretudo para os soldados comuns de todos os exércitos. Por isso, acordos de rendição com cidades sitiadas geralmente concediam compensações substanciais, que eram então repartidas. No entanto, quando uma cidade era tomada de assalto, os espólios eram tomados por saque. Guiberto de Nogent descreveu assim o saque de Jerusalém: «Palácios e outros edifícios jaziam abertos, e a prata, o ouro e as vestes de seda eram tomados como despojos [...]. Nas casas encontraram grande abundância de todo tipo de alimento. Era justo e apropriado para o exército de Deus que as coisas mais finas que se oferecessem a cada homem, não importando o quão pobre fosse, tornavam-se dele por direito, sem dúvida nem questionamento, não obstante a classe social de quem as encontrasse primeiro»[34].

Quando as tropas começavam a saquear, a situação muitas vezes saía de controle. Nesta ocasião, como coloca Guiberto, «o exército desembestou» e uma matança se seguiu. Logo Jerusalém «estava repleta de tantos cadáveres que os francos não conseguiam mover-se sem pisar nos mortos». Os cativos foram postos para trabalhar na coleta dos corpos e no seu carregamento para fora da cidade. Postos diante dos portões principais em pilhas gigantes, foram então queimados. Assim, «Deus lhes retribuiu [...], cobrando uma pena igual aos seus crimes horrendos»[35].

É verdade que esse foi um período cruel e sangrento, mas não se ganha nada, tanto em termos de percepções morais como de compreensão histórica, com a imposição anacrônica da Convenção de Genebra a esses tempos. Ademais, as fontes podem ter exagerado consideravelmente a extensão do massacre: estes mesmos autores reportam rotineiramente a existência de exércitos de quase um milhão de homens e centenas de milhares de baixas de cada lado em várias batalhas. Certamente, nenhuma pessoa racional acreditará no relato de Raimundo de Aguilers de que «os homens cavalgaram no sangue até os joelhos e rédeas»[36]. O que mais provavelmente aconteceu foi, como afirmou o distinto John France, «a mera prática comum do período, que seria dispensada a qualquer lugar que houvesse resistido»[37].

Deve-se ter cuidado sobretudo com a afirmação de que, depois de fugirem para sua sinagoga central, os residentes judeus de Jerusalém morreram todos quando os cruzados, em sua ira, queimaram o edifício à sua volta. Esse é o exemplo favorito daqueles que estão predispostos a condenar as Cruzadas, e já o mencionei num estudo anterior sobre rompantes antissemíticos[38]. À primeira vista, a história parece plausível. Como relatado em vários dos capítulos anteriores, os judeus uniam-se frequentemente aos muçulmanos contra os cristãos na Terra Santa. Nessa ocasião, havia judeus nas forças regulares de Ifitcar, bem como na milícia da cidade[39]. Por isso, não há razão para esperar que os judeus recebessem tratamento especial; o povo dentro das sinagogas corria tanto perigo quanto aquele que se metera nas mesquitas. Tampouco pode haver dúvida de que houvesse máculas substanciais de antissemitismo entre os cruzados.

Mesmo assim, há evidências bastante críveis de que a maioria dos judeus foi poupada e de que o relato de que todos os judeus foram queimados vivos é falso. Alguns dos relatos cristãos contam que os judeus foram levados cativos e, depois, forçados a remover os cadáveres da cidade; é o que o historiador israelense Moshe Gil crê que aconteceu[40]. Com efeito, uma das famosas cartas de Geniza, descobertas no Cairo em 1952, foi escrita em hebraico por líderes da comunidade judaica que buscavam levantar fundos para resgatar judeus levados para o cativeiro quando da queda de Jerusalém[41]. Também é possível que alguns judeus tenham morrido quando sua sinagoga foi incendiada, ao passo que a maioria dos judeus de Jerusalém não buscou refúgio em sinagogas e foi levada cativa.

Apesar de ter demorado anos e custado milhares de vidas, a captura de Jerusalém foi, de muitas maneiras, apenas o início da história. De fato, dentro de apenas três semanas o novo capítulo estava por vir: uma batalha contra um exército fatímida recém-chegado do Cairo.

Ascalão

Quando Alafdal, grão-vizir do califa fatímida do Egito, soube que os cruzados avançavam contra Antioquia, supôs que se tratava de mercenários bizantinos e que seriam excelentes aliados contra os turcos seljúcidas.

O imperador Aleixo fortaleceu essa impressão e até procurou convencer os comandantes cruzados a negociar com os fatímidas. Por fim, Alafdal percebeu que os cruzados estavam em missão independente e apressou-se a reunir um exército poderoso. Era tarde demais para salvar Jerusalém, que fora território fatímida, mas não tarde demais para retomá-la.

Parte do exército de Alafdal atravessou o deserto do Sinai até a Palestina. Outra parte seguiu por mar com Alafdal e aportou em Ascalão, cerca de oitenta quilômetros a sudoeste de Jerusalém. O restante do exército encontrou-o ali, bem como vários outros contingentes, entre eles diversas tribos beduínas. Os cruzados, é claro, mantinham-se totalmente cientes de todos esses desenvolvimentos por meio de seus agentes e espiões, e, mesmo que não soubessem de nada, teriam descoberto a ameaça quando Alafdal lhes enviou uma mensagem sugerindo negociações. Em vez disso, os cruzados marcharam até Ascalão, deixando todos os seus não combatentes para trás sob a proteção de uma pequena guarnição. Pedro, o Eremita, também foi deixado para trás com instruções de realizar constantes intercessões pela vitória. Nesse momento, as forças cruzadas não poderiam ter contado com mais de dez mil homens, e as forças de Alafdal provavelmente estavam na casa dos vinte mil[42].

Em 11 de agosto, os cruzados aproximavam-se de Ascalão pelo norte, onde descobriram imensos rebanhos que haviam sido trazidos para alimentar o exército muçulmano. Apossando-se deles, então descansaram naquela noite. Ao amanhecer do dia seguinte, os cruzados formaram suas fileiras e avançaram contra o acampamento de Alafdal. Incrivelmente, pegaram o inimigo de surpresa; mais uma vez, um líder muçulmano arrogante não havia posicionado sentinelas, nem enviado espiões. Os muçulmanos não ofereceram resistência alguma e fugiram para salvar a própria pele, mas houve poucos sobreviventes. O vizir conseguiu escapar com alguns de seus oficiais num navio para o Egito.

Os despojos tomados pelos cruzados parecem incríveis não apenas por suas enormes quantias, mas pelo insondável motivo de estarem ali: «barras de ouro e prata e pedras preciosas foram encontradas em quantidades imensas»[43].

Conclusão

O que o Papa Urbano iniciara naquele campo em Clermont finalmente acontecera. Os batalhões de Deus se saíram vitoriosos e os infiéis foram expulsos de Jerusalém. Quase imediatamente, grandes números de cruzados começaram a marcha para casa; afinal, eles haviam-se ausentado por muito mais tempo do que qualquer um podia imaginar. Alguns meses depois, as forças cruzadas que permaneciam na Terra Santa tinham caído para, talvez, não mais do que trezentos cavaleiros e um número desconhecido, mas não muito grande, de soldados de infantaria. Isso era algo muito perigoso, pois certamente as forças muçulmanas retornariam; a Terra Santa continuava circundada por um enorme mundo muçulmano. Infelizmente, de início não houve planos para manter uma Jerusalém libertada, pois se pensava que os bizantinos assumiriam a responsabilidade. Ninguém mais acreditava nisso, porém. Desse modo, permanecia a questão que por anos vinha incomodando muitos líderes cruzados: como aquela miraculosa conquista poderia ser conservada?

CAPÍTULO 8

Os reinos cruzados

Quando iniciaram suas jornadas para o Oriente, os príncipes cruzados não estavam preocupados com o que aconteceria depois que a Terra Santa voltasse para as mãos dos cristãos. Supunham que ela simplesmente se integraria a Bizâncio, assim como tinham suposto que Aleixo Comneno os lideraria em batalha. Mas, como já visto, o imperador bizantino não fez qualquer questão de liderar as campanhas, e todos os ocidentais agora o consideravam um tratante, um traidor em série. Também estava claro que Aleixo não se interessava em defender a Terra Santa e que a devolveria ao Islã de bom grado se lhe oferecessem uma boa barganha. Portanto, se os cruzados quisessem que suas vitórias tivessem algum significado duradouro, alguns deles precisariam ficar no Oriente apesar da redução de suas fileiras a números precários após a volta da maioria de seus companheiros para casa. A solução era criar um estado permanente, governado e defendido por cristãos. Assim, em 1099, fundaram o Reino de Jerusalém, que também ficou conhecido como Outremer, o termo francês para "além-mar" (*outremer*).

O Reino de Jerusalém ocupava essencialmente a mesma área que a antiga Palestina. Foi criado e inicialmente governado por Godofredo de Bouillon, que liderara a captura de Jerusalém e, depois, a vitória sobre o exército egípcio que tentara reavê-la. Godofredo recusou a coroação como rei, pois dizia não poder usar «uma coroa de ouro» onde Cristo usara «uma coroa de espinhos»[1].

Em vez disso, contentou-se com o título de Defensor do Santo Sepulcro.

Além do Reino de Jerusalém, havia outros três reinos cruzados menores. Estes eram o Condado de Edessa, que levava o nome de sua cidade principal e era o único dos reinos sem saída para o mar; o Principado de Antioquia, que circundava a cidade de Antioquia e incluía o que hoje constitui a Turquia; e o Condado de Trípoli, localizado ao sul de Antioquia e levava o nome da mesma cidade libanesa costeira. Para uma perspectiva apropriada, é importante ter em conta como essas «cidades» eram pequenas. Antioquia era de fato a maior cidade da região, contabilizando cerca de quarenta mil residentes. Edessa tinha cerca de vinte e quatro mil; Trípoli, aproximadamente oito mil; Jerusalém, somente cerca de dez mil[2].

As fundações de Edessa e Antioquia foram discutidas no capítulo anterior. Balduíno de Bolonha subiu ao poder em Edessa em 1098, tendo marchado até lá com um pequeno exército enquanto o corpo principal dos cruzados atacava Antioquia. Quando seu irmão Godofredo morreu em 1100, Balduíno tornou-se rei de Jerusalém, e Edessa logo se tornou um feudo do Reino de Jerusalém. Edessa não foi somente o primeiro reino cruzado, mas também o primeiro a ser retomado pelo Islã, em 1144.

No mesmo ano em que Balduíno tomou o poder em Edessa, Boemundo de Taranto tornou-se príncipe de Antioquia após negociar a traição que abriu aos cruzados um dos portões da cidade, permitindo que eles a tomassem. Em seguida, lideraria a bem-sucedida defesa de Antioquia apesar das perspectivas mais do que adversas. Os outros líderes cruzados acabaram apoiando a decisão de Boemundo de permanecer em Antioquia porque «alguém precisava defender as rotas que conduziam à Ásia Menor e ao território cristão»[3], e ninguém queria confiar à tarefa ao Imperador Aleixo. Desde o início, os bizantinos ameaçavam Antioquia, que consideravam território seu por direito. Eles nunca a retomaram, porém: Antioquia permaneceu um reino independente até 1119, quando se uniu ao Reino de Jerusalém.

O Condado de Trípoli foi o último dos quatro estados cruzados a ser estabelecido — em 1102. Passou a existir quando o conde Raimundo IV de Toulouse sitiou a cidade portuária de Trípoli. Quando morreu subitamente em 1105, Raimundo deixou seu filho infante como herdeiro, e o condado tornou-se um estado vassalo do Reino de Jerusalém.

Os três reinos menores serão mencionados apenas de passagem; a história dos cristãos na Terra Santa após a Primeira Cruzada é primariamente a história do Reino de Jerusalém. Essa história cobre cerca de dois séculos, mas este capítulo limitar-se-á a um esboço da história, economia e organização social do reino conforme se desenvolvia durante as primeiras décadas do século XII. Em seguida, o capítulo discutirá a afirmação de que os reinos cruzados foram a primeira manifestação do colonialismo europeu e, como tais, ainda provocam a ira justificável dos muçulmanos. O que não se pode contestar é que, independentemente do que tenham sido, os reinos cruzados eram enclaves militarizados cercados de um enorme, militante e poderoso mundo muçulmano. De fato, o Reino de Jerusalém nunca se viu totalmente livre de cidades fortificadas muçulmanas que continuavam a ser entrepostos inimigos e das quais partiam continuamente grupos de assalto para atacar pequenos vilarejos e viajantes — sobretudo peregrinos cristãos. Por conseguinte, a defesa era a preocupação principal dos governantes do reino. A porção final deste capítulo diz respeito à fundação de duas ordens religiosas cavaleirescas que se dedicavam à defesa da Terra Santa.

O Reino de Jerusalém

O Reino de Jerusalém abraçava a costa do Mediterrâneo; sua fronteira oriental ficava, em média, a cinquenta quilômetros do mar e, exceto Jerusalém, todas as suas principais cidades eram portuárias. A planície costeira era, em sua maior parte, um deserto arenoso com poucas áreas cultiváveis, mas que por muitos séculos servira como uma próspera rota de caravanas. Detrás da planície costeira havia cadeias de montanhas, e a maioria da terra boa para a agricultura situava-se num vale entre elas. Dada a estreiteza do reino, e visto que nações muçulmanas populosas se encontravam logo depois das fronteiras oriental e meridional, todos os quatro reinos cruzados «precisavam ser estados-guarnições»[4].

As etapas iniciais da criação do Reino de Jerusalém foram motivadas pelo senso de urgência que surgiu com a partida em massa dos cruzados e seus séquitos para a casa. De acordo com Fulquério de Chartres, logo após a conquista de Jerusalém, não havia «mais que trezentos cavaleiros e outros tantos homens de infantaria para defender [o reino]... Mal ousávamos reunir nossos cavaleiros quando desejávamos planejar alguma proeza contra nossos inimigos. Temíamos que, no ínterim, eles pudessem fazer algum mal às nossas fortificações abandonadas»[5]. Esses totais não incluem as tropas disponíveis nos outros três reinos, mas estas provavelmente também se tinham reduzido. Talvez o fato mais impressionante de todo esse período foi os reinos não terem sido reconquistados pelos muçulmanos imediatamente.

Além de causarem um sério problema para a defesa da Terra Santa, essas partidas em massa também colocam duas questões para o historiador: quem ficou e por quê?

A permanência nos reinos foi, assim como o alistamento nas Cruzadas, um fenômeno de rede. Isto é, aqueles que ficavam não eram indivíduos desgarrados, mas sim, em sua grande maioria, membros de uma *domus*, ou casa — um grupo de nobres, cavaleiros e servos associados a uma figura da liderança, tal como Godofredo de Bouillon. Quando Godofredo decidiu ficar, os membros de sua casa permaneceram a seu lado assim como se tinham unido a ele na Cruzada.

Muitos daqueles que afirmam que os reinos cruzados foram colônias europeias dão a entender que só permaneceu na Terra Santa quem não possuía terras, quem não tinha muita coisa em sua terra natal. Porém, segundo um cuidadoso «censo» elaborado por Jonathan Riley-Smith, as permanências importantes de verdade foram as dos chefes das casas, e estes eram «homens ricos que certamente não tinham nenhuma necessidade financeira de ficar no Oriente»[6]. Quanto aos motivos para decidirem ficar, Riley-Smith concluiu que a maioria o fazia por «idealismo ou [no caso dos seguidores] por dependência dos estreitos laços emocionais que ligavam senhor e vassalo, patrono e cliente»[7].

Isso ajuda a explicar o motivo de a governança dos reinos basear-se no sistema feudal europeu. Era o regime que todos conheciam e aceitavam. Por isso, quase que de uma vez, Godofredo começou a atribuir feudos a vários membros de sua casa, que então se comprometiam a prover uma quota de cavaleiros e soldados de infantaria para a defesa do reino — o que era a base do feudalismo. Mas havia uma diferença crucial. O feudalismo europeu baseava-se no cultivo da terra. Era a produtividade da terra que pagava as contas. Mas o Reino de Jerusalém dispunha de pouca terra cultivável, e a nobreza não podia sustentar-se com suas propriedades, como na Europa; consequentemente, «não existiam no reino»[8] solares que servissem de residência aos nobres. Na verdade, «a grande maioria [dos cavaleiros] era constituída simplesmente por guerreiros assalariados»[9], e muito mal pagos. O salário médio de um cavaleiro mal dava para o custo de manutenção de seus cavalos e servos necessários. Como não eram sustentados por propriedades rurais, os cavaleiros e nobres preferiam viver em cidades e vilas, como a maioria das outras pessoas. Assim, o reino era bastante urbano para os padrões da época: Jerusalém, Antioquia e Edessa eram quase tão grandes quanto Paris e Veneza, e bem maiores do que Londres ou Roma[10]. Acre, Jafa, Sidônia, Gaza e Tiro também eram de um tamanho considerável.

Godofredo viveu tempo suficiente para implantar o feudalismo e morreu em 18 de julho de 1100, um ano e três dias depois de sua vitória em Jerusalém. Seu irmão Balduíno foi chamado de Edessa para assumir seu lugar e foi coroado rei de Jerusalém em Belém, no dia de Natal de 1100; seu primo Balduíno de LeBourg substituiu-o como conde de Edessa, que subsequentemente se tornou um feudo do Reino de Jerusalém. Balduíno foi o verdadeiro fundador do reino e expandiu grandemente o seu território. Com o reforço de um contingente de cruzados noruegueses — recém-chegados sob a liderança do rei Magno, o Descalço —, conquistou importantes cidades portuárias, como Acre, Beirute e Sidônia, o que possibilitou ao reino estabelecer relações comerciais com Gênova, Pisa e Veneza.

Os peregrinos continuavam a ser uma fonte importante de receita e serviam muitas vezes como um reforço temporário à defesa do território[11]. Arrecadavam-se fundos adicionais por meio da taxação às grandes caravanas muçulmanas que havia muito percorriam a rota costeira ao norte da Arábia e do Egito até Damasco. Vários castelos importantes — incluindo o famoso Krak de Montréal — foram construídos ao longo da rota para esse propósito. Devido ao constante estado de guerra que marcou toda a história do reino, os despojos também desempenhavam uma função significativa nas economias do reino[12], e no final do século XII o comércio de especiarias viria a tornar-se bastante lucrativo — passando pelos portos do reino e chegando até os mercadores das cidades-estados italianas.

Nos primeiros tempos, porém, os governantes do reino e seus servos tiveram de sustentar-se principalmente com suas riquezas vindas da Europa. Quando as bolsas de Balduíno começaram a esvaziar-se, ele tornou a enchê-las casando-se com uma rica viúva siciliana, que lhe trouxe «um enorme tesouro em dinheiro, armas e suprimentos»[13]. A verdade é que o reino só podia manter-se em mãos cristãs, já que era sustentado por subsídios enviados da Europa, muitos dos quais provinham de impostos «cruzados» especiais (cf. Capítulo 10).

Depois da morte de Balduíno de Jerusalém em 1118 durante uma campanha contra o Egito, os barões mais uma vez voltaram a atenção para Edessa em busca de um novo rei, e Balduíno de LeBourg foi coroado como Balduíno II. Ele reinou por treze anos e anexou a cidade de Tiro ao reino.

Em 1144, um contra-ataque muçulmano liderado por Imad al-Din Zengi reconquistou a cidade de Edessa, mas a parte do condado a oeste do Rio Eufrates permaneceu em mãos cristãs. A cidade foi recapturada pelas forças cristãs em 1146, após a morte de Zangi, mas logo foi retomada pelos muçulmanos. Enquanto isso, parcialmente em resposta a essa incursão muçulmana, proclamou-se a Segunda Cruzada na Europa. Faziam-se preparativos para que fosse uma grande expedição, liderada por Luís VII, rei da França, e pelo rei alemão, Conrado III. Conheceremos sua história no Capítulo 9.

Os reinos não apenas eram sustentados por um número muito pequeno de homens de armas residentes. Mesmo se contássemos os parentes que não eram guerreiros, «não poderia haver mais de dois ou três mil membros adultos das altas classes francas»[14] nos reinos. Mesmo assim, muitos deles tinham vindo como peregrinos depois da conquista de Jerusalém, e muitos outros eram *pullani* — filhos ou netos de cruzados[15]. Com o passar do tempo, até mesmo muitos dos cruzados originais passaram a pensar em si próprios como orientais. Fulquério de Chartres, que servira de capelão a Balduíno de Bolonha, escreveu em 1124: «Pois nós, que éramos ocidentais, agora somos orientais. Aquele que era romano ou franco fez-se, nesta terra, galileu ou palestino. Aquele que era de Rheims ou Chartres tornou-se ora cidadão de Tiro ou Antioquia. Já nos esquecemos de nossos locais de nascimento; estes são já desconhecidos a muitos de nós ou não se mencionam mais»[16]. Fulquério ainda observa que todos agora falavam grego, que muitos também falavam árabe, e que havia frequentes casamentos entre cristãos ocidentais e orientais.

Embora tenham sido feitas muitas tentativas de atrair colonos da Europa, poucos vieram, e por isso pessoas de origem ocidental sempre foram apenas uma pequena minoria entre os residentes do reino. Um número considerável de residentes eram cristãos orientais, e não só gregos ortodoxos, mas também jacobinos, maronitas, nestorianos, coptas e armênios[17]. Muitos outros residentes eram judeus, mas a maioria era composta de muçulmanos, divididos entre sunitas e xiitas. É claro que as proporções desses vários grupos eram diferentes de acordo com a região[18].

Ainda que houvesse, como já dito, enclaves de muçulmanos que continuavam a roubar e atacar os cristãos, a maioria dos muçulmanos do reino eram camponeses que, pelo que sabemos, viviam bastante contentes sob o domínio cristão. Por um lado, não havia cristãos ávidos por terras querendo confiscar seus campos ou animais. Por outro, os impostos eram mais baixos no reino do que nos países muçulmanos vizinhos. Um motivo igualmente importante era que os governantes cristãos toleravam a religião dos muçulmanos e não se esforçavam por convertê-los[19]. (E aqui vemos a falsidade das alegações modernas de que os cruzados teriam partido em busca de novos conversos e «mercados» religiosos.) Por fim, os cristãos «administravam a justiça com equidade»[20]. Assim, um peregrino muçulmano que passou pelo reino ao retornar de Meca para a Espanha escreveu que os muçulmanos «vivem muito confortavelmente sob os francos; que Allah nos preserve de tamanha tentação... [os muçulmanos] são senhores de suas moradas e governam-se a si mesmos como desejam. Esta é a situação em todo o território ocupado pelos francos»[21].

Colônias cruzadas?

A palavra *colonialismo* implica a exploração de uma sociedade por outra, pela qual a sociedade mais forte submete a mais fraca a um arranjo econômico desigual e, dessa forma, enriquece às custas desta. A nação mais forte alcança essa situação exercendo controle político direto sobre a colônia; por isso o colonialismo requer uma classe governante composta de indivíduos provindos da sociedade colonizadora (os colonizadores)[22]. Essa é a definição de *colonialismo* de que se valem muitos autores modernos para identificar os reinos cruzados com as colônias ocidentais.

No entanto, muitos historiadores das Cruzadas que costumam referir-se aos reinos cruzados como «colônias» e aos cristãos que permaneciam na Terra Santa como «colonizadores» parecem não estar cientes das conotações políticas negativas desses termos. Da maneira como os empregam, parecem sinônimos, respectivamente, de *assentamentos* e *colonos*. Com efeito, embora Joshua Prawer (1917-1990) seja considerado o principal proponente da tese do colonialismo cruzado, ele jamais sugere em seus textos que se tratasse de colônias no mesmo sentido em que o termo foi definido aqui e com que é usado no discurso político e econômico moderno[23]. Aparentemente, o que Prawer queria dizer com o termo *colonialismo* é que os reinos cruzados foram governados por pessoas com uma cultura diferente da dos governantes anteriores e de muitos dos residentes — que os governadores eram ocidentais enquanto a maioria dos residentes eram orientais ou muçulmanos. Se isso for suficiente para definir uma colônia, então todas as conquistas são colônias, e os cruzados meramente tomaram uma colônia dos turcos (uma vez que também eles haviam sido uma minoria governante).

Em todo caso, identificar os reinos cruzados com colônias no sentido habitual é um absurdo, como o próprio Prawer claramente entendia. Em termos de controle político, os reinos eram completamente independentes de qualquer estado europeu. Em termo de exploração econômica, seria mais apropriado identificar a Europa como colônia da Terra Santa, já que o fluxo substancial de riquezas e recursos partia do Ocidente para o Oriente!

As Ordens Militares

Dada a grande quantidade de entrepostos muçulmanos remanescentes, o reino continuava a ser um lugar perigoso, sobretudo nas estradas que os peregrinos precisavam tomar para chegar a Jerusalém. De acordo com um peregrino nórdico, a estrada que saía do porto de Jafa e ia dar em Jerusalém era «muito perigosa». E ele continua:

> Os sarracenos, pois, sempre emboscando os cristãos, escondem-se nos recôncavos das montanhas, nas cavernas e nas rochas, dia e noite à espreita, e sempre à procura daqueles a quem possam atacar devido à pequenez de seu grupo, ou por aqueles que ficam para trás... Naquela estrada, não somente os pobres e os fracos, mas até os ricos e fortes encontram-se em perigo[24].

O prior de um mosteiro russo confirma que, ao longo daquela estrada, «os sarracenos acossam e massacram os peregrinos em sua jornada»[25].

Toca-se, então, no problema crônico dos reinos cruzados: uma escassez aguda de pessoal militar. Foi essa situação de «insegurança endêmica»[26] que levou ao surgimento de um novo tipo de ordem monástica: os monges militares.

Os cavaleiros templários

Na Páscoa de 1119, um grupo de peregrinos foi atacado por muçulmanos de Tiro. Trezentos foram mortos e sessenta foram escravizados[27]. Talvez em resposta direta a esse massacre, dois veteranos da Primeira Cruzada, os cavaleiros francos Hugo de Payens e seu parente, Godofredo de Saint-Omer, propuseram a criação de uma ordem monástica para a proteção dos peregrinos. Essa pode ter sido a origem dos Cavaleiros Templários. Mas há outro relato, que diz que «Houg de Payn» conduziu trinta cavaleiros a Jerusalém no início do reino de Balduíno II, depois de jurarem lutar pelo reino por três anos e, então, receber as ordens sacras. Ele e seus cavaleiros provaram ser cavaleiros tão competentes que, após o desastre da Páscoa, Balduíno dissuadiu-os de receber a ordenação e convenceu-os a auxiliar na defesa das rotas peregrinas. Balduíno deu-lhes uma ala de seu palácio conhecido como Casa de Salomão (situado onde se acreditava ter sido construído o Templo de Salomão) para sua residência e os impostos de algumas vilas para seu sustento.

O que é certo é que Hugo de Payens e seus cavaleiros — cujo número total estava entre nove e trinta, dependendo do cálculo — entraram de fato no serviço de Balduíno por volta de 1119 e ainda não constituíam uma ordem religiosa, militar ou de qualquer outro tipo. Aparentemente, não demorou muito para que Hugo de Payens e seus cavaleiros começassem a ver-se como uma ordem e a referir-se ao seu domicílio como o Templo. Só que não possuíam uma Regra nem um *status* oficial, embora já houvessem começado a arrecadar fundos: 1121, o conde Fulque V de Anjou parece ter-lhes concedido «um subsídio anual de trinta libras angevinas»[28]. Conhecem-se outras referências de doações e subsídios substanciais feitos nesse período. Assim, em 1126, Hugo de Payens deixou Jerusalém e voltou para a Europa para procurar novos recrutas e, mais urgentemente, a oficialização de uma ordem que abraçava o conceito aparentemente contraditório do monge guerreiro.

Para sua felicidade, ele conseguiu assegurar o apoio do homem mais poderoso da Europa: Bernardo de Claraval[29], líder da cada vez maior ordem cisterciense, o mais respeitado teólogo de sua época e um homem tão reverenciado que podia recriminar publicamente arcebispos, papas e reis sem medo de represálias. De fato, Bernardo chegou a escrever um longo tratado para especificar os deveres do papa[30].

Bernardo nascera da nobreza e fora criado como cavaleiro, mas aos 20 anos de idade resolveu dedicar-se todo à Igreja. Suas origens cavaleirescas estão claramente refletidas na estrutura quase militar que criou para os cistercienses. Bernardo também foi um dos primeiros e mais convincentes defensores da cavalaria, e muitos já sugeriram que talvez tenha servido de modelo para o legendário Sir Galahad[31]. Talvez ninguém mais na Europa tivesse uma reação tão favorável à proposta de criar uma ordem de monges cavaleiros: Bernardo prontamente fez as duas coisas que precisavam ser feitas. Primeiramente, escreveu uma Regra para a ordem, com 72 artigos (ou parágrafos) bem detalhados, como ocorre com as regras da maior parte das ordens. O texto não apenas determinava os horários de orações e culto e obrigava seus membros à castidade, como também proibia «relatos de conquistas sexuais passadas»[32]. Abordava também os cardápios (os cavaleiros poderiam comer carne três vezes por semana), as vestes (hábitos brancos; a cruz vermelha sobre o manto veio depois), a modéstia (não podia haver nenhuma decoração de ouro ou prata em suas armaduras), e até limitava cada cavaleiro à possessão de três cavalos e um escudeiro. Além de escrever a Regra, Bernardo arranjou um concílio eclesiástico em 1128, que se reuniria em Troyes, onde a regra foi aceita e a Ordem dos Pobres Cavaleiros de Cristo e do Templo de Salomão — que logo seriam conhecidos como cavaleiros templários — recebeu o reconhecimento oficial da Igreja.

Diferentemente das ordens religiosas convencionais, os templários não aceitavam recrutas jovens; apenas cavaleiros maduros e qualificados podiam alistar-se[33]. Aceitavam, porém, muitos desprovidos de berço nobre e treinamento cavaleiresco para servir em funções auxiliares. Os primeiros dentre estes eram os *sargentos*, alguns dos quais também montavam, mas cuja maioria servia de infantaria. Os sargentos não podiam vestir os trajes brancos dos cavaleiros e não se esperava que lutassem com o mesmo grau de bravura[34]. Além destes, havia os *escudeiros*; cada cavaleiro dispunha de um escudeiro para cuidar de seus cavalos e de sua armadura. Os escudeiros serviam às vezes como infantaria nas batalhas. Para além dos sargentos e escudeiros, havia os *irmãos serventes*, que prestavam um amplo espectro de serviços de apoio à ordem, havendo entre eles de ferreiros a cozinheiros. Como se pode deduzir, eram poucos os candidatos que se qualificavam como cavaleiros, de modo que estes formavam uma porção muito pequena de uma guarnição templária. Em meados do século XII, as maiores guarnições templárias do reino «consistiam de talvez cinquenta a sessenta cavaleiros, com cerca de quatrocentos ou quinhentos outros membros»[35]. Em 1178, quando Saladino destruiu a guarnição templária de Le Chastellet, encontrou ali cerca de oitenta cavaleiros e 750 sargentos[36]. E alguns castelos eram povoados inteiramente por sargentos e serventes.

Além dos membros da ordem, as forças militares dos templários eram regularmente expandidas por voluntários temporários e mercenários. Aparentemente, muitos guerreiros europeus consideravam servir junto aos templários uma atividade muito atrativa, que lhes conferiria prestígio quando retornassem a seus países. Por isso, havia um fluxo constante de voluntários que assumiam a «condição de membros temporários»[37]. Ademais, os templários com frequência contratavam soldados para reforçar suas fileiras. Boa parte dos besteiros eram mercenários, e havia ainda cavaleiros e sargentos na mesma situação. Mesmo assim, o contingente dos templários na Terra Santa era relativamente modesto; raramente havia mais de trezentos cavaleiros e alguns milhares de sargentos, espalhados por várias pequenas guarnições[38]. O motivo para esses números permanecerem pequenos era a necessidade de manter uma grande quantidade de membros na Europa a fim de cuidar das inúmeras fundações que vieram a fazer-se ali.

Imediatamente após o Concílio de Troyes, a ordem «passou por uma rápida expansão em toda a Europa»[39], com muitos dos recrutas tendo sido motivados pelo eloquente tratado *Em louvor da nova cavalaria* (1128) escrito por Bernardo de Claraval. O tratado enfatizava que qualquer um que servisse na «cavalaria de Cristo» certamente seria salvo; por isso: «Quer vivamos quer morramos, somos do Senhor [...]. Alegra-te, bravo guerreiro, se viveres e venceres no Senhor; mas antes exulta e gloria-te, se morreres e te unires ao Senhor»[40]. Essa mensagem era dirigida a guerreiros, mas o *glamour* em torno da ordem era suficiente para atrair também numerosos irmãos leigos. Não se sabe ao certo quantos homens chegaram a fazer parte da ordem no seu auge, mas se estima, de maneira bastante plausível, que durante os dois séculos de sua existência quase vinte mil templários (cavaleiros e sargentos) morreram em combate[41].

Nesses primeiros anos houve ainda uma grande onda de doações aos templários. Algumas eram feitas com pedras preciosas, mas a maioria vinha sob a forma de terras, florestas e propriedades: em 1150, os templários já possuíam mais de quarenta castelos e preceptorias na Europa[42]. Estima-se que os templários tenham chegado a possuir nove mil propriedades na Inglaterra e na França[43]. Foi assim que se tornaram imensamente ricos de repente, mas ao custo de terem de alocar grandes números de seus membros na Europa para gerenciarem essas enormes propriedades. E, visto que enviavam uma grande parte de sua renda para o Reino de Jerusalém no Oriente, tornaram-se especialistas em armazenar e transportar riquezas. Ademais, logo descobriram que poderiam aumentar sua renda emprestando dinheiro, principalmente à nobreza e às outras ordens religiosas, a taxas de juros que variavam de 33% a 50% ao ano, ainda que se valessem dos mais diversos artifícios para disfarçar os juros e não serem acusados de usura. Tornaram-se, se não a principal instituição financeira da Europa, pelo menos sérios competidores dos bancos internacionais italianos[44]. Vejamos apenas alguns exemplos da sua riqueza e influência.

A Casa Templária de Londres — que já chegou a ser considerada a «precursora medieval do Banco da Inglaterra»[45] — passou a guardar o tesouro real por volta de 1185. Em 1204, o rei João colocou as joias da coroa no cofre dos templários de Londres. Muitos outros na Inglaterra também fizeram grandes depósitos de metais preciosos e joias junto aos templários, confiantes de que ali estariam a salvo de ladrões, quando não do próprio rei: em 1263, o rei Eduardo confiscou dos templários a enorme soma de dez mil libras que havia sido depositada por barões que se revoltaram contra ele.

Os templários também serviam frequentemente de negociadores em questões de estado: em 1158, o rei da

Inglaterra arranjou um casamento para seu filho com a filha do rei da França. Para garantir que não haveria trapaça na hora de pagar o dote, o rei da França deu «alguns castelos aos templários»[46], que por sua vez pagaram o dote ao rei da Inglaterra depois da celebração do casamento.

Por causa da sua imensa riqueza, os templários logo chegaram a figurar «entre os maiores prestamistas da cristandade»[47]. Não emprestavam somente a nobres e reis; também assumiam a administração de suas questões financeiras. Esta função de administradores rapidamente expandiu-se tanto que os templários começaram a coletar aluguéis e impostos dos nobres e guardar os recibos em depósito ou aceitá-los como pagamento de empréstimos anteriores. De fato, os templários tornaram-se «indispensáveis ao trono francês [...]. O Templo de Paris era literalmente o centro da administração financeira da França. Oferecia serviços financeiros completos: administrava finanças, coletava impostos, transferia dinheiro, controlava dívidas e pagava pensões»[48].

Como resume Eleanor Ferris:

> Na atmosfera nada bélica da tesouraria, os soldados do Templo, por mais de um século, manusearam grande parte do capital da Europa ocidental, tornando-se contadores especialistas, administradores judiciosos e pioneiros no desenvolvimento do crédito e de seus instrumentos que estavam destinados a revolucionar os métodos de comércio e finanças[49].

Não surpreende que os templários logo se tornassem extremamente influentes na vida política: os grão-mestres eram quase sempre consultados acerca de decisões de estado, tanto na Europa (principalmente na Inglaterra e na França) como na Terra Santa.

O que parece ainda mais notável é que, apesar dos muitos deveres que tinham e dos serviços financeiros que prestavam, os templários continuaram concentrados em sua missão básica de defender a Terra Santa, financeira e militarmente. Pensemos nos imensos investimentos demandados pela construção e manutenção de castelos na Palestina. A reconstrução do castelo em Safad na década de 1240, por exemplo, custou 1,1 milhão de besantes sarracenos, um valor que continuaria alto mesmo que subtraíssemos a receita das vilas ao redor. Por outro lado, um cavaleiro mercenário (sem cavalo nem escudeiro) podia ser contratado por 120 besantes ao ano. Assim, o custo inicial da reforma do castelo teria pago o salário de cerca de 9.100 cavaleiros por um ano. Segundo as melhores estimativas, a manutenção do castelo teria custado outros quarenta mil besantes anuais, o equivalente aos salários de 333 cavaleiros. Nesse período, os templários tinham sete castelos na Palestina, e os Hospitalários, três[50]. Os castelos serviam de fortalezas que asseguravam o controle de uma área. E as ordens militares requeriam castelos excepcionalmente fortificados, que pudessem ser defendidos por pequenas guarnições, já que sempre careciam de contigente.

Obviamente, as ordens militares precisavam de enormes rendas europeias para sustentar sua missão no Oriente. Enquanto essa missão existiu, a sua riqueza e o seu poder na Europa não foram questionados. Mas, em 1291, com a queda da última fortaleza cristã na Palestina e com os massacres que se seguiram, os templários deixaram de ser inquestionáveis e logo se tornaram vulneráveis àqueles que cobiçavam sua riqueza e se ressentiam de seu poder — particularmente o rei Filipe da França, que mandou queimar o grão-mestre Jacques de Molay e outros líderes templários por heresia em 18 de março de 1314.

Os cavaleiros hospitalários

Tudo começou com um hospital fundado por volta de 1070 para cuidar dos peregrinos feridos e doentes em Jerusalém. Inicialmente, os trabalhadores do hospital não eram membros de uma ordem religiosa reconhecida, embora talvez vestissem roupas distintas e fizessem «algum tipo de voto religioso»[51]. Em algum momento, começaram a referir-se ao seu hospital pelo nome de Hospital de São João, mas muito pouco se sabe das suas origens — ainda que se tenham gerado muitos mitos elaborados tardiamente para ajudar a coleta de doações. Somente depois da conquista de Jerusalém pelos cruzados é que começam a surgir referências confiáveis ao hospital. Tratava-se de uma enorme empresa, aberta a todos e capaz de comportar cerca de dois mil pacientes. E não apenas isso; seus pacientes, incluindo os mais miseráveis, eram acomodados num padrão de luxo de que nem mesmo muitos dos ricos gozavam: cama de penas individual e refeições abundantes[52]. O aumento no fluxo de peregrinos logo fez os responsáveis pelo hospital preocuparem-se com a proteção daqueles que percorriam a rota da costa até Jerusalém, já que cuidavam daqueles que eram feridos. Nascia outra ordem militar.

Como essa transformação ocorreu «permanece um mistério»[53]. Tudo o que sabemos é que começaram a apossar-se de castelos e a prover-lhes guarnições, a vestir-se de mantos negros com uma cruz branca no peito e a figurar, sob outros aspectos, como rivais dos templários durante a década de 1120. Sua participação nas maiores batalhas do período também foi reconhecida, e estima-se que pouco tempo depois eles já tinham tantos cavaleiros na Terra Santa quanto os templários, embora isso equivalesse a apenas cerca de trezentos homens[54].

Oficialmente conhecida como Ordem de São João, os hospitalários eram tão hábeis quanto os templários em batalha e sofriam tantas baixas quanto eles. Contudo, ao serem expulsos da Terra Santa, os hospitalários não se recolheram na Europa, mas foram para Rodes, donde continuaram a lutar contra os muçulmanos. Então, ao serem expulsos de Rodes, dominaram Malta e ali repeliram ataques muçulmanos repetidas vezes — apesar de chegarem a encarar uma desvantagem numérica de até quarenta mil homens para seiscentos.

Também como os templários, os hospitalários acumularam uma vasta quantidade de propriedades na Europa e, assim, envolveram-se na administração financeira e no empréstimo de dinheiro, embora numa escala bem menor. O fato de continuarem engajados na resistência militar ao Islã dotou-os de uma legitimidade protetiva que impediu que se formasse contra eles o mesmo tipo de conspiração política que destruiu os templários. De fato, hoje conhecidos como os Cavaleiros de Malta, os hospitalários ainda existem[55].

Conclusão

A razão de ser das ordens militares era defender o Reino de Jerusalém, e elas o fizeram com o máximo de suas forças. São melhor compreendidas como uma faceta dos esforços gerais pela proteção do reino — esforços também feitos por cavaleiros seculares do reino e pelas chegadas periódicas de novos exércitos cruzados vindos da Europa.

CAPÍTULO 9

A luta pela defesa dos reinos

Os reinos cruzados nunca tiveram, nem poderiam ter, paz. Como explica Jonathan Riley-Smith, «por razões ideológicas, a paz com o mundo muçulmano era inatingível»[1]. Embora tréguas temporárias fossem possíveis, a doutrina islâmica da *jihad* («guerra santa») impedia qualquer paz duradoura que não implicasse a rendição dos cristãos.

Em consonância com a *jihad* e durante todo o período, as tropas das cidades muçulmanas dentro dos reinos cruzados perpetraram frequentes ataques aos domínios cristãos. Além disso, não foram poucas as incursões dos exércitos muçulmanos de territórios vizinhos. Por mais de quarenta anos, os cristãos conseguiram repelir essas ameaças com sucesso graças à ajuda das ordens militares e ao fluxo constante de cavaleiros peregrinos, muitos dos quais permaneciam para lutar por algum tempo — às vezes até por vários anos. Mas essa situação de impasse era boa demais para durar.

No outono de 1144, o conde Juscelino II, governante do Condado de Edessa, formou uma aliança com os turcos artúquidas e conduziu seu exército para o leste em campanha contra os turcos seljúcidas liderados por Imad al-Din Zengi. Mas Zengi deu-lhes a volta e atacou a cidade de Edessa, mal defendida naquele momento. Na véspera de Natal, as tropas de Zengi invadiram a cidade e os habitantes que não foram mortos foram vendidos como escravos. Em seguida a esse desastre, o conde Juscelino fugiu para Turbessel, donde pôde inicialmente manter o controle sobre aquela porção do seu reino a oeste do Eufrates. Em 1150, em jornada a Antioquia, Juscelino separou-se de sua escolta e caiu nas mãos dos muçulmanos. Zengi mandou arrancar-lhe os olhos e trancá-lo numa masmorra, onde morreu nove anos depois.

A Segunda Cruzada

A notícia da queda de Edessa chegou ao Ocidente no início de 1145 com os peregrinos que retornavam da Terra Santa e foi recebida «como um choque terrível» para os cristãos no Europa. «Pela primeira vez perceberam que as coisas não andavam bem no Oriente»[2]. Consequentemente, o Papa Eugênio III publicou uma bula, *Quantum praedecessores*, convocando uma nova cruzada. A mensagem do papa gerou pouco interesse. Entretanto, o pontífice logo teve a sabedoria de recrutar Bernardo de Claraval para sua causa, e, quando o homem mais poderoso, persuasivo e reverenciado da Europa começou a pregar uma Segunda Cruzada, as coisas começaram a acontecer.

Uma dessas coisas foi que Bernardo promoveu uma convenção da nobreza francesa em Vézelay, na Borgonha. «A notícia de que São Bernardo viria pregar trouxe visitantes de toda a França [...]. Em pouco tempo, a plateia estava sob o seu encanto. Homens começaram a clamar por cruzes» para costurar no peito[3]. Bernardo viera preparado para tanto e trouxera muitas cruzes de lã. As decisões de assumir a cruz não eram espontâneas; as pessoas «sabiam por que estavam ali»[4]. Mesmo assim, faltaram cruzes e Bernardo teve de rasgar seu manto para fazer mais.

Um dos voluntários desse foi o rei Luís VII da França. Fazia já muito tempo que ele planejava uma peregrinação a Jerusalém, mas Bernardo convenceu-o a liderar um exército de cruzados. Consequentemente, Luís, juntamente com sua rainha, Leonor da Aquitânia, e um seleto grupo de príncipes e nobres prostraram-se aos pés de Bernardo e assumiram a cruz. Luís tinha 25 anos à época e estava apenas começando sua «longa carreira de energética ineficácia», para usarmos os termos acertados de Christopher Tyerman[5].

Em seguida, Bernardo foi para a Alemanha, onde convenceu o rei Conrado III e seu sobrinho Frederico Barba-Ruiva a assumir a cruz. Diferentemente de Luís, Conrado tinha já cinquenta e poucos anos e uma experiência militar considerável. De fato, ele já havia participado de duas campanhas anteriores na Terra Santa. Como na França, a nobreza alemã compareceu em peso para ouvir Bernardo, e novamente houve uma demonstração pública de tomada de cruzes.

Assim como os primeiros cruzados, aqueles que tomaram a cruz dessa vez foram recrutados de uma coesa rede de laços familiares — especialmente os franceses. Os voluntários não só eram, em sua maioria, aparentados a muitos outros voluntários, como também havia densos laços familiares entres estes e aqueles que haviam partido na Primeira Cruzada; a maioria dos nobres que iam possuíam «ancestrais cruzados»[6].

Infelizmente, à medida que o entusiasmo por uma nova cruzada se espalhava pela Alemanha, reacendia-se o mesmo antissemitismo que causara uma série de ataques contra os judeus da Renânia no início da Primeira Cruzada. Como demonstrado no Capítulo 6, esses ataques foram obra de poucos, mas abriram um precedente ao atrair atenções para a contínua tolerância à rejeição de Cristo pelos judeus num contexto em que a conformidade religiosa se tornava uma preocupação crescente. Mesmo alguns clérigos sucumbiram à tentação. Abbé Pierre, do mosteiro francês de Cluny observou: «De que serve ir até os confins do mundo, com grande perda de homens e dinheiro, para lutar contra os sarracenos, se permitimos que existam entre nós outros infiéis mil vezes mais culpáveis perante Cristo do que os maometanos?»[7].

Entretanto, não foi na França, mas no Vale do Reno que ocorreram os massacres de judeus — outra vez em Colônia, Mogúncia, Metz, Worms e Speyer[8]. Dessa vez, um monge chamado Radulfe contribuiu para inflamar os arroubos antissemíticos. O número dos mortos teria sido muito maior se não fosse pela intervenção de Bernardo de Claraval. Quando soube dos ataques aos judeus, Bernardo cavalgou o mais rápido possível até o Vale do Reno e ordenou o fim das matanças — e elas cessaram! Sua intervenção foi relatada por Efrém de Bona, um cronista judeu:

> Então o Senhor ouviu o nosso suspiro [...]. Contra o mau sacerdote, Ele enviou um sacerdote decente, um grande homem [...]. Seu nome era Abade Bernardo, da cidade de Claraval [que] lhes disse[:] «É justo que invistais contra os muçulmanos. Porém, qualquer um que ataque um judeu e tente matá-lo, é como se atacasse ao próprio Jesus. Meu pupilo Radulfe, que aconselhou a sua destruição, não aconselhou com propriedade. Pois no livro dos Salmos está escrito, acerca dos judeus, «Não os mateis, para que meu povo não se esqueça». Todos estimavam este sacerdote como um de seus santos [...]. Se não fosse pelas misericórdias de nosso Criador, que

> enviou o mencionado abade [...] não teria sobrado um remanescente ou sobrevivente entre os judeus[9].

Os historiadores tendem a desconsiderar a Segunda Cruzada[10]. O livro de Jonathan Phillips, de 2007, é o seu primeiro «tratamento completo»[11] desde a monografia de Bernhard Kugler, publicada em 1866. Essa negligência não é algo novo. Oto de Frisinga, o respeitado historiador que comandou um importante contingente alemão aniquilado durante a Segunda Cruzada, escreveu que «visto que o resultado de nossa expedição, por causa de nossos pecados, é conhecido de todos [...], deixamos que seja relatado por outros noutro escrito»[12]. Consequentemente, enquanto todas as histórias gerais das cruzadas dedicam um tratamento extensivo à Batalha de Dorileia em 1097, a segunda Batalha de Dorileia em 1147 recebe apenas alguns parágrafos, apesar de ter sido um conflito bem mais sangrento e decisivo.

Ignorar a Segunda Cruzada é um erro, devido a duas consequências muito importantes dela: ao mesmo tempo que desferiu um sério e duradouro golpe ao movimento cruzado no Ocidente, diminuindo tanto a confiança como o comprometimento dos cristãos, ela também restaurou a confiança muçulmana; após décadas de derrotas, normalmente nas mãos de forças cristãs bem menores, eles passaram a acreditar que estavam à altura do desafio.

O breve relato que se segue passa ao largo de diversos «espetáculos secundários» da Segunda Cruzada, tais como a campanha contra os eslavos e a conquista de Lisboa.

Graças aos esforços eficazes de Bernardo, chegara-se ao consenso de que os dois monarcas mais poderosos da Europa conduziriam dois grandes exércitos à Terra

Santa, com a partida programada para a Páscoa de 1147. Como era de esperar, as partidas foram adiadas; os alemães partiram em maio e os franceses seguiram-nos em junho. O que não era de esperar era que os dois monarcas escolhessem seguir a mesma rota até Constantinopla, avançando por terra pelo interior da Hungria e da Bulgária. Como estavam na frente, os alemães alcançaram a capital bizantina em 10 de setembro. Essa data de chegada era reflexo de um exército tão sobrecarregado de agregados civis e «contingentes substanciais de peregrinos desarmados que queriam aproveitar-se da proteção dada pela expedição militar», que viajara menos de 15 quilômetros por dia — muito mais devagar do que os exércitos da Primeira Cruzada[13].

Quando chegaram a Constantinopla, os alemães descobriram que não eram muito bem-vindos; pelos bizantinos, não teria sequer havido uma Segunda Cruzada. De fato, pouco antes da partida dos cruzados da Europa, o imperador bizantino Manuel Comneno concluíra um tratado de paz para doze anos com o sultão seljúcida de Konya (Icônio), que logo entraria em guerra com os cruzados. Ao saberem desse arranjo, as suspeitas e o rancor dos europeus contra os «pérfidos gregos»[14], que já eram intensos, aumentaram ainda mais. De sua parte, Manuel perturbava-se profundamente com a presença de um exército tão grande e potencialmente indisciplinado acampado perto de sua capital. Então, assim como o Imperador Aleixo pressionara os Primeiros Cruzados a fazer a travessia para a Ásia Menor, também o Imperador Manuel pressionou os alemães a cruzar o Bósforo — o que só fez aumentar a desconfiança e a aversão que os europeus sentiam pelos bizantinos. Feita a travessia, Conrado decidiu não esperar pelos franceses e seguiu adiante rumo à reconquista de Edessa.

Dado o tamanho de seu exército — possivelmente trinta mil homens armados[15] —, não se tratou de uma decisão impulsiva. Além disso, Conrado provavelmente esperava conseguir remediar sua medonha escassez de comida e forragem quando estivesse livre para saquear a região, já que o Imperador Manuel prometera suprimentos, mas não os entregou. Assim, o rei marchou com seu exército e um enorme contingente de não combatentes até Niceia. Lá, dividiu a expedição, passando a maioria dos não combatentes à liderança de Oto, bispo de Frisinga, que tomou a rota mais ocidental pela Filadélfia até o porto de Adália (donde navegaram para Tiro). Hordas de não combatentes — muitos dos quais idosos e, em sua maioria, pobres — sempre supunham uma enorme perda de energia e um obstáculo para os cruzados. Apesar de todo o esforço para persuadi-los a não vir, sempre apareciam muitíssimos, que depois precisavam ser alimentados e protegidos, além de atrasar o avanço das tropas[16].

Enquanto isso, seguindo a mesma rota da Primeira Cruzada, o exército de Conrado marchava pela estrada que ia dar em Dorileia. Embora o imperador não tivesse enviado os suprimentos prometidos, pôs à disposição de Conrado um grupo de guias bizantinos experientes, cujo objetivo talvez fosse conduzir os cruzados à própria destruição. Alguns historiadores modernos duvidam das afirmações dos cruzados, que alegaram terem sido traídos por seus guias. Ninguém contesta, porém, o fato de que os guias bizantinos realmente desapareceram na noite anterior à emboscada muçulmana aos alemães.

Com extrema necessidade de provisões e sobretudo de água, os cruzados alemães alcançaram o pequeno Rio Bátis, próximo a Dorileia, em 25 de outubro. As tropas, cansadas e sedentas, abandonaram suas fileiras e espalharam-se ao longo do rio para saciar-se, enquanto os cavaleiros desmontaram e levaram seus cavalos até o riacho. Nesse momento, «o exército seljúcida inteiro abateu-se sobre eles [...]. Foi antes um massacre do que uma batalha»[17]. A maioria dos cruzados alemães morreu, e Conrado escapou ferido. O rei conseguiu juntar um remanescente de talvez dois mil soldados e bater em retirada para Niceia, onde os gregos os receberam com «preços exorbitantes pelo alimento»[18]. Foi então que os franceses chegaram, e Conrado uniu seu pequeno exército ao deles, mas logo adoeceu e foi levado de volta para Constantinopla.

Os franceses receberam dos bizantinos uma acolhida ainda mais hostil do que a dada aos alemães — tanto que, por um momento, cogitaram atacar Constantinopla. Para evitar a tenebrosa rota sul que ajudara na derrota dos alemães, Luís conduziu seu exército francês para o oeste, rumo ao porto de Éfeso, com a expectativa de que, se permanecesse em território bizantino, encontraria o apoio dos habitantes locais e receberia suprimentos por mar do Imperador Manuel. Mas os habitantes não prestaram auxílio algum, e os suprimentos não vieram. Como era de prever, o exército ficava cada vez mais insubordinado. Para restaurar a disciplina à marcha, Luís pôs um cavaleiro templário no comando de cada unidade de cinquenta. A ideia mostrou-se acertada quando, apesar de estarem em território bizantino, os franceses foram atacados por turcos seljúcidas nas imediações de Éfeso. Alguns historiadores sugerem que o imperador conspirara com os turcos[19], já que eram aliados. Em todo caso, os muçulmanos foram destroçados pelos franceses.

A esta altura, Luís voltou suas forças para o leste e dirigiu-se ao porto de Adália, onde lhe fora prometida uma frota bizantina para os transportar a um atracadouro bem a oeste de Antioquia. É claro que a frota enviada pelo imperador era muito diminuta para acomodar mais do que uma fração do exército. Alguns historiadores recentes veem nisso uma evidência adicional de que Manuel «conspirara para a destruição [dos cruzados]»[20].

Feitas as melhores preparações possíveis, Luís enviou o grosso de seu exército a Antioquia por terra, enquanto ele, sua corte e o maior número possível de soldados partiram de barco. A marcha por terra era um caso perdido. Logo no início, os cavalos já morriam às centenas e todos enfrentaram uma fome severa. Os muçulmanos assediavam-nos pelo caminho, matando todos os retardatários e aqueles que ficavam para coletar alimentos. Apenas um punhado dos que partiram alcançou Antioquia.

Tendo navegado em segurança até Antioquia, Luís foi a Jerusalém cumprir seu voto de peregrinação. Conrado tinha-se recuperado dos ferimentos e da doença, e já se encontrava na Cidade Santa, juntamente com outros comandantes de exércitos recém-chegados do Ocidente. Realizou-se um concílio militar em Acre, em que os visitantes europeus e Balduíno III, rei do reino cruzado de Jerusalém, concordaram em atacar Damasco. (Não houve participação de representantes de Antioquia, Edessa ou Trípoli.) O plano possuía uma ótima base estratégica, mas era taticamente fraco. Após uma tentativa abortada de cerco, e tendo sofrido perdas substanciais, as forças cristãs desistiram do plano.

Foi o fim da Segunda Cruzada. Embarcando em naus disponibilizadas pelos normandos da Sicília, o rei francês e seu séquito puseram-se a caminho de casa — apenas para ter de escapar por pouco do ataque de uma armada bizantina. (Os normandos e os bizantinos ainda estavam lutando pela posse do sul da Itália.) Obviamente, isto inflamou ainda mais os ânimos contra os bizantinos.

Interlúdio

Logo após a Segunda Cruzada, houve uma febre de construção de castelos nos reinos, sendo a maioria dessas estruturas financiadas pelas ordens militares, que também supervisionavam as construções. Em 1166 havia pelo menos cinquenta castelos grandes e cidadelas (fortificações localizadas dentro dos muros de uma cidade) espalhados pelo Reino de Jerusalém[21], e arqueólogos modernos mapearam centenas de castelos menores e torres de defesa[22]. Bastante robustos, baseavam-se em projetos europeus em vez de bizantinos. Para uma época em que não existiam instrumentos de topografia, os castelos são notavelmente bem situados, tirando proveito mesmo das suaves inclinações do relevo. Muitos ficam a uma distância visível de outro castelo, e por muito tempo se pensou que havia trocas de mensagem entre eles por meio de sinais. Não há, porém, muita evidência para essa hipótese[23]. Esses castelos e torres também não eram projetados como uma «linha» de defesa, já que não formavam uma muralha contínua[24]. Em vez disso, os castelos eram usados para abrigar forças militares que saíam em marcha para lutar contra um inimigo em campo aberto ou, quando em grande desvantagem numérica, esperavam em segurança entre seus muros até que um exército de campo chegasse para atacar o inimigo.

O fracasso da Segunda Cruzada em reconquistar Edessa e o cerco abortado de Damasco custaram à Condessa Beatriz o restante do Condado de Edessa em 1150, pouco após seu marido, Juscelino, ser levado em cativeiro. Havendo defendido com sucesso sua fortaleza em Turbessel contra os ataques muçulmanos, mas ciente de que não poderia resistir à próxima investida que viria de certo, ela recebeu uma mensagem do imperador bizantino Manuel.

Este não se ofereceu a marchar em defesa dela, mas fez-lhe uma oferta de compra do seu território remanescente. Depois de consultar os governantes dos outros reinos, Beatriz acedeu, embora tanto ela como os outros tenham «entregado de mau grado o território a um detestável grego"[25]. Manuel enviou muitos sacos de ouro à condessa, que então entregou sua fortaleza às tropas bizantinas, que acabaram perdendo todo o território para os muçulmanos um ano depois.

Por outro lado, as perdas ao norte não eram sintomas de uma fraqueza militar do Reino de Jerusalém. Assim, em janeiro de 1153, o rei Balduíno III de Jerusalém conduziu um poderoso exército para o sul contra a fortaleza egípcia de Ascalão. Conhecida como a Noiva da Síria, a cidade abrigara por muito tempo saqueadores muçulmanos que viviam da pilhagem de peregrinos e vilas cristãs. Ao marchar contra Ascalão, Balduíno foi acompanhado pelos grãos-mestres dos templários e dos hospitalários, que levaram consigo seus melhores cavaleiros e sargentos. Seguiu-se um longo cerco. Então, em julho, os templários abriram uma brecha no muro. Como acontecia com muita frequência, os templários ultrapassaram a linha que separa a coragem da imprudência e, apesar de estarem em apenas quarenta cavaleiros, recusaram reforços ao entrar na cidade. Quando os defensores muçulmanos perceberam como eram poucos os templários que os atacavam, juntaram-se, mataram-nos todos, taparam a brecha e penduraram os cadáveres dos templários no alto dos muros da cidade.

Porém, em meados de agosto, os muçulmanos perceberam que não poderiam resistir por muito mais tempo. Firmaram um acordo de rendição que permitia que todos os habitantes deixassem a cidade em segurança com os seus bens móveis — o que fizeram. O senhorio sobre a cidade foi concedido ao irmão de Balduíno, o conde de Jafa, e a mesquita central foi consagrada como Catedral de São Paulo. Balduíno III morreu em 1162 aos trinta e três anos de idade; espalhou-se amplamente a crença, provavelmente falsa, de que fora envenenado por um médico sírio. Sucedeu-lhe seu irmão Amalrico, conde de Jafa e Ascalão.

Enquanto isso, o decadente califado fatímida do Egito desabara. Nasr, filho do vizir Abbas, assassinara o califa, e Abbas então assassinara os irmãos do califa e pusera um menino de 5 anos de idade no trono. Quando o exército se voltou contra eles, pai e filho foram obrigados a fugir para o norte apenas para encontrarem os templários, que interceptaram a sua escolta, matando Abbas e capturando Nasr. Os templários venderam Nasr de volta à corte do califa no Cairo pela enorme soma de sessenta mil dinares e, na sequência, «as quatro viúvas do falecido califa mutilaram-no com as próprias mãos»[26]. Depois, ele foi enforcado no portão principal da cidade, onde seus restos mortais permaneceram por dois anos. Em 1160, o califa menino morreu, sendo sucedido pelo primo de 9 anos. As constantes intrigas palacianas continuaram.

Enxergando nessa confusão uma oportunidade de assegurar sua fronteira sul, Amalrico conduziu em 1163 um exército até o Egito. Conquistou o Cairo e Alexandria, mas acabou sobressaltado ao saber de certos problemas ao norte, em particular uma ameaça a Trípoli. Assim, decidiu assinar um tratado que impunha aos egípcios um tributo anual de cem mil peças de ouro. Em 1167, Amalrico conduziu seu exército de volta ao Egito e sitiou Alexandria. Novamente os egípcios negociaram e concordaram em pagar um enorme tributo, e novamente Amalrico retornou a Jerusalém. No ano seguinte, atacou de novo, apoiado pelos cavaleiros hospitalários. Os templários, no entanto, recusaram-se a marchar com ele, dizendo que a causa de Amalrico nada tinha que ver com a sua missão. Em outubro, o exército de Amalrico tomou Bilbeis, a norte do Cairo, e massacrou ou escravizou seus habitantes. Desta vez, os egípcios pagaram-lhe dois milhões de peças de ouro para que fosse embora. Em 1169, Amalrico veio de novo, apoiado por uma armada bizantina, e sitiou Damieta, situada bem na foz do Nilo. Um conflito entre Amalrico e os bizantinos estragou o cerco, o que levou a uma trégua entre as forças cristãs e o novo sultão do Egito, Salah ad-Din, conhecido no Ocidente como Saladino.

Saladino e a queda de Jerusalém

Saladino era curdo, sobrinho de Shirkuh, que conquistou o Egito em 1169 para o governante fatímida da Síria, Nur ad-Din, que já havia partido em muitas campanhas contra os reinos cruzados. Como recompensa, Shirkuh foi nomeado vizir do Egito, mas morreu depois de apenas dois meses no cargo, sendo sucedido por Saladino. Como Saladino ainda não havia completado trinta anos, sua promoção não caiu bem com muitos veteranos. O jovem, porém, conseguiu lidar com esse descontentamento e logo se tornou o real governante do Egito, embora tomasse cuidado para preservar a aparência de governo de Nur ad-Din, mesmo quando obviamente tomava decisões por conta própria. Por exemplo, em 1171, ele suprimiu os fatímidas egípcios e unificou o Egito com o califado abássida. Ademais, Saladino recusou juntar-se a Nur ad-Din em suas invasões ao Reino de Jerusalém — uma em 1171 e outra em 1173, ambas fracassadas. Nur ad-Din acabou por perceber que o Egito se tornara seu inimigo e, em 1174, começou a reunir um exército para marchar contra Saladino. Porém, desenvolveu um abscesso e morreu aos 59 anos. Embora o filho de Nur ad-Din tenha sido reconhecido como herdeiro legítimo do trono, Saladino casou-se às pressas com a viúva de Nur ad-Din, de 45 anos de idade, e assumiu o trono. E assim se deu a unificação da Síria e do Egito.

Embora o sucesso contínuo das forças cruzadas contra os exércitos maiores dos muçulmanos fosse impressionante, ele também dependia até certo ponto da desunião entre os muçulmanos — já que havia óbvios limites às desvantagens numéricas que os cristãos poderiam superar. Se os reinos fossem circundados por um inimigo unificado, não somente teriam de enfrentar exércitos invasores bem maiores, como também poderiam ser ameaçados por todas as três fronteiras terrestres ao mesmo tempo. Quando Saladino se tornou sultão do Egito, acabou adotando essa estratégia.

As chances de sucesso de Saladino aumentaram muito graças à liderança incompetente do Imperador Manuel, que conduziu o exército bizantino ao desastre em 1176 numa expedição contra a capital do Sultão Quilije Arslan em Icônio (Konya). Ao perseguir seus inimigos turcos num desfiladeiro em Miriocéfalo, o imperador deixou suas tropas se enfileirarem ao longo de uma rota estreita. Os turcos haviam escondido numerosos soldados num ponto elevado e atacaram repentinamente pelas encostas. Manuel amedrontou-se e bateu em retirada. Quando os soldados quebraram a formação e tentaram fugir também, foram dizimados. «Seriam necessários muitos anos para reconstruir o exército; na verdade, jamais foi reconstruído. Sobraram soldados suficientes para defender as fronteiras [...] Mas nunca mais o imperador poderia marchar contra a Síria [...]. Sequer sobrou algo de seu prestígio»[28].

Assim, os muçulmanos que se opunham aos reinos cruzados do norte não precisavam mais preocupar-se com uma ameaça à sua retaguarda da parte de Constantinopla. Pior ainda, os bizantinos passaram a conspirar com Saladino contra os reinos, como se verá.

Enquanto isso, após a morte de Amalrico em 1174 aos 38 anos, seu filho era coroado rei de Jerusalém com o nome de Balduíno IV. Dois anos depois, ele atingiu a maioridade e assumiu o governo. Apesar de sofrer de lepra desde a infância, o que o tornava incapaz de montar seu cavalo sem auxílio e o afligia com uma rápida perda de visão, Balduíno viveu bem mais que o esperado e, em 1177 em Monte Gisardo, conduziu seu exército muito menor a uma brilhante e sangrenta vitória contra um grande exército egípcio liderado por Saladino. Foi o primeiro ataque de Saladino aos cristãos, aos que se seguiriam mais duas tentativas de peso: uma em 1183 e outra em 1184[29]. Enquanto Balduíno IV viveu (morreu em 1185), porém, nenhuma investida de Saladino obteve êxito.

No começo, Saladino teve muito mais sorte contra seus vizinhos muçulmanos. Logo após assumir o poder no Egito, tomou o trono da Síria, conquistando Damasco em 1174. Depois, conquistou a antiga província de Edessa, tomando Alepo em 1183 e Majafariquin em 1185. Os reinos cristãos agora estavam cercados pelos três lados, com suas costas para o Mar Mediterrâneo. Esta situação foi extensivamente comentada pelo Arcebispo Guilherme de Tiro em sua *História dos feitos realizados no ultramar*, escrita antes de Saladino iniciar seus ataques contra os reinos:

> Nos tempos de outrora quase toda a cidade [muçulmana] tinha seu próprio governante [...]. Eram independentes umas das outras [e] temiam seus próprios aliados tanto quanto temiam os cristãos [e] não podiam ou não queriam unir-se prontamente para repelir o perigo comum ou armar-se para a nossa destruição. Mas agora [...] todos os reinos a nós adjacentes foram submetidos ao poder de um só homem[30].

Também em 1185, o imperador bizantino iniciou negociações com Saladino e, após vários anos de conversa e trocas frequentes de grandes presentes, os dois assinaram um tratado de união contra os cristãos ocidentais na Terra Santa e quaisquer novas cruzadas.

Mesmo assim, os cristãos não estavam em apuros, possuindo ainda um considerável exército de campanha com soldados bem treinados e armados, incluindo cavaleiros templários e hospitalários — contando ao todo com cerca de 1.200 cavaleiros e vinte mil homens de infantaria. Dada as diferenças qualitativas, é provável que não se tenham sentido especialmente ameaçados quando, em 1187, Saladino reuniu um exército de aproximadamente trinta mil na Síria para vir enfrentá-los.

Num esforço para atrair os cristãos à batalha em que estariam em desvantagem numérica, Saladino enviou alguns de seus soldados a atacar a cidade de Tiberíades. Como esperado, os residentes recolheram-se para dentro da cidadela da cidade, depois de despacharem mensageiros implorando ajuda. Inicialmente, os líderes cristãos reuniram-se em conferência e decidiram não marchar em socorro de Tiberíades. Porém, muitos procuraram o rei Guido de Jerusalém mais tarde e o convenceram de reverter a decisão. Então, na manhã seguinte, o exército cristão começou a marcha — constantemente exposto a ataques nos flancos e na retaguarda. Além disso, a região era árida; logo as tropas, e sobretudo os cavalos, começaram a sofrer de sede. No dia seguinte, o sofrimento era tamanho que os cristãos partiram em direção à fonte de água mais próxima em Hatin. O exército principal de Saladino estava entre eles e o Lago Tiberíades, donde os muçulmanos extraíam água em abundância.

Assim, conforme o sol nascia e o vento lhes vinha pelas costas, o exército de Saladino ateou fogo a uma grande aglomeração de arbustos, e a fumaça fez com que os cristãos tivessem dificuldade em monitorar suas unidades. Logo a infantaria começou a romper as formações e dirigir-se à água, deixando a cavalaria sozinha. Neste momento propício, as tropas de Saladino investiram contra os cristãos desorganizados, dando início a uma batalha brutal. Por diversas vezes as ofensivas ribombantes dos cavaleiros cristãos quase viraram o jogo, mas no final o caos reinou e a matança começou. Milhares morreram em batalha. Todos os templários e hospitalários foram capturados e decapitados; os outros cativos foram escravizados.

Com a destruição do exército de campo cruzado, os reinos estavam à mercê de Saladino e logo foram invadidos. A maioria das cidades e fortalezas rendeu-se sem resistência por falta de defensores. Jafa resistiu e teve de ser tomada de assalto, o que resultou na venda da população sobrevivente inteira como escravos. Em questão de dois meses, restavam aos cristãos apenas Tiro, Antioquia, Trípoli, «uns poucos castelos isolados e a Cidade Santa de Jerusalém»[31].

Jerusalém encheu-se de refugiados das outras cidades já tomadas pelos muçulmanos: «para cada homem havia cinquenta mulheres e crianças»[32]. Havia somente dois cavaleiros em Jerusalém. Dessa forma, todos os homens saudáveis receberam armas, embora a maioria deles não fizesse ideia de como usá-las. No final de setembro, o exército de Saladino chegou e cercou a cidade. Após vários dias de preparação, os muçulmanos atacaram os muros e depararam com a furiosa resistência daquele minúsculo bando de defensores sem treinamento. Sucessivas investidas geraram sucessivos fracassos, mas depois de três dias conseguiram abrir uma brecha no muro. Alguns combatentes cristãos quiseram postar-se à brecha e lutar até a morte. Mas cabeças mais frias prevaleceram e venceu o argumento de que só uma rendição impediria que todas as mulheres e crianças fossem escravizadas. Então pediram que Saladino lhes comunicasse os termos de rendição. O líder muçulmano exigiu um resgate de dez peças de ouro por cada homem poupado (sendo que duas mulheres ou dez crianças contavam como um homem). Quanto aos mais pobres, Saladino concordou em libertar sete mil deles por trinta mil besantes[33]. Isso deixava milhares sem esperança. Se, por um lado, não houve massacre, por outro, cerca da metade dos cristãos latinos residentes na cidade foi levada em marcha para os mercados de escravos.

Há um aspecto da queda de Jerusalém que muito raramente é mencionado pelos historiadores. Os residentes gregos da cidade, plenamente cientes da incipiente aliança entre o imperador bizantino e Saladino, «estavam dispostos a trair a cidade» e abrir seus portões. Em recompensa pelo seu apoio, Saladino mandou converter todas as igrejas cristãs da Terra Santa do rito latino ao rito grego, em concordância com o tratado que assinou em 1189 com o Imperador Isaac[34].

A «glorificação» de Saladino

Como observa Robert Irwin:

> Na Grã-Bretanha existe uma longa tradição de menosprezar os cruzados como bárbaros preconceituosos e

> violentos e de elogiar os sarracenos como paladinos da cavalaria. Na verdade, muitos acreditam que a cavalaria se originou no Oriente muçulmano. O exemplo mais perfeito de ideal cavaleiresco muçulmano é, obviamente, o sultão aiúbida Saladino[35].

Essa imagem de um Saladino cavaleiresco é disseminadíssima entre os historiadores. Em seu valorizado estudo *O reino dos cruzados*, Dana Carleton Munro exprimiu-a do seguinte modo: «Quando comparada [a conquista de Jerusalém pelos cruzados] à conduta de Saladino ao capturar Jerusalém dos cristãos em 1187, temos uma ilustração impressionante da diferença entre as duas civilizações e percebemos o que os cristãos podem aprender do seu contato com os sarracenos na Terra Santa»[36]. (Note-se o tempo presente). De modo semelhante, o distinto Samuel Hugh Moffett observou que Saladino «demonstrava uma misericórdia incomum para o seu tempo. Permitiu aos cruzados, que entraram [em Jerusalém] num banho de sangue, que deixassem a cidade em paz»[37]. Foi nesse mesmo espírito que, em 1898, o *kaiser* Guilherme I da Alemanha visitou Damasco e pôs uma coroa de louros brônzea no túmulo de Saladino. A coroa continha uma inscrição ao «Sultão herói Saladino[...] De um grande imperador a outro»[38].

A admiração por Saladino não é uma invenção recente. Desde o iluminismo, Saladino tem sido «bizarramente» retratado «como uma figura racional e civilizada em contraposição aos crédulos e bárbaros cruzados»[39]. Até mesmo Edward Gibbon, escrevendo em 1788, observou: "Um dos temas favoritos e disputados de alguns escritores é a comparação entre a humanidade de Saladino e o massacre da primeira cruzada [...], mas não devemos esquecer que os cristãos ofereceram a capitulação, e que os maometanos de Jerusalém suportaram até o extremo assaltos e investidas»[40]. Eis aí uma das regras principais do código de guerra do período: poupavam-se as cidades que não forçassem seus oponentes a tomá-las de assalto; eram massacradas como uma lição para outras cidades se tivessem de ser tomadas de assalto, já que isto geralmente infligia pesadas baixas aos invasores. Essa regra não requeria que as cidades se rendessem rapidamente: longos cercos eram aceitáveis, mas somente até que os invasores completassem os preparativos necessários à transposição dos muros. Muitas vezes as cidades não se rendiam antes disso porque acreditavam que o ataque podia ser rechaçado.

Os fãs modernos de Saladino não somente ignoraram esse código de guerra; também ignoraram cuidadosamente o fato, reconhecido por escritores muçulmanos, de que Jerusalém foi uma exceção ao massacre usual que Saladino perpetrava entre seus inimigos. Saladino já se havia preparado para o massacre dos cristãos de Jerusalém, mas ofereceu a cerca de metade deles um salvo conduto em troca da rendição de Jerusalém sem mais resistência. Na maioria dos outros casos, Saladino não foi nada cavaleiresco. Logo após a Batalha de Hatin, por exemplo, participou pessoalmente da matança de alguns dos templários e hospitalários capturados, e então sentou-se para apreciar a execução do restante. Como relata o secretário de Saladino, Imad ed-Din: «Ele [Saladino] ordenou que fossem decapitados, escolhendo matá-los em vez de aprisioná-los. Com ele havia todo um bando de doutores e sufis, bem como certo número de homens devotos e ascetas; cada um implorou que lhe fosse permitido matar um deles, sacou de sua espada e arregaçou as mangas. Saladino estava sentado em seu estrado com o rosto sorridente; os infiéis demonstravam negro desespero»[41]. Parece bem apropriado que, durante uma de suas incríveis aventuras da Primeira Guerra Mundial no comando de forças árabes irregulares contra os turcos, T. E. Lawrence tenha «libertado» a coroa do *kaiser* do túmulo de Saladino, e que agora ela resida no Imperial War Museum, em Londres.

Uma vitória desperdiçada

Saladino cometeu um grave erro ao demorar para ocupar totalmente os reinos depois das derrotas catastróficas dos cruzados em Hatin. Aparentemente, presumiu que não era preciso apressar-se. Afinal, as cidades cristãs careciam terrivelmente de homens de guerra, já que todos tinham partido para formar o recém-derrotado exército. Mas as cidades contavam com sólidas fortificações, e as forças de Saladino, compostas principalmente por cavalaria, «não gostavam de atacar fortificações»[42]. Além disso, carregado de espólios, grande parte do exército de Saladino tinha-se dispersado. Por conseguinte, Saladino não apenas passou a mover-se devagar, como julgou mais interessante «comprar» a rendição das cidades «permitindo que seus habitantes partissem em liberdade»[43].

Mas para onde iriam? É claro que os residentes muçulmanos das cidades rendidas não precisavam ir a lugar algum, e muitos dos cristãos gregos receberam permissão para ficar também; Saladino estava prestes a firmar um tratado com o Imperador Isaac. Mas os cristãos europeus não tinham escolha a não ser amontoar-se em suas últimas cidades livres: Antioquia, Tiro e Trípoli.

A chegada de tantos refugiados sobrecarregou as reservas alimentícias desses enclaves, especialmente de Tiro, onde se reuniram a maioria dos refugiados nobres, mas também acresceu números substanciais de defensores — alguns sobreviventes de Hatin, muitos guerreiros que haviam feito parte das pequenas guarnições deixadas para trás nos castelos e cidades enquanto o restante marchava para Hatin, e grandes números de homens saudáveis que podiam ser armados. Ademais, como os enclaves cristãos se centravam em cidades portuárias, podiam ser supridos e reforçados por mar. E foram.

Talvez nenhum evento isolado tenha tido tanto impacto para a salvação dos reinos cruzados quanto a chegada a Tiro de um navio trazendo Conrado de Monferrato. Conrado parara em Constantinopla ao vir ao encontro de seu pai, Guilherme V, Marquês de Monferrato, que fora para a Terra Santa em 1183 e assumira o comando do importante castelo de Santo Elias, a norte do Mar Morto. Quando Conrado soube da última invasão de Saladino, partiu por mar imediatamente para Acre com um pequeno bando de cavaleiros. Conforme sua nau adentrava o ancoradouro, os sinos que sempre anunciavam a chegada de embarcações não tocaram; isso levantou suspeitas em Conrado, que decidiu não ancorar. Quando um oficial do porto veio até eles num barco para ver quem era, Conrado descobriu que a cidade havia caído nas mãos de Saladino e navegou imediatamente para o norte até Tiro[44].

Conrado chegou a Tiro para descobrir que seus líderes cogitavam render-se. A chegada daquele nobre europeu e seus companheiros animou-os, porém, de modo que o puseram no comando de um ousado plano de defesa para a cidade. Quando Saladino chegou e pôs cerco à cidade, como era esperado, encontrou muros robustos e defensores bem armados e determinados. Além disso, não conseguiu interromper o tráfego no porto de Tiro.

Acabou, pois, levando seu exército para outras paragens em busca de alvos mais fáceis.

Em novembro, contudo, depois de finalmente perceber a importância daquele porto marítimo cristão, Saladino retornou a Tiro, dessa vez com dois novos planos de conquista. Em primeiro lugar, trouxe consigo o pai de Conrado, que, embora já bastante idoso, lutara em Hatin e fora levado em cativeiro. Depois de fazer o velho marchar diante dos muros de Tiro, Saladino mandou um arauto informar a Conrado que seu pai seria morto se ele não rendesse a cidade. De acordo com fontes árabes, Conrado era «um demônio»[45], que respondeu gritando que o pai havia vivido o suficiente. Cheio de orgulho pela obstinação do filho, Guilherme V foi levado embora e, mais tarde, libertado[46].

O segundo plano de Saladino para capturar Tiro era muito mais perigoso para a cidade. Ao longo da década precedente, Saladino viera construindo uma armada egípcia[47], que recentemente provara seu valor em altercações com pequenas frotas que comerciavam com os reinos. Agora ele enviava dez de suas galés para bloquear o porto de Tiro, armando um cerco efetivo. Conrado enfrentou a ameaça enviando as galés de Tiro num ataque às naus de cerco de Saladino ao despontar da aurora. Encontrando as tripulações muçulmanas dormindo e sem vigias, os atacantes obtiveram sucesso total: cinco galés egípcias foram capturadas, e outras cinco encalharam ao serem abandonadas pela tripulação, que saltou para a água quando as naus cristãs começaram a perseguir-lhes pela retaguarda[48]. Enquanto esse desastre naval acontecia, Saladino reuniu suas tropas e atacou a cidade, supondo que a atenção de Conrado estaria voltada para o porto. Mas, quando os soldados de Saladino se aproximaram, Conrado investiu com seus cavaleiros pelos portões, surpreendendo e derrotando todo o exército de Saladino. Depois de pôr fogo às suas máquinas de cerco para mantê-las fora das mãos dos cristãos, Saladino foi embora.

Tiro estava salva. Pouco tempo depois, uma grande frota normanda da Sicília chegou para reabastecer e reforçar grandemente Trípoli e Antioquia. Levaria mais um século para os muçulmanos conseguirem forçar os cruzados a recuar até a beira do mar.

As vitórias surpreendentes de Conrado sobre Saladino tornaram-no famoso por toda a Europa e resultariam na sua eleição como rei de Jerusalém. Enquanto isso, ele despachara emissários à Europa para incitar outra Cruzada. A delegação era liderada por Jóscio, que assumira o arcebispado de Tiro no lugar do historiador Guilherme de Tiro. Em janeiro de1189, o arcebispo conseguiu uma audiência com o rei Henrique II da Inglaterra e com o rei Filipe II da França, que estavam em reunião para resolver disputas territoriais. «Seu apelo por ajuda para a Terra Santa foi tão eloquente que ambos os reis, o conde de Flandres e muitos outros nobres tomaram a cruz e concordaram em iniciar os preparativos para uma nova cruzada»[49]. Nesse ínterim o novo papa, Clemente III, conseguira convencer o Sacro Imperador Romano da Alemanha, Frederico Barba-Ruiva, a tomar a cruz. Não seria uma experiência nova para Frederico, que acompanhara o tio Conrado III na Segunda Cruzada.

A Terceira Cruzada

A nova Cruzada começou de modo desconjuntado. Os ingleses e os franceses primeiro tiveram de resolver diversas disputas amargas. Então Henrique II morreu e seu filho Ricardo (já conhecido como Coração de Leão) foi coroado rei da Inglaterra. Ricardo também tomara a cruz, de modo que o compromisso inglês com a Cruzada permaneceu. Mas, como a coroa inglesa ainda possuía propriedades enormes na França (a costa atlântica inteira lhe pertencia), ele e Filipe II tinham muito que negociar antes de partir para o Oriente. Enquanto isso, Frederico Barba-Ruiva iniciava a marcha para a Terra Santa.

A campanha de Frederico

Em 11 de maio de 1189 — vinte e três meses depois da batalha de Hatin — o Imperador Frederico partiu com seu exército de Regensburg (Ratisbona) passando pela Hungria e pela Sérvia até chegar a Constantinopla. Como sempre, é muito difícil precisar quantos soldados Frederico reunira, mas todas as fontes concordam que foram numerosos. Muitos historiadores estimam que eram cerca de cem mil[50], quantidade que parece excessiva. Mais provável é a estimativa de que Frederico tenha reunido três mil cavaleiros[51], e era normal que houvesse cerca de cinco ou seis guerreiros de infantaria para cada cavaleiro, o que teria resultado em cerca de vinte mil guerreiros de linha de frente. Como sempre, havia ainda os usuais grupos de acompanhantes e plebeus, de modo talvez houvesse cem mil pessoas na composição da marcha. Seja qual for o número exato, foi o suficiente para que a notícia da aproximação da marcha alemã causasse considerável preocupação a Saladino, e ele se esforçou por reunir um exército capaz de fazer-lhes frente. Além disso, Saladino tinha uma carta bizantina na manga.

Depois de vários anos de negociações e das trocas de pilhas de presentes caríssimos, em 1189 o imperador bizantino Isaac assinou um tratado de defesa mútua com Saladino, pelo qual o exército bizantino ficava obrigado a opor-se a todas as forças ocidentais que procurassem alcançar a Terra Santa. Consequentemente, quando o Imperador Frederico enviou adiante de sua marcha à Terra Santa o bispo de Münster e outros alemães distintos à corte bizantina para negociar a passagem, Isaac aprisionou-os e entregou seus cavalos e equipamento aos representantes de Saladino[52]. Então, contrariamente ao costume dos bizantinos de não cumprir as partes mais custosas dos tratados, Isaac mandou forças irregulares para assediar o exército de Frederico assim que os alemães adentraram o território bizantino. Em seguida, despachou seu exército principal com ordens de parar os alemães em Filipópolis. Mas os cruzados de Frederico varreram os bizantinos do trajeto com facilidade, infligindo-lhes baixas imensas. Depois, para forçar a libertação do bispo e seu séquito, Frederico devastou uma ampla área na Trácia a caminho de Constantinopla.

A essa altura, Isaac escreveu uma carta surpreendente a Saladino, afirmando que tornara as forças de Frederico inofensivas:

> Eles perderam grande quantidade de soldados, e foi a grande custo que conseguiram escapar às minhas corajosas tropas. Estão tão exaustos que não poderão alcançar os vossos domínios; e, mesmo que consigam alcançá-los, não serão de auxílio para seus companheiros, nem poderão infligir nenhum dano a vossa excelência[53].

Não obstante, Isaac queria que Saladino lhe enviasse soldados. Nenhum veio.

Enquanto isso, as poderosas forças de Frederico marchavam adiante, tomaram Adrianópolis e «chegaram a planejar um cerco a Constantinopla»[54]. Então, em fevereiro de 1190, o Imperador Isaac rendeu-se e assinou o Tratado de Adrianópolis, que cedia a Frederico livre passagem e suprimentos, além de prover-lhe distintos reféns que assegurassem o cumprimento do tratado.

Durante esses acontecimentos, vários bispos ortodoxos gregos «que preferiam Saladino por ódio dos [cristãos latinos]»[55] mantiveram-no informado sobre o que estava realmente acontecendo — da passagem fácil de Frederico por Bizâncio e de seu assalto bem sucedido à fortaleza da cidade de Icônio (Konya), então controlada pelos muçulmanos, com poucas baixas. Ainda em marcha em direção a Antioquia sem nenhuma oposição significativa em seu caminho, Frederico caiu do cavalo enquanto atravessava o Rio Salefe e afogou-se. A morte de Frederico terminou a Cruzada Alemã. Ele era adorado por todos os seus súditos, que confiavam plenamente nele, e apesar de seu filho Frederico, duque da Suábia, ter assumido o comando em seu lugar, o exército estava desacorçoado com a morte do imperador. Nos dias que se seguiram, numerosos soldados simplesmente viraram as costas e foram para casa. Dez dias depois, quando o jovem Frederico chegou à Antioquia, seu exército possivelmente diminuíra para cinco mil homens e quando alcançou a região costeira do Reino de Jerusalém, contava apenas cerca de trezentos cavaleiros[56]. Saladino soltou um grande suspiro de alívio[57].

Uma cruzada naval

Enquanto isso, Ricardo Coração de Leão e Filipe Augusto da França reuniam seus exércitos, levantando grandes somas para cobrir os custos da cruzada e fazendo os preparativos para a partida. Mas não tinham a intenção de viajar por terra até Bizâncio. Planejavam ir à Terra Santa por mar, tirando proveito do fracasso de Saladino em capturar todos os portos cristãos.

Porém, muitos antes que Ricardo e Filipe Augusto embarcassem, a causa cristã recebeu um poderoso reforço com a chegada de «uma série de frotas cruzadas de portos do noroeste europeu. Elas traziam dinamarqueses, frísios, alemães do norte, flamencos, ingleses, bretões e homens da França setentrional»[58]. É impossível precisar quantos novos cruzados eram, mas «não há dúvida de que, no Ano Novo de 1190, havia centenas de navios cristãos de todos os tipos na praia ou ancorados em volta [de Acre]»[59]. Esses recém-chegados uniram-se a Guido de Jerusalém no cerco à cidade. Saladino enfrentou a ameaça trazendo seu exército e, ao cercar a área com ele, pôs o cerco cristão sob cerco.

Seguiu-se um impasse, porque Saladino não conseguia persuadir suas tropas a atacar as fileiras cruzadas. No terreno restrito em que se situava a cidade de Acre, os muçulmanos não podiam usar sua tática de ataque relâmpago e dispersar-se em segurança se atacados pela cavalaria pesada. Tampouco estavam dispostos a atacar as fileiras de densa infantaria, pois «as bestas dos cruzados tinham alcance maior que o de seus arcos, e a sólida linha de lanças formava um obstáculo quase intransponível»[60]. Com o reabastecimento dos cristãos vindo por mar, o impasse intensificou-se. Num esforço para aperfeiçoar seu cerco, Saladino posicionou uma frota de cinquenta galés no porto de Acre para impedir que os suprimentos passassem. A medida parece não ter bastado, e então, em junho de 1190, ele enviou o restante de sua nova armada egípcia para forçar sua entrada em Acre[61]. Não se sabe se os cristãos chegaram a oferecer resistência a essa movimentação, já que ela os beneficiava muito. Para começar, dava-lhes livre passagem por toda a costa. Mas, mais importante que isso, poderosas frotas cruzadas logo bloquearam o porto de Acre, encurralando a armada inteira de Saladino.

Em março de 1191, Filipe Augusto e sua flotilha francesa chegaram a Tiro e daí foram para o sul unir-se ao cerco de Acre. Nesse ínterim, Ricardo parara em Chipre, onde seu navio do tesouro encalhara durante uma tempestade. A ilha estava sob o comando de um rebelde bizantino, Isaac Comneno, que capturou o tesouro inglês e prendeu a tripulação e os soldados a bordo, embora houvesse deixado partir livres os passageiros civis, incluindo a nova noiva de Ricardo, Berengária de Navarra. Inicialmente, Isaac também concordara em devolver tanto o tesouro como as tropas. Depois, acreditando estar seguro em sua fortaleza em Famagusta, rompeu sua palavra e ordenou que Ricardo deixasse a ilha. Enraivecido, Ricardo e seu exército inglês tomaram a ilha de supetão, para a grande alegria da população local; aparentemente, Isaac era um tirano, dado ao estupro de moças virgens e à tortura de cidadãos ricos. Ele rendeu-se sem oferecer resistência quando Ricardo prometeu não o meter a ferros; Ricardo «manteve» sua palavra prendendo-o com correntes de prata. Após sua soltura em 1194, Isaac voltou a Constantinopla, onde foi envenenado em 1195.

A conquista do Chipre forneceu aos cruzados uma base naval extremamente importante, a partir da qual podiam sustentar e suprir os reinos enquanto tivessem a posse de alguma cidade portuária. Do Chipre, Ricardo navegou com seu exército rumo ao cerco de Acre, aí chegando em junho. Logo depois da chegada do inglês, os cruzados receberam ainda mais reforços de uma frota de Gênova. Essas novas forças deslocaram rapidamente as linhas externas muçulmanas e avançaram até os portões da cidade. A guarnição muçulmana se rendeu — sem a permissão de Saladino. A armada inteira de Saladino também se rendeu; muitos da tripulação simplesmente lançaram-se ao mar e nadaram até a praia.

Com Acre segura, era hora de começar a reconquista dos reinos, porém sem o rei da França. Neste momento, Filipe Augusto retirou-se e foi para casa. Ele estivera doente com desinteria por muito tempo, mas a razão principal de sua partida foi a necessidade de resolver controvérsias políticas urgentes que haviam surgido na França. No entanto, Filipe deixou vários milhares de soldados e os recursos para pagá-los.

Agora a Terceira Cruzada resumia-se a uma disputa entre Ricardo Coração de Leão e Saladino.

Ricardo e Saladino

Ricardo foi uma personalidade complexa: «Como soldado, era quase insano, incrivelmente temerário e imprudente, mas como comandante era inteligente, cauteloso e calculista. Arriscava a própria vida sem se importar, mas nada o podia persuadir a pôr em perigo seus soldados mais do que o absolutamente necessário»[62]. As tropas adoram esse tipo de comandante.

Em agosto de 1191, Ricardo organizou seu exército cruzado e iniciou a marcha para o sul, indo de Acre até Jerusalém pela praia. Seu exército consistia de cerca de quatro mil cavaleiros, quatorze mil homens de infantaria e dois mil turcópolos — infantaria leve contratada em sua maioria entre moradores locais. A infantaria incluía um número substancial de besteiros. Devido ao calor do verão, os cruzados marchavam somente de manhã, e Ricardo tinha o cuidado de acampar onde houvesse água suficiente; não pretendia ser forçado a lutar em desvantagem por causa da sede. A frota seguia o exército ao longo da costa, reabastecendo-o para que não dependesse de fontes locais. Ela também trazia a bordo os feridos nos ataques-relâmpagos dos arqueiros montados de Saladino, que se ocultavam onde quer que achassem cobertura.

Infelizmente para os muçulmanos, seu assédio constante fracassou em impelir os cruzados a desfazer sua sólida formação, em que a cavalaria pesada marchava à beira-mar protegida por uma coluna instransponível de infantaria e times de besteiros. Assim, relutantemente e incitado por seus emires, que ainda se gloriavam da vitória em Hatin, Saladino decidiu arriscar a sorte numa batalha campal. Escolheu um lugar em que o flanco norte de seu exército estaria protegido pela floresta de Arsufe (ou Arsur), com colinas arborizadas ao sul. Em 7 de setembro de 1191, os muçulmanos atacaram, usando sua tática padrão de alternar investidas e retiradas, na esperança de que os cruzados rompessem suas fileiras e fossem em seu encalço. Mas, com Ricardo cavalgando para cima e para baixo ao longo da formação, os cruzados permaneceram firmes[63] enquanto seus «besteiros sofreram pesadas baixas»[64]. A essa altura, os muçulmanos lançaram um ataque mais determinado. Uma vez mobilizados, a cavalaria pesada dos cruzados atravessou as fileiras da infantaria e investiu maciçamente contra as forças de Saladino. Eles não apenas lhes infligiram numerosas perdas, como também não se dissiparam para perseguir o inimigo — como acontecera tão frequentemente no passado com a cavalaria pesada cristã. Em vez disso, Ricardo conseguiu manter os cavaleiros sob controle e conduzi-los de volta à formação. Quando os muçulmanos atacaram novamente, foram destroçados por outra investida da cavalaria. E depois outra. Depois de sofrerem enormes perdas, incluindo mais de trinta emires, as forças de Saladino fugiram.

«Mas mais importante [...], as tropas de Saladino se convenceram de que não podiam vencer em campo aberto e perderam todo o interesse em batalhas campais. A Batalha de Arsufe foi a última tentativa [dos muçulmanos] de tentar destruir as hostes do rei Ricardo»[65]. Com efeito, o exército de Saladino relutava cada vez mais em enfrentar os cruzados em quaisquer circunstâncias. Um ano depois da derrota em Arsufe, um exército substancial enviado por Saladino para retomar Jafa confrontou Ricardo e um pequeno pelotão de cinquenta cavaleiros (apenas seis deles montados) e algumas centenas de besteiros. Embora superassem numericamente em muito as forças de Ricardo, os muçulmanos não conseguiam prevalecer — em parte porque não estavam dispostos a insistir no ataque[66]. Mesmo assim, sofreram terríveis baixas. Este foi o último conflito significativo da Terceira Cruzada; ambos os lados estavam mais do que dispostos à diplomacia.

É comum a opinião de que Saladino prevaleceu porque Ricardo falhou em reconquistar Jerusalém, negando assim ao Ocidente o mais importante indicador de sucesso da Terceira Cruzada. Na verdade, Ricardo não tentou retomar a Cidade Santa, e Saladino a reteve apenas por inércia. Ricardo sabia que Jerusalém era de imensa importância simbólica para a Europa, mas reconhecia que também era um risco estratégico — e que proteger Jerusalém das investidas muçulmanas requereria uma grande guarnição e um corredor seguro até o mar. Porém, uma vez que seu exército voltasse para casa, faltariam ao Reino de Jerusalém os recursos necessários à manutenção de ambos os critérios. Era melhor fixar fronteiras seguras para o reino que maximizassem a efetividade de suas forças armadas do que fazer Jerusalém retornar brevemente para mãos cristãs. Em vez disso, Ricardo incluiu uma cláusula no Tratado de Ramla, que assinou com Saladino em 1192, que permitia o acesso à cidade a peregrinos cristãos desarmados.

Talvez Saladino tenha assinado esse tratado de boa-fé, mas morreu um ano depois, aos 55 anos de idade. Apenas seis anos depois da morte de Saladino, Ricardo morreu ferido por uma seta de besta ao tentar controlar uma revolta em parte de seu território francês. Tinha 41 anos.

Infelizmente, poucos na Europa enxergaram a inevitabilidade e a sabedoria da escolha de Ricardo de não retomar Jerusalém. Assim, um ano antes da morte de Ricardo, o Papa Inocêncio III começara a conclamar uma nova cruzada.

A Quarta Cruzada

Como a Quarta Cruzada culminou no saque de Constantinopla pelos cruzados, há tempos ela serve como «prova» cabal de que as Cruzadas foram um episódio vergonhoso na história gananciosa do Ocidente. O distinto historiador de Cambridge Steven Runciman teve a desfaçatez de afirmar, apenas seis anos depois de o mundo descobrir os campos de concentração nazistas e a extensão do holocausto, que «jamais houve um crime maior contra a humanidade do que a Quarta Cruzada»[67]. Runciman certamente sabia que muitas outras cidades não apenas foram saqueadas nesse período, como também tiveram suas populações massacradas até o último residente, ao passo que o saque de Constantinopla provocou provavelmente menos de duas mil mortes[68] numa cidade de 150 mil habitantes[69]. Por que uma condenação tão extrema, pois? Ah, mas as outras não passavam de lúgubres cidades medievais; Constantinopla era *a* «grande cidade [...] repleta de obras de arte que haviam sobrevivido da Grécia antiga e das obras-primas de seus próprios e singulares artistas»[70]. Com efeito, a admiração pela cidade sofisticada é um tema recorrente nas demonstrações de indignação contra a Quarta Cruzada. Nas palavras de Speros Vryonis: «A soldadesca latina submeteu a maior cidade da Europa a um saque indescritível. Constantinopla se tornara um verdadeiro museu de arte antiga e bizantina»[71]. Ou, segundo Will Durant, os cruzados «agora — na Semana Santa — submeteram a rica cidade a uma espoliação que Roma jamais sofrera nas mãos dos vândalos ou góticos»[72]. Existe mesmo toda uma escola de estudiosos que, além de lamentar os danos causados à cidade, afirmam que, desde o início, a Quarta Cruzada nada mais foi que uma diabólica conspiração veneziana para eliminar a concorrência comercial bizantina[73].

Essas amargas condenações da Quarta Cruzada levaram o Papa João Paulo II, em 2001, a desculpar-se à Igreja Ortodoxa Grega: «É trágico que os agressores, que partiram para assegurar o livre acesso dos cristãos à Terra Santa, se tenham voltado contra seus irmãos na fé. Que esses tenham sido cristãos latinos enche os católicos de profundo pesar»[74].

Nada a declarar sobre saques anteriores da cidade nas mãos de bizantinos durante golpes políticos: em 1081, Aleixo Comneno «permitiu que seus mercenários estrangeiros espoliassem a capital por três dias»[75]. Nem se diz coisa alguma a respeito dos séculos de brutalidade de ortodoxos contra os cristãos latinos: em 1182, o imperador incitou as multidões a atacarem todos os ocidentais residentes em Constantinopla, uma ocasião em que «milhares, incluindo mulheres, crianças e idosos foram massacrados»[76] — muitas mortes a mais do que o estimado para o saque da cidade pelos cruzados[77]. Nada se diz sobre as traições bizantinas praticadas durante cada uma das primeiras três cruzadas, que custaram as vidas de dezenas de milhares de pessoas. Certamente não surpreende que esses diversos atos de traição tenham gerado uma grande animosidade contra Bizâncio. Então, em 1204, aqueles que partiram para o Oriente como membros da Quarta Cruzada também foram enganados por um imperador bizantino que, depois de os cruzados o restituírem ao trono, quebrou suas belas promessas e enviou navios incendiários contra a frota cruzada. Enquanto isso, os residentes latinos de Constantinopla fugiram da cidade temendo por suas vidas — relembrando o massacre de 1182 — e foram buscar refúgio num acampamento cruzado. Esses acontecimentos deixaram os cruzados «sem comida nem dinheiro»[78], isolados numa praia hostil. Foi então que atacaram Constantinopla.

Agora aos detalhes.

A conclamação inicial do Papa Inocêncio por uma nova Cruzada foi ignorada. Os alemães estavam brigados com Roma, ao passo que franceses e ingleses estavam em guerra de novo. Mas, assim como a resposta letárgica à Segunda Cruzada fora superada pelos esforços de São Bernardo de Claraval, a Quarta Cruzada pôs-se em marcha graças ao esforço de Fulque de Neuilly — um clérigo francês que aceitou o pedido do papa de pregar uma nova cruzada. O clímax ocorreu durante um torneio organizado pelo conde Teobaldo de Champagne em 1199. Em meio aos perigos e ferimentos usuais das justas, vieram à pauta as preocupações acerca da ocupação muçulmana de Jerusalém, e o conde Teobaldo acabou fazendo um grupo de seus amigos e parentes tomar a cruz[79]. Daí o entusiasmo por uma nova cruzada se espalhou e o planejamento começou.

Mais uma vez o acordado foi de que os cruzados iriam para o Oriente por mar, mas com uma brilhante mudança de destino. Por que lutar batalhas periféricas na Terra Santa se era o Egito a potência agressora? Assim, o plano original foi levar um exército irresistível de barco até a foz no Nilo e tirar o inimigo de circulação permanentemente. Fazia muito sentido.

É claro que aqueles que organizavam a nova cruzada não tinham uma armada. Por isso, enviaram uma delegação a Veneza, então a maior potência naval do Mediterrâneo. Os venezianos concordaram em transportar quatro mil e quinhentos cavaleiros com seus cavalos, nove mil escudeiros e vinte mil homens de infantaria, além de alimento para nove meses e uma escolta de cinquenta galés de guerra, pelo preço de 91 mil marcos[80]. Para cumprir com essa enorme obrigação, os venezianos tiveram de suspender quase todo o comércio externo e devotar um ano à rápida construção de naus.

Em junho de 1202, a frota veneziana prometida estava pronta. Infelizmente, os cruzados haviam reunido somente cerca de um terço do exército que haviam pensado. E, visto que esperavam pagar os venezianos cobrando passagem de cada cruzado, a escassez dos números fez com que coletassem 31 mil marcos a menos em relação à soma devida aos venezianos, mesmo depois de os líderes pegarem todos os empréstimos que podiam[81]. Foi então que o doge de Veneza ofereceu uma solução.

O Doge Enrico Dandolo já passava dos 80 anos e estava cego, mas continuava sendo um líder brilhante, inspirador e extremamente enérgico[82]. O que ele propôs foi que os venezianos se unissem à Cruzada e que o pagamento do restante do saldo fosse adiado. Em troca, a caminho do Egito a flotilha pararia e conquistaria Zara (ou Zadar), uma cidade na costa da Dalmácia, do outro lado do Mar Adriático em relação a Veneza, que se rebelara recentemente contra o domínio veneziano.

Assim, em 1º de outubro de 1202, a frota cruzada de mais de 200 embarcações, incluindo sessenta galés de guerra, deixou Veneza com cerca de quinze mil homens de guerra e milhares de cavalos a bordo, rumo a Zara[83]. No final de novembro, Zara rendeu-se sem resistir, e em seguida a frota cruzada voltou-se para o sul em direção a Corfu para hibernar.

Foi então que um príncipe bizantino exilado, Aleixo, filho do imperador deposto Isaac II e pretendente ao trono, fez uma proposta atraente aos cruzados. Em troca de sua ajuda para a recuperação do trono, Aleixo lhes pagaria duzentos mil marcos de prata, supriria todas as provisões para sua expedição contra o Egito, reforçaria a expedição com dez mil soldados bizantinos, subordinaria a Igreja Grega a Roma e, ainda, disponibilizaria em caráter permanente quinhentos cavaleiros para engrossar as fileiras dos reinos cristãos na Terra Santa[84]. A oferta não só representava um imenso e imediato benefício; talvez mais importante do que isso era o fato de que propunha a solução tão esperada para o problema da manutenção dos reinos. Sempre fora óbvio que os reinos estariam sempre em perigo enquanto sua segurança dependesse da Europa. Mas, se a responsabilidade primária pudesse ser passada para Bizâncio, haveria auxílio muito mais próximo e bem mais confiável, especialmente se a ameaça egípcia fosse eliminada. Então a frota deu a volta na Grécia e navegou em direção a Constantinopla.

Em 5 de julho de 1203, a frota cruzada aportou em Gálata, defronte para Constantinopla, e os venezianos romperam as cadeias que bloqueavam a entrada do

Corno de Ouro e adentraram o porto da cidade. O imperador bizantino de então negligenciara tão completamente as defesas de Constantinopla que as poucas galés apodrecidas que os gregos puderam enviar contra os venezianos foram afundadas em instantes. Então, em 17 de julho a cidade foi atacada. Com o velho doge cego na galé principal, balançando o estandarte de São Marcos e «gritando às suas forças»[85], alguns venezianos desembarcaram. Como seus soldados parecessem hesitantes em escalar as muralhas, o doge exigiu ser posto na praia e, como «Dandolo calculara, [os homens] sentiram-se envergonhados pela coragem do velho; não podiam abandonar seu venerável líder e uniram-se a ele às pressas»[86]. Superaram-se muralhas, arrombaram-se portões, e os venezianos ocuparam uma porção da cidade. Enquanto isso, o exército cruzado marchava contra a cidade pelo outro lado. Quando os gregos saíram em marcha com um exército enorme para confrontá-los, os cruzados formaram fileiras compactas e esperaram pelo ataque. Não houve nenhum; pelo contrário, os gregos decidiram retirar-se. Naquela noite, o imperador desertou; então os bizantinos abriram o resto dos portões e aceitaram Aleixo IV como seu novo imperador. Em resposta, os cruzados marcharam para fora da cidade e acamparam na margem oposta do Corno de Ouro, em Pera.

No começo as coisas andaram bem. Embora houvesse encontrado pouco dinheiro no tesouro, Aleixo IV iniciou o pagamento das parcelas de sua dívida de duzentos mil marcos. Mas enfrentava a hostilidade obstinada da parte de seus súditos; os sacerdotes e as altas classes odiavam os latinos e os desprezavam. Conforme cresciam as tensões, «o restante dos residentes latinos», para escapar do que parecia ser um massacre iminente, «tomou suas famílias e todos os bens que conseguiu juntar e cruzou a baía para unir-se aos cruzados»[87]. Pouco depois, o Imperador Aleixo mudou ao sabor dos ventos políticos e cessou o pagamento de sua dívida. A guerra tornou-se iminente.

Por duas vezes os gregos enviaram navios incendiários contra a frota veneziana; a fórmula do fogo grego parecia já ter sido perdida. Os ataques fracassaram. Enquanto isso, dentro da cidade, um golpe palaciano colocara outro membro da família real — conhecido como Murtzouflos por ter sobrancelhas volumosas que se ligavam — no trono. Este estrangulou Aleixo IV com uma corda de arco e assassinou os outros potenciais candidatos ao trono. O novo imperador imediatamente começou a fortalecer as defesas e enviou soldados para cortar todos os suprimentos dos cruzados.

Como o estimado historiador francês Jean Richard explicou, «a situação dos cruzados tornou-se insustentável [...] não tinham comida nem dinheiro, e estavam longe do palco de operações a que desejavam chegar. Os venezianos não estavam em situação melhor; eles também haviam contado com os subsídios prometidos por Aleixo IV»[88].

Então os líderes reuniram-se e avaliaram as opções. Seu desvio de rota para pôr um novo imperador favorável ao Ocidente no trono bizantino fora-lhes custoso em termos de tempo, dinheiro e vidas. Qualquer que fosse o estado do tesouro imperial, Constantinopla transbordava de riquezas. Decidiram saquear a cidade, e firmou-se um acordo sobre como os espólios seriam juntados e divididos. Infelizmente, o grupo também decidiu pôr o trono de Bizâncio firmemente em mãos ocidentais, instituindo uma nova dinastia.

O plano dos cruzados era assaltar os muros e torres a partir de pontes suspensas dos mastros dos maiores navios de transporte, enquanto desembarcavam soldados e cavalaria adicionais na praia. Em 9 de abril, o ataque começou e acabou fracassando — em parte por causa de um forte vento desfavorável que afastara a frota da costa. Em 12 de abril, com um forte vento à sua traseira, os venezianos conseguiram afixar suas pontes suspensas a algumas das torres, os cruzados expulsaram os defensores daquela seção do muro, e alguns desceram e derrubaram os portões por dentro. Cavaleiros montados entraram cavalgando na cidade. Ao cair da noite, os cruzados tinham tomado controle de uma seção da cidade já a várias centenas de metros de distância dos muros. Dormiram em formação, esperando uma resistência violenta pela manhã. Em vez disso, Murtzouflos fugiu durante a noite e toda a resistência cedeu; a maioria dos membros das classes elevadas já tinha fugido[89].

Por três dias os cruzados saquearam a cidade. A maior parte dos relatos põe ênfase nos estupros e assassinatos, e não no saque. É certo que tais brutalidades ocorreram, mas a estimativa do número de mortes é baixa (como já observado), ao passo que os despojos foram imensos; falar do «saque» de uma cidade significa falar de soldados enchendo grandes sacos de itens valiosos. Os comandantes ordenaram que todo o espólio fosse entregue para divisão. É claro que muitos soldados guardaram algo para si — especialmente pequenos bens valiosos, tais como joias. Mesmo assim, o que entregaram acabou somando quatrocentos mil marcos, bem como dez mil armaduras completas[90].

Com a cidade a seus pés, os europeus foram adiante com seus planos de estabelecer uma nova dinastia. Assim, Balduíno de Flandres foi declarado o novo imperador de Bizâncio. Como seria de esperar, o sucesso de seu governo requereria a presença e apoio de um exército ocidental. Ao colocarem Balduíno no trono, os cruzados juraram permanecer para defendê-lo até 1205; todos os planos de ataque ao Egito foram descartados. Quando essa data chegou, a Quarta Cruzada estava oficialmente terminada, e cerca de sete mil guerreiros embarcaram nas naus venezianas e foram para casa. Sem o seu apoio, regiões enormes do império logo se desmembraram e, em 1225, pouco havia sob comando ocidental, embora ainda houvesse um imperador ocidental em Constantinopla até 1261.

Conclusão

A conquista de Constantinopla foi muito mal recebida no Ocidente; o papa, em especial, se enfurecera. Para começar, a retomada inicial de Zara convidava à conclusão de que toda a empresa não passava de mero oportunismo veneziano. Ademais, os ataques haviam sido todos contra cristãos — ainda que orientais. Mas o mais importante era que nada fora feito para retomar Jerusalém ou expulsar os egípcios da Terra Santa. Isso era inaceitável para o Papa Inocêncio III. Precisaria haver uma Quinta Cruzada.

CAPÍTULO 10

Cruzadas contra o Egito

Depois da Terceira Cruzada, ficou óbvio para os líderes ocidentais que a Terra Santa jamais poderia estar segura se a sua defesa continuasse a depender de expedições emergenciais da Europa. Era inútil continuar enviando exércitos para resgatar Tiro, Antioquia e Acre quando a principal ameaça aos reinos residia no Egito. Mas, se forças ocidentais conquistassem e governassem o Egito, a maior parte da pressão muçulmana contra a Terra Santa seria removida e recursos valiosos passariam a ser controlados pelos cristãos e a estar disponíveis a uma pequena distância para proporcionar a proteção necessária. Essa se tornara a nova estratégia.

Certamente, a Quarta Cruzada partira para obter justamente essa solução, mas acabou não fazendo nenhum esforço nesse sentido. Os herdeiros de Saladino ainda governavam o Egito, Jerusalém ainda estava nas mãos dos muçulmanos, e a segurança dos reinos continuava frágil como sempre. Pior ainda, crescia na Europa a oposição aos imensos custos das Cruzadas. Foi nesse contexto, e plenamente ciente do que estava em jogo, que Inocêncio III começou a convocar uma Quinta Cruzada.

A Quinta Cruzada

As coisas começaram mal. Inocêncio morreu subitamente em 1216, e a maioria das lideranças nobres já havia partido em cruzada alguma vez e não desejava fazê-lo de novo; Filipe II ainda governava a França. Muitos membros da nobreza também estavam enredados em conflitos locais, e outros, na «cruzada» contra os albigenses. Não obstante, o Papa Honório III conseguiu fazer com que o duque Leopoldo VI da Áustria e o rei André II da Hungria concordassem em liderar seus exércitos. Ambos combinaram de marchar com suas tropas (parte do contingente também foi por mar) até Espalatino (Split), na costa da Dalmácia, e de lá embarcar em navios venezianos em agosto de 1217.

Essa pode ter sido a maior força expedicionária reunida até então para uma cruzada — talvez dez mil cavaleiros montados e uma infantaria à altura[1]. Tenha-se em mente, porém, que as estatísticas desse período são estimativas baseadas em evidências pouco confiáveis. Em todo caso, as tropas eram muito superiores à capacidade dos navios contratados para elas, de modo que o transporte até Acre se deu por levas; a viagem levava cerca de três semanas em cada direção. Em Acre, esses exércitos foram reforçados ainda mais por tropas do Chipre lideradas pelo rei Hugo I e engrossadas pelos exércitos dos reinos e por contingentes das ordens militares.

Antes que os cruzados pudessem embarcar para atacar o Egito, seus planos sofreram um atraso quando o rei André da Hungria decidiu ir para casa. Ele estava doente; provavelmente fora envenenado por parentes que o consideravam um usurpador do trono. Em janeiro de 1218, reuniu suas forças e dirigiu-se para casa[2]. André fez muitas paradas ao longo do caminho, em sua maioria para comparecer a casamentos. Sua partida reduziu tanto os contingentes disponíveis, que os comandantes decidiram aguardar a chegada de tropas adicionais da Alemanha e da Frísia, que sabiam estar a caminho[3]. Esses exércitos começaram a chegar de navio em abril de 1218. Consequentemente, em maio, a frota cruzada começou a chegar no porto de Damieta (Dumyât); o ataque ao Egito se iniciava.

Damieta está localizada na foz do braço principal do Nilo, a cerca de três quilômetros da costa, e tem detrás de si o Lago Manzala. A cidade era pesadamente fortificada, possuindo uma muralha tripla e muitas torres. Numa ilha no rio, bem de frente para a cidade, havia uma torre formidável, construída com setenta andares, da qual pendia uma gigantesca corrente que, quando afixada aos muros da cidade, bloqueava a entrada dos navios no Nilo[4].

Os cruzados armaram seu acampamento na margem oeste do Nilo, em frente a Damieta. Era uma boa localização defensiva com acesso para o mar. Mas não era ideal para propósitos ofensivos: os cruzados teriam de atacar pelo Nilo. Em 23 de junho eles o fizeram, «com setenta ou oitenta naus»[5]. O ataque foi repelido. Uma semana depois, fracassaram novamente. Então, no final de agosto, os cruzados ligaram duas grandes naus e, sobre essa base, construíram «um castelo em miniatura»[6], do qual se estendia uma enorme rampa. Os cruzados aproximaram a engenhoca à torre do Nilo. Soldados desceram a rampa em carga, forçando a guarnição a render-se, e então cortaram a corrente gigante que bloqueava a passagem pelo Nilo. Foi um feito notável sob todos os aspectos, e os muçulmanos de Damieta ficaram impressionados com tudo aquilo, esperando que a cidade fosse tomada a qualquer momento — o que provavelmente teria acontecido se os cruzados tivessem se esforçado de verdade[7]. Em vez disso, decidiram esperar até que a maré do rio baixasse e mais reforços chegassem. (Quase nada foi feito com prontidão durante toda a campanha.)

No final de setembro, reforços substanciais chegaram. Infelizmente, também chegou o Cardeal Pelágio de Albano, enviado pelo papa para unificar o comando da cruzada. Pelágio vinha da Península Ibérica, «um homem de grande indústria e experiência administrativa, mas singularmente desprovido de tato»[8]. Ele começou a ameaçar de excomunhão todos os que discordavam dele e, confundindo teimosia com determinação, ocasionou o fracasso da Quinta Cruzada. Tudo aconteceu da seguinte forma.

Enquanto os cruzados se demoravam após a captura da grande torre, os muçulmanos reuniam seus exércitos e, em outubro, atacaram o acampamento cruzado. Embora em grande desvantagem numérica, os cruzados não apenas repeliram o ataque, como também mataram quase todos os agressores. Novamente, porém, contentaram-se em desfrutar da vitória em vez de partir para a ofensiva. Entretanto, o sultão do Egito estava tão convencido de que seria necessário entregar Jerusalém aos cristãos, que ordenou que a Cidade Santa fosse arrasada. A demolição dos muros iniciou-se no final de março, e lares cristãos (gregos) saqueados[9].

Enquanto isso, em fevereiro de 1219, os cruzados finalmente estavam prontos para atacar Damieta de novo. Nesse mesmo momento, uma conspiração sucessória amedrontou tanto Camil, sultão do Egito, que ele montou em seu cavalo e abandonou o exército de noite. Na alvorada, quando os soldados descobriram que tinham sido abandonados por seu líder, entraram em pânico e fugiram, com muitos largando suas armas. Mas, em vez de investir contra Damieta, que não podia ter contado com mais do que uma guarnição muito pequena nessa hora, os cruzados meramente circundaram a cidade, armando um novo acampamento ali.

Agora os muçulmanos queriam um acordo. Propuseram a entrega de todas as partes do Reino de Jerusalém, incluindo a própria cidade, e a assinatura de uma trégua de trinta anos, se os cruzados deixassem o Egito. Os líderes militares queriam aceitar a oferta. Pelágio respondeu que não. Os muçulmanos então ofereceram trinta mil besantes além dos termos iniciais. Novamente Pelágio recusou. Ao fazê-lo, ignorou dois fatos essenciais: seu exército estava diminuindo conforme diversos contingentes cruzados partiam para a casa, e o exército egípcio estava recebendo reforços da Síria e de outras potências islâmicas. Em maio de 1219, os muçulmanos atacaram o acampamento cruzado. Uma infantaria cruzada inabalável infligiu-lhes grandes perdas. Duas semanas mais tarde, os muçulmanos atacaram de novo, e mais uma vez seus cadáveres cobriram o campo de batalha.

Insatisfeito com o desbaratamento de ataques muçulmanos, Pelágio tornou-se então estrategista e ordenou uma tentativa de assalto a Damieta. Mas o ataque não logrou nenhum avanço. Tampouco o logrou um segundo, feito dali a dois dias. Outro ataque, em 13 de julho, e outro ainda, em 31 de julho, também fracassaram. Essas derrotas enfraqueceram as tropas cruzadas e minaram a sua confiança; ao mesmo tempo; restauravam o moral muçulmano. No final de agosto, o exército cruzado caiu numa emboscada e sofreu uma derrota sangrenta — chegando talvez a perder 4.300 homens[10]. Mesmo assim, os cristãos continuavam um oponente grande e poderoso.

Foi então que os egípcios novamente buscaram firmar um tratado. Infelizmente para eles, enquanto a nova oferta de tratado era discutida entre os líderes cruzados, que poderiam tê-la aceito apesar da oposição de Pelágio, algumas sentinelas cristãs postadas diante de Damieta notaram uma ausência de atividade na torre mais próxima, conseguiram uma longa escada, subiram e descobriram que a torre e uma seção inteira da muralha haviam sido abandonadas. Mais soldados foram rapidamente convocados e Damieta foi tomada sem oposição. Embora os diversos cronistas árabes afirmem que os cruzados massacraram todos os habitantes, muito mais consistente com o abandono dos muros é a versão dos cruzados de que encontraram a cidade quase deserta, exceto pela presença de muitos mortos ou moribundos, presumivelmente vítimas de alguma terrível doença[11].

Estando agora de posse de Damieta, Pelágio assumiu o controle tão completamente que o rei João da Palestina carregou seus navios e voltou para Acre. E, na primavera (1220), muitos outros cruzados também o fizeram. No entanto, os desertores eram substituídos por numerosos contingentes de soldados italianos liderados por vários arcebispos e bispos. Esses clérigos não só provaram ser líderes militares ineptos; sequer conseguiam impor disciplina em Damieta: documentos contemporâneos relatam desordem e bebedeiras generalizadas. O clero tampouco conseguia convencer o exército a marchar contra os egípcios.

Passou-se um ano, durante o qual os muçulmanos construíram robustas fortificações em Almançora para substituir Damieta como barreira ao avanço dos cruzados mais ao sul. Então, com a chegada de mais alemães e o retorno do rei João de Jerusalém, Pelágio pôde organizar uma nova campanha. Enquanto os soldados marchavam para o sul, uma frota enorme de talvez seiscentos navios, galés e barcos acompanhava-os pelo Nilo. Quando chegaram a Almançora, ficara claro que seria necessário um longo cerco para tomá-la. Mas, em vez de dar a volta no acampamento muçulmano, Pelágio começou a construir um acampamento fortificado de frente para

Almançora. Era uma posição perigosamente vulnerável. Pior ainda, ela não isolava Almançora, e milhares de soldados muçulmanos recém-enviados confluíram para o acampamento. Pelágio e o clero foram avisados repetidamente pelos militares experientes, bem como por Alice, a rainha viúva do Chipre. Infelizmente, como Oliver de Paderborn, que estava presente, observa em sua soberba história da Quinta Cruzada, «agora, pelos nossos pecados, todo o são juízo abandonou os nossos líderes»[12]. A essa altura, os muçulmanos alocaram reforços substanciais ao norte, onde começaram a atacar e afundar as naus de abastecimento que vinham de Damieta. Logo as forças muçulmanas haviam-se posicionado não apenas de modo a impedir que os suprimentos chegassem ao sul como também a ameaçar qualquer retirada dos cruzados. Finalmente reconhecendo o perigo, Pelágio comandou uma retirada de suas forças ora desorganizadas e, em resposta, os muçulmanos destruíram alguns diques, permitindo que o Nilo alagasse a única rota terrestre para o norte a partir do acampamento dos cruzados.

Encurralado e sofrendo com a falta de suprimentos, até Pelágio percebeu que era hora de fazer um acordo de paz; os muçulmanos não estavam dispostos a pressionar demais os cruzados porque ainda representavam uma força de batalha letal, e ambos os lados sabiam que um grande número de novos contingentes cruzados alemães deveriam chegar a Damieta a qualquer momento. Então, em 30 de agosto de 1221, um armistício de oito anos foi aceito, os cruzados concordaram em evacuar completamente o Egito, e ambos os lados libertaram seus prisioneiros. Faltou a evacuação muçulmana da Terra Santa, que fora oferecida nas tentativas anteriores de acordo de paz.

No fim, os reforços alemães esperados só chegaram oito dias depois, quando Frederico II, Sacro Imperador

Romano, depois de ser excomungado duas vezes por não cumprir seu voto de partir em cruzada, finalmente conduziu um pequeno exército até Acre em 1229. Não possuindo os contingentes necessários para lograr muito êxito, Frederico ainda assim conseguiu negociar um tratado com Camil, sultão do Egito, que devolveu Jerusalém, Belém e Nazaré para o domínio cristão. Como recompensa, o Papa Gregório IX retirou a excomunhão de Frederico. Jerusalém permaneceu nas mãos dos cristãos por quinze anos. Então, em 23 de agosto de 1244, os corasmianos — nômades turcos recém-chegados da Ásia e aliados ao sultão do Egito — devastaram as «débeis defesas» de Jerusalém, «matando todos os francos que encontravam e profanando os locais sagrados cristãos»[13]. Em seguida, os corasmianos cavalgaram para o sul para se unirem a um exército egípcio, e a força conjunta partiu contra os cristãos para expulsá-los para o mar. Os reinos e as ordens de cavalaria reuniram rapidamente todas as suas forças e engajaram as hostes muçulmanas em Gaza, onde o exército cristão foi aniquilado. Os cruzados só conseguiram manter suas cidades portuárias porque estourara uma guerra civil entre turcos e egípcios.

O magnífico fracasso de São Luís

Poucas semanas antes do desastre, o bispo de Beirute partiu de Acre pelo mar «para dizer aos príncipes do Ocidente [...] que precisavam enviar reforços se quisessem que o reino todo não perecesse»[14]. Felizmente para o reino, o apelo coincidiu com o fato de que o rei da França acabara de tomar a cruz após recuperar-se inesperadamente de uma doença severa. Pode bem ser que ele tenha tomado a cruz antes que chegasse notícia do último desastre nos reinos ao Ocidente; de qualquer modo, Luís IX foi reverenciado por muito tempo, seja por suas expedições cruzadas, seja por sua santidade: foi canonizado como São Luís em 1297, apenas vinte e sete anos depois da sua morte.

A cruzada liderada por São Luís foi provavelmente a mais bem organizada, financiada e planejada de todas as cruzadas, e isso se deu principalmente por causa da habilidade e retidão de seu líder[15]. Luís começou reunindo um grupo de nobres em Paris em outubro de 1245. Ao ouvirem sua exortação, a maioria tomou a cruz. Ao mesmo tempo, ele estabeleceu um imposto substancial para financiar a cruzada.

Mais uma vez, o plano era atacar o Egito — aportando em Damieta e marchando até o Cairo. Dessa vez, a campanha evitaria a estação de cheia do Nilo que ocasionara a catástrofe de 1221. Enquanto se preparava, Luís tentou alistar outros reis europeus, mas não conseguiu. Ficou especialmente frustrado por não conseguir recrutar o rei Haakon da Noruega, já que ele poderia ter provido a frota necessária. Consequentemente, Luís encomendou navios de muitos lugares diferentes, incluindo a Inglaterra e a Escócia, mas principalmente de Gênova.

Em 1248, após muitos atrasos, Luís finalmente velejou para o Chipre, chegando em 17 de setembro. Os cruzados passaram o inverno ali. Enquanto isso, chegara um pedido de ajuda de Boemundo V, Príncipe de Antioquia, para repelir os ataques dos turcos corasmianos, e Luís enviou-lhe quinhentos cavaleiros[16]. No final de maio de 1249, os cruzados reembarcaram em seus navios e velejaram até a costa egípcia. Provavelmente contavam com algo entre «2500 e 2800 cavaleiros, cinco mil besteiros e cerca de quinze mil outros combatentes»[17]. Aportaram na praia em Damieta e foram imediatamente atacados pela cavalaria egípcia. Mas as investidas muçulmanas eram inúteis contra a parede sólida de lanceiros de infantaria (até os cavaleiros cristãos lutaram a pé), e, depois de sofrerem pesadas baixas, os muçulmanos bateram em retirada não apenas da praia, mas também da cidade — e a população civil fugiu atrás deles. Damieta caíra em apenas algumas horas[18].

Infelizmente, essa vitória relâmpago atrapalhou todo o cronograma. Luís esperara empenhar todo o verão na tomada de Damieta e marchar Nilo acima no outono, depois que o nível do rio voltasse ao normal. Avançar agora significaria prosseguir com a campanha durante a estação de cheia do Nilo, medida que levara a Quinta Cruzada à ruína. Então Luís mandou seu exército acampar e esperar. Esse tipo de empresa jamais fora fácil. Acampamentos sempre foram locais cheios de desordem e sujeitos a elevadas taxas de mortalidade por doenças e disputas. Conforme o verão passava, as forças de Luís iam diminuindo lentamente; alguns contingentes até voltaram para casa.

Finalmente, em 20 de novembro, Luís conduziu seus cruzados contra a fortaleza de Almançora, construída para impedir as forças de Pelágio em 1220 e grandemente reforçada naquele ínterim. Para chegarem a Almançora, os cruzados tinham de cruzar o Nilo. Não conseguiram construir uma ponte adequada, mas subornaram um copta local que lhes mostrasse um ponto atravessável[19]. Era uma travessia difícil, e alguns cavaleiros afogaram-se. Pior ainda, apesar de ordens firmes para que assumissem suas formações na margem oposta, a guarda avançada atacou os soldados egípcios que acampavam do lado de fora das muralhas sem esperar pelo resto do exército. Quando os egípcios fugiram, a imprudente guarda avançada perseguiu-os, apesar dos esforços furiosos do grão-mestre dos templários para pará-los, e se meteu em brigas de rua dentro de Almançora. Aqui os muçulmanos reuniram-se, e a guarda avançada em grande desvantagem numérica foi massacrada. Porém, o resto do exército chegou e expulsou os egípcios da fortaleza. Almançora era deles.

Nesse momento, os cruzados provavelmente deveriam ter batido em retirada para Damieta. Mas a vitória dera-lhes confiança para iniciar negociações a fim de trocar Damieta pela Terra Santa. Enquanto as negociações se estendiam, os muçulmanos começaram a interferir com sucesso na passagem de naus de abastecimento cruzadas pelo Nilo, e o exército começou a sucumbir à sua localização extremamente insalubre numa praia pantanosa. Logo, de cerca de 2.700 cavaleiros que haviam marchado para o sul, somente cerca de 450 permaneceram em condições de lutar[20]. Enfim, Luís ordenou que suas tropas voltassem para Damieta — mas, no meio do caminho, toda a disciplina ruiu e, por causa de um mal-entendido, os cruzados se renderam. Os muçulmanos rapidamente mataram todos os retardatários e todos os doentes e feridos a bordo das naus cruzadas no Nilo. Muitos outros receberam a escolha entre a morte ou a conversão ao Islã — e muitos escolheram a morte. Embora também fosse prisioneiro, Luís não teve de encarar essa alternativa sombria. Em vez disso, negociou-se um enorme resgate (cujo valor foi trazido pelos templários), e Luís e seus principais barões foram libertados.

Luís não retornou para a França pelos próximos quatro anos. Pelo contrário, foi para a Terra Santa e gastou amplas somas para reforçar e reconstruir as defesas de Acre e Jafa. Quando finalmente voltou para a França em 1254, deixou um destacamento de cem cavaleiros franceses e um número substancial de homens de infantaria para a defesa de Acre; Luís assumiu um custo de cerca de dez mil libras por ano para pagar os seus salários e despesas, que chegavam a até 4% da renda anual da coroa[21].

O fracasso de Luís na liderança de uma cruzada bem-sucedida desiludiu muitos europeus e contribuiu grandemente para a oposição crescente às cruzadas. Indiretamente, os efeitos foram ainda mais nefastos no Egito: o sultão foi assassinado pelos escravos mamelucos de seu pai (ver adiante), terminando assim o reino da dinastia de Saladino. Os mamelucos governariam o Egito pelos próximos 267 anos.

Baibars ataca os reinos

Um dos comandantes egípcios que ajudaram a derrotar São Luís foi um mameluco chamado Baibars (ou Baybars). Dez anos depois, o primeiro sultão mameluco do Egito foi assassinado, e Baibars tomou o trono. Foi um líder muito efetivo, ainda que brutal.

Mameluco não era o nome de uma identidade étnica ou tribal. Em árabe, a palavra significa «ser possuído»[22]. Todos os mamelucos eram escravos raptados ou comprados quando crianças — geralmente de vilas do Cáucaso e, portanto, não causava estranheza que Baibars tivesse olhos azuis e fosse bastante alto. Esses jovens meninos caucasianos eram criados como muçulmanos e treinados para serem escravos guerreiros dedicados ao sultão.

Tendo chegado ao trono em 1260, Baibars passou os primeiros dois anos de seu reinado consolidando seu poder, reorganizando o exército e construindo uma nova armada[23]. Em 1263, estava pronto para uma empreitada na Terra Santa. Começou saqueando Nazaré e destruindo sua famosa igreja. Depois, conduziu suas tropas até Acre, mas encontrou a cidade muito bem fortificada e defendida — a guarnição incluía os cavaleiros e infantaria disponibilizados por Luís IX. Por isso contentou-se em saquear a região em volta da cidade e, depois, retornar ao Egito.

Em 1265, ele veio com um exército muito maior e com intenções letais. Seu primeiro alvo era a pequena cidade portuária de Cesareia. Ela caiu com pouca resistência. Em seguida, Baibars conduziu suas forças até a costa de Haifa. «Os habitantes que foram avisados a tempo fugiram para os barcos no ancoradouro, abandonando a cidade e sua cidadela, que foram ambas destruídas; e os habitantes que ficaram ali foram massacrados»[24]. Então Baibars atacou o grande castelo templário em Atlite. Conseguiu incendiar a vila do lado de fora dos muros, mas não pôde avançar contra a fortaleza. Então, perto do fim de março, prosseguiu para o sul pela costa até a pequena cidade portuária de Arsufe (também conhecida como Arsur ou Apolônia), que foi defendida por 270 hospitalários que lutaram «com soberba coragem»[25]. A cidade baixa caiu diante de Baibars no final de abril, mas a cidadela continuava firme. Baibars propôs termos de rendição que permitiam que todos os cavaleiros partissem em liberdade. Assim que se renderam, Baibars quebrou sua palavra e escravizou-os todos. Então, temendo que os cruzados algum dia recuperassem aquele posto, Baibars mandou arrasar a cidade tão completamente que o local nunca mais foi repovoado. Depois foi a vez de Acre de novo, e novamente Baibars encontrou-a fortificada demais e, por isso, reconduziu seu exército para o Egito.

Em 1266, Baibars voltou a atenção para as ilhas de resistência que perduravam no continente. Primeiro, levou seus soldados até o grande castelo de Montfort — mas percebeu rapidamente que era muito forte. Então conduziu seus soldados até o grande castelo templário em Safed, nas terras altas da Galileia. A guarnição consistia de alguns templários e um número considerável de mercenários sírios. Com a chegada de Baibars, os sírios começaram a desertar, e logo os templários não conseguiam mais ocupar adequadamente os muros. Baibars ofereceu termos de rendição aos templários: que entregassem a fortaleza e se retirassem para Acre em segurança. Os templários abriram os portões e saíram em marcha. Os muçulmanos capturaram e decapitaram todos um a um[26]. Em seguida, Baibars voltou a atenção para a vila cristã de Qara, massacrando todos os adultos e escravizando as crianças. Naquele outono, enviou um exército para atacar Antioquia, mas seus generais decidiram não prosseguir.

Na primavera seguinte (1267), Baibars novamente exibiu suas tropas diante de Acre e, dessa vez, lançou um ataque às muralhas, que foi rechaçado numa derrota sangrenta. Baibars vingou-se vasculhando a região atrás de cristãos, ou indivíduos suspeitos de serem cristãos, e rodeou Acre com seus corpos decapitados. Inutilmente.

Em 1268, Baibars conquistou Jafa e massacrou seus habitantes. Então, em maio, investiu com seu exército contra Antioquia. Faltava à guarnição o contingente necessário para ocupar os muros, mas conseguiram repelir o primeiro ataque. Os cavaleiros sabiam que Baibars não cumprira os termos de rendição em Safed e Arsuf, e as negociações não avançaram. O segundo ataque muçulmano a Antioquia atravessou os muros. O que se seguiu foi «o maior massacre de toda a era das Cruzadas»[27] — um massacre que chocou até os cronistas muçulmanos[28].

Os portões foram fechados e guardados, e uma orgia de tortura, matança e profanação se seguiu — encenando em detalhe as descrições que o Papa Urbano II usara para excitar a multidão na campina de Clermont quase dois séculos antes. Em caso de dúvida, o próprio Baibars gabou-se do massacre de Antioquia em detalhe.

Como o conde Boemundo VI, governante de Antioquia, não se encontrava quando este desastre acometeu a sua cidade, Baibars enviou-lhe uma carta informando o que havia perdido:

> Terias visto teus cavaleiros prostrados sob os cascos dos cavalos, tuas casas invadidas pelos saqueadores [...] terias visto o teu inimigo muçulmano pisoteando o local em que celebras a missa, degolando os monges, sacerdotes e diáconos sobre os altares, trazendo a morte súbita aos patriarcas e a escravidão aos príncipes reais. Terias visto o fogo correr pelos teus palácios, os teus mortos queimados neste mundo antes de partirem para as chamas do próximo[29].

É verdade, a cidade resistira; mas, visto que os acordos de rendição de Baibars se tinham mostrado inúteis no passado, que outra opção havia?

Tristemente, não é de surpreender que o massacre de Antioquia seja raramente reportado em muitas das obras historiográficas ocidentais recentes sobre as Cruzadas. Steven Runciman devota-lhe oito linhas[30], Hans Eberhard Mayer devota-lhe uma[31], e Christopher Tyerman, que devota várias páginas aos detalhes lúridos do massacre de Jerusalém durante a Primeira Cruzada, dispensa o massacre de Antioquia em quatro palavras[32]. Karen Armstrong devotou doze palavras ao relato desse massacre, cuja responsabilidade ela transfere aos cruzados, já que fora a sua terrível ameaça que criara um «novo Islã» com uma «determinação desesperada de sobreviver». Armstrong também observa que, por ser Baibars um patrono das artes, «não foi simplesmente um destruidor, [mas também] um grande construtor»[33].

Com a queda de Antioquia, os reinos cristãos no Oriente agora consistiam de apenas uma faixa estreita que cercava alguns portos ao longo da costa: Acre, Tiro, Sidônia, Beirute e Alexandreta, sendo esta última um minúsculo enclave costeiro no que antes fora o reino de Antioquia[34]. Baibars escolheu não tentar a tomada destes últimos bastiões, em parte por causa de suas fortificações imponentes e hábeis defensores, e em parte porque o seu acesso ao mar inviabilizava o cerco efetivo delas. Ademais, ele tinha uma preocupação adicional. Ouvia-se um rumor de que Luís IX estava organizando outra cruzada.

O fim de São Luís

Com mais de 50 anos de idade e um pouco debilitado, São Luís ainda desejava salvar os reinos e reconquistar Jerusalém. Após discussões com o Papa Clemente IV, em 1267, tomou a cruz novamente, como também o fizeram seus três filhos e dois irmãos — Carlos de Anjou e Afonso de Poitiers. Mas, fora da França, só o rei Henrique III da Inglaterra e o rei Tiago I de Aragão concordaram em unir-se a ele.

Esta nova cruzada foi planejada e organizada com tanto cuidado quanto a sua recente predecessora — o que fez com que levasse quase três anos para partir. Tratou-se, é claro, de outra cruzada naval, e Luís contratou uma frota de Gênova para aumentar o número de navios disponíveis em Marseille. Novamente, o alvo inicial era o Egito, e Cagliari na Sardenha meridional foi escolhida como ponto de encontro. Luís chegou ali em junho de 1270. Mas a frota de Aragão foi tão danificada por uma tempestade, que nunca chegou, e os sobreviventes voltaram para casa para reorganizar-se. Na Inglaterra, Henrique III decidira não ir, mas enviou seu filho Eduardo em seu lugar, o que atrasou a partida da frota inglesa até agosto. Então Luís decidiu avançar sem os outros e conduziu suas tropas para sul em direção à costa africana, aportando na Tunísia em 18 de julho de 1270. Os franceses logo tomaram uma fortaleza no local da antiga Cartago e estabeleceram um acampamento seguro[35].

Há um longo debate a respeito do motivo para Luís partir para a Tunísia em vez de para o Egito ou Acre. O consenso é que ele acreditava que Maomé I, emir da Tunísia, estava pronto para converter-se ao cristianismo se contasse com a proteção de um forte exército cristão[36]. Somente depois de aportarem descobriram que era um falso rumor. Embora a cidade contasse apenas com defesas débeis, Luís decidiu evitar problemas enquanto esperava pela chegada dos cruzados aragoneses e ingleses. Mas, o que os exércitos muçulmanos locais eram fracos demais para conseguir, o clima realizou. «O calor do verão açoitou os cruzados e promoveu a disseminação de doenças mortais no acampamento. Soldados começaram a morrer aos montes»[37]. Logo Luís também adoeceu. Em 25 de agosto de 1270, o rei Luís IX morreu. Seu corpo foi devolvido à França. Seu magnífico túmulo em Saint-Denis foi destruído durante as guerras religiosas da França, e seus restos mortais desapareceram.

Logo após a morte de Luís, o príncipe Eduardo chegou com seus exércitos ingleses e ficou abismado ao encontrar os exércitos franceses preparando-se para ir para casa. Seu exército era pequeno demais para tentar um ataque contra Baibars no Egito, mas em vez de simplesmente resignar-se, o príncipe velejou até Acre, onde aportou em maio de 1271 com duzentos a trezentos cavaleiros e, talvez, seiscentos homens de infantaria[38]. Embora os soldados à sua disposição fossem insuficientes para conquistar qualquer parte do território perdido, tornaram Acre virtualmente inexpugnável. Isso permitiu que Eduardo negociasse uma trégua de dez anos com Baibars. Em seguida, ele foi para casa e descobriu que seu pai havia morrido e que ele agora era o rei Eduardo I.

Enquanto isso, em 1271, Baibars mandou sua nova frota atacar o Chipre. Mesmo com a vantagem do ataque surpresa, ele não teve chance: ao cair da noite, não havia mais frota egípcia. Por volta desse mesmo período, os exércitos de Baibars conseguiram conquistar a enorme fortaleza de Krak des Chevaliers, o que deu aos muçulmanos o controle das proximidades de Trípoli. Mas então Baibars concordou com o tratado de dez anos com o Príncipe Eduardo, acabando assim a sua ameaça aos últimos bastiões cristãos. Em 1° de julho de 1277, Baibars morreu. Existem diversas tradições sobre a causa de sua morte, mas geralmente se acredita que ele envenenara a bebida de um príncipe aiubita, mas ele próprio acabou bebendo-a por descuido.

Conclusão

O espírito cruzado não morreu com São Luís, mas as dúvidas que vinham crescendo por muito tempo intensificaram-se com seus fracassos. Se cruzadas tão bem financiadas e organizadas, conduzidas por um líder hábil e santo, não obtiveram êxito, o que obteria? Ademais, mesmo Luís havia enfrentado a oposição amplamente disseminada — sobretudo pelo clero — aos impostos necessários ao custeio dessas empreitadas. Logo após a derrota e morte de São Luís, a oposição raivosa aos impostos cruzados passou a falar mais alto, e muitos indivíduos proeminentes começaram a condenar a defesa contínua da Terra Santa como algo inútil, despropositado e, talvez, um «atoleiro» insalubre.

CONCLUSÃO

Missão abortada

Enquanto os custos das cruzadas foram financiados pelos cruzados e suas famílias, houve poucas objeções aos repetidos esforços pela liberação e preservação da Terra Santa. Mas quando os reis passaram a liderar os exércitos, as despesas logo começaram a recair sobre todos, incluindo o clero e as ordens religiosas, sob o artifício de impostos cruzados. Os protestos iniciaram imediatamente, e foram ficando cada vez mais intensos quando «cruzadas» sangrentas foram proclamadas contra «hereges» na Europa: milhares de cátaros, valdenses, begardos e beguinos foram condenados pela Igreja e mortos em batalha ou perseguidos e massacrados. Em meio a isso tudo, uma versão medieval do movimento antiguerra acabou prevalecendo; depois de dois séculos de apoio, os reinos da Terra Santa foram abandonados.

Impostos cruzados

Tendo sido o primeiro rei a encabeçar uma Cruzada, Luís VII da França foi o primeiro, em 1146, a criar um imposto para custear sua empresa na Terra Santa. Esse imposto parece ter sido cobrado somente do clero, sobretudo das ordens monásticas; de qualquer modo, o abade de Ferrières foi o primeiro a queixar-se da injustiça e severidade daquela obrigação. Sua voz definitivamente não foi a única. O abade de Saint-Benoît-sur-Loire protestou que precisaria derreter parte da prata sagrada e dos ornamentos de ouro do altar para levantar a soma exigida[1]. O abade de Mont-Saint-Michel não apenas se queixou amargamente que o imposto requeria a «espoliação» da igreja, mas «atribuía o fracasso da expedição a um juízo divino»[2]. Não se conhece a quantia que o imposto de Luís conseguiu levantar, mas foi o suficiente. Ele também pegou somas substanciais em empréstimo e escreveu diversas vezes ao chefe de seus coletores de impostos pedindo adiantamentos e empréstimos.

Posteriormente, o rei Henrique II da Inglaterra e o rei Filipe Augusto da França criaram um imposto bem mais pesado em 1166, e dessa vez cobrado também dos leigos. A taxa na Inglaterra foi fixada em dois centavos sobre cada libra esterlina de renda pelo primeiro ano, e um centavo em cada um dos quatro anos seguintes. Taxas equivalentes foram cobradas na França. Essa pode ter sido a primeira vez que, na Europa, um imposto foi cobrado sobre a renda, e não sobre a propriedade[3]. Aparentemente, provocou pouco antagonismo. Mas não foi esse o caso em 1188, quando outro imposto de renda foi criado na Inglaterra e na França para financiar o que veio a se tonar a Terceira Cruzada. Esse imposto ficou conhecido como o Dízimo de Saladino e provocou revoltas acaloradas.

O Dízimo de Saladino foi iniciado por Henrique II da Inglaterra e abraçado por Filipe Augusto. Ele requeria o pagamento de 10% (um dízimo) sobre todas as rendas e propriedades móveis de qualquer um que não estivesse prestes a partir em Cruzada. O que realmente afligia os súditos do rei era que os impostos anteriores foram deixados ao encargo da consciência: presumia-se que o cidadão houvesse pagado a quantia correta. Dessa vez, um templário e um hospitalário foram nomeados coletores em cada paróquia, acompanhados de um sacerdote e dois paroquianos. Essa equipe de coleta recebia a autoridade de investigar casos suspeitos e aprisionar os transgressores até que pagassem a soma completa[4]. Muitos clérigos predisseram que a cruzada chegaria a mau fim por causa dessa taxação abusiva. Um trovador francês chegou a cantar de «tiranos que tomaram a cruz para poderem taxar escrivães, cidadãos e soldados [...] mais numerosos são os que tomaram a cruz por ganância do que por fé»[5].

Em 6 de julho de 1189, Henrique II morreu e foi sucedido por seu filho, Ricardo Coração de Leão. Devido ao Dízimo de Saladino, Ricardo herdou um tesouro abarrotado, que continha pelo menos cem mil marcos apesar do fato de que, pouco antes de sua morte, Henrique dera trinta mil marcos aos templários e hospitalários para a defesa de Tiro[6]. Embora Ricardo se tenha revelado um prodigioso gastador, suas reservas pareciam infinitas.

No final do século XII, o fardo tributário transferiu-se das coroas para o papado: em 1199, Inocêncio III criou um imposto de 2,5% ao ano sobre toda a renda clerical para financiar a Quarta Cruzada. A medida provocou muitos incidentes de rebelião aberta e insolvência.

Os impostos cruzados chegaram ao seu pico durante o reinado de São Luís. Calcula-se que, de 1247 a 1257, Luís gastou 1,5 milhões de libras entre cruzadas, ou mais de seis vezes a renda da coroa. A diferença era suprida por «doações» e impostos especiais. Quanto às «doações», em 1248, ordenou-se a 82 cidades no norte da França que «dessem» amplas somas «para ajudar a jornada marítima»[7]. A quantia arrecadada chegou a 275 mil libras. Ademais, enormes somas provinham de impostos sobre as igrejas: o «clero francês ofereceu um dízimo por mais de cinco anos», o que pode ter somado quase um milhão de libras[8]. Mesmo assim, muitos dos principais nobres pagaram por suas próprias viagens, bem como por aquelas de seus contingentes; as cruzadas eram enormemente caras.

Murmurações

Desde o início, alguns teólogos cristãos haviam condenado a doutrina de que as cruzadas proporcionavam o perdão dos pecados e eram moralmente equivalentes à profissão de votos monásticos. Essas críticas aumentavam cada vez que as cruzadas fracassavam, incentivando afirmações de que Deus não aprovava aquelas guerras. Pior ainda, «muitos cristãos começaram a blasfemar»[9], afirmando que Deus estaria favorecendo os muçulmanos. Um famoso trovador perguntou: «Deus, por que fizeste recair esta desgraça sobre o nosso rei francês [...]. É com boa razão que paramos de acreditar em Deus e adoramos Maomé»[10]. Ainda mais perniciosas foram as linhas desesperadas de um cavaleiro templário escritas depois do massacre ou escravização dos cavaleiros em Arsufe por Baibars:

> Meu coração está tão repleto de pesar, que pouco falta para que eu me mate duma vez, ou arranque esta cruz que assumi em honra dAquele que foi crucificado. Pois nem cruz nem fé me protege e guia contra os malditos turcos. Pelo contrário, como qualquer um pode ver, Deus parece, para nosso detrimento, querer protegê-los [...] Logo, é louco aquele que busca lutar contra os turcos, visto que Jesus Cristo não lhes nega nada[11].

Em resposta a tais objeções, os líderes do clero argumentavam que Deus permitia essas derrotas por causa dos pecados dos cruzados[12]. Os próprios cruzados adotavam com frequência essa explicação e ofereciam várias demonstrações elaboradas de contrição; recorde-se o jejum de três dias seguido da marcha a pés descalços em volta dos muros de Jerusalém em 1099. É claro que a contrição tinha seus limites, e as prostitutas nunca foram banidas dos acampamentos[13]. De qualquer forma, afirmações de que Deus não apoiava as Cruzadas foram aumentando em volume e popularidade — especialmente entre aqueles que pagavam a maior parte dos impostos.

Finalmente, quando a Igreja reuniu um concílio em Lyon em 1274, o papa pediu ao estimado Humberto de Romans, geral da Ordem Dominicana, que lhe preparasse um relatório sobre a oposição contemporânea às Cruzadas. Foi um resumo magistral.

Humberto começou com a observação de que foram os muçulmanos a provocar as Cruzadas. Por mais de seiscentos anos eles estiveram atacando a cristandade. Todo o norte da África antes fora uma florescente região cristã; agora só restava um bispado cristão no Marrocos. Eles haviam invadido a Espanha, a Sicília e a Itália. Pior de tudo, haviam tomado e profanado a Terra Santa. Não havia dúvida de que as Cruzadas tinham sido um dever cristão. Por que, então, tantos se esquivaram do dever de ir?

Alguns se eximiram por estarem afundados no pecado e na autocomplacência. Muitos outros por medo. E medo não somente do combate: muitos cavaleiros normalmente corajosos tinham pavor de lançar-se ao mar. (Era de conhecimento comum que muitos veteranos provados pela guerra deram para trás em seu voto de tomar a cruz quando chegou a hora de embarcar num navio.) Outros deixaram de cumprir seu voto por preocuparem-se demais com os seus afazeres. Outros, ainda, por causa de obrigações familiares; as mulheres tinham sido frequentes e aguerridas opositoras das Cruzadas, conquanto algumas houvessem partido para o Oriente com seus maridos, filhos e amantes.

O motivo verdadeiramente importante, porém, para cada vez mais homens não se unirem às Cruzadas eram as críticas que se acumulavam contra a iniciativa. Alguns dos críticos eram pacifistas que consideravam pecado matar quem quer que fosse. Alguns argumentavam que fazia mais sentido deixar os muçulmanos em paz, a não ser que invadissem a Europa: «Quando os conquistamos e matamos, mandamo-los para o inferno, o que é contrário à caridade cristã»[14]. Outros condenavam as Cruzadas por desperdiçarem as vidas e energia dos melhores e mais brilhantes homens da época. Muitos perguntavam-se se Luís IX não teria feito melhor se tivesse ficado na França e tido uma vida longeva. Alguns dos críticos mais persuasivos atacavam as cruzadas dizendo que eram uma empresa fútil: havia muçulmanos demais e a Palestina ficava muito longe. E a discussão sempre voltava para os impostos. As Cruzadas custavam caro demais.

As Cruzadas também começavam a causar problemas demais. Alguns de seus críticos mais ferozes das cruzadas também criticavam, com a mesma ferocidade, a Igreja Católica em outros temas. Os cátaros (albigenses) condenavam toda a matança, incluindo a pena de morte, e dirigiam condenações específicas às Cruzadas. Os valdenses, do mesmo modo, opunham-se à matança e estendiam isso a condenações de todas as cruzadas. Essas opiniões provavelmente ajudaram a inflamar a oposição a ambos os grupos, mas a organização de ataques militares a ambos — também justificados como «cruzadas» pelos seus promotores — foi o que mais gerou oposição a todo o esforço cruzado. As campanhas contra os cátaros e valdenses foram guerras brutais de extermínio que devastaram partes da Europa, prejudicaram a economia e geraram grande amargura em muitas comunidades europeias.

O resultado de todos esses fatores foi que, depois de Eduardo I navegar de volta para a Inglaterra em 1272, não houve mais expedições cruzadas de grande porte que fossem à Terra Santa — ainda que vários pequenos contingentes aparecessem, incluindo um liderado pela Condessa Alice de Blois em 1287, e outro sob o comando de Odo de Grandson em 1290.

Cai o Reino

Em fevereiro de 1289, Saif al-Din Qalawun (ou Calavuno), o sultão mameluco do Egito, conduziu um gigantesco exército para o norte e cercou Trípoli, um dos cinco portos cruzados que restavam na Terra Santa. Os templários avisaram aos habitantes que os egípcios estavam chegando, mas no começo ninguém acreditou. E, confiando na imensa força de suas fortificações, não fizeram preparações especiais até que o inimigo estivesse literalmente às portas. Para sua grande surpresa, não somente era o exército muçulmano muito maior do que qualquer habitante da cidade julgara possível: ele trouxera imensas máquinas de cerco capazes de esmagar os muros da cidade. Com o bombardeio que se seguiu, os membros da comunidade mercante de Veneza que estavam em Trípoli decidiram que a cidade não podia ser defendida e partiram em suas naus com suas posses mais preciosas. Isso alarmou os mercadores genoveses, e assim também estes correram para dentro de suas naus e partiram. Isso pôs a cidade numa desordem geral na mesma hora em que os muçulmanos lançavam um assalto geral às brechas nas paredes. Conforme as hordas de soldados egípcios inundavam a cidade, alguns cristãos conseguiram fugir para os últimos barcos que havia no cais. Quanto ao restante, os homens foram massacrados, e as mulheres e crianças foram levados em marcha para mercados de escravos. Então, «Calavuno mandou arrasar a cidade até os alicerces, para que os francos, com seu domínio do mar, não tentassem retomá-la»[15]. Ele também fundou a nova Trípoli a alguns quilômetros de distância no interior, onde não pudesse ser abordada por mar.

Com isso, sobravam Acre, Tiro, Beirute e Haifa.

Em seu leito de morte, Calavuno mandou seu filho e herdeiro, al-Ashraf, jurar que conquistaria Acre. Então, em abril de 1291, al-Ashraf chegou a Acre com um exército ainda maior do que aquele que seu pai conduzira a Trípoli e com máquinas de cerco ainda mais poderosas. Os defensores lutaram bravamente e com muita habilidade; várias vezes partiram pelos portões em ataque ao acampamento muçulmano. Mas, enquanto isso, suas fortificações iam sendo reduzidas a escombros pelas pedras gigantes atiradas pelas máquinas de cerco, embora os suprimentos continuassem a chegar do Chipre por mar e alguns civis tivessem sido evacuados nas viagens de retorno das naus. Em maio, um mês após o início do cerco, chegaram do Chipre reforços que consistiam de cem cavaleiros montados e dois mil homens de infantaria. Mas eram muito poucos.

Logo a batalha tomava conta das ruas, e muitos civis amontoavam-se em barcos a remo tentando alcançar as galés no cais. Mas a maioria das pessoas não pôde escapar, e «logo os soldados muçulmanos penetraram a cidade, matando todos indiscriminadamente, velhos, mulheres e crianças»[16]. Em 8 de maio, Acre encontrava-se inteiramente nas mãos dos muçulmanos, exceto o castelo dos templários, que se projetava em direção ao mar. Barcos do Chipre continuavam a receber a bordo refugiados do castelo enquanto os templários, auxiliados por outros guerreiros que haviam sobrevivido, defendiam os muros. Nesse momento, al-Ashraf ofereceu-lhes termos de rendição favoráveis, os templários aceitaram-nos e um contingente de mamelucos foi admitido para supervisionar a rendição. Infelizmente, perderam o controle. Como admite o cronista muçulmano Abu'l-Mahasin, o contingente mameluco «começou a pilhar o local e pegar as mulheres e crianças»[17]. Furiosos, os templários mataram-nos todos e prepararam-se para continuar a batalha. No dia seguinte, totalmente ciente do que dera errado, al-Ashraf ofereceu os mesmos termos favoráveis novamente. O comandante dos templários e alguns companheiros aceitaram um salvo-conduto para organizar a rendição, mas, quando chegaram à tenda do sultão, foram presos e decapitados. Ao verem isso dos seus postos no muro, os templários remanescentes decidiram lutar até a morte. E o fizeram.

Menos de um mês depois, esse enorme exército muçulmano chegou a Tiro. A guarnição era pequena demais para tentar uma defesa e velejou para o Chipre sem resistir. Em seguida, os muçulmanos marcharam até Beirute. Aqui, também, a resistência era inviável, e os habitantes da cidade também velejaram para o Chipre. Haifa também caiu sem resistência; os monges do Monte Carmelo foram mortos e seus mosteiros, queimados. O último enclave cristão era agora o forte templário da ilha de Arruade, a três quilômetros da costa. Os templários aí resistiram até 1303, abandonando o posto somente por causa da supressão de sua ordem pelo rei da França e pelo papa. Depois da queda de Acre, os hospitalários reuniram-se no Chipre e então, em 1310, conquistaram a ilha de Rodes dos bizantinos. Ali eles construíram uma armada superior e desempenharam um papel importante na defesa da navegação ocidental no Oriente.

E assim acabou. Deve-se ter em mente que os reinos haviam sobrevivido, pelo menos ao longo da costa, por quase tanto tempo quanto dura a existência dos Estados Unidos como nação.

Memórias muçulmanas

Karen Armstrong é uma dentre os muitos que gostariam que acreditássemos terem sido as Cruzadas «uma das causas diretas do conflito no Oriente Médio hoje»[18]. Isso pode ser verdade, mas não porque o mundo muçulmano tenha nutrido ressentimento das Cruzadas pelos muitos séculos desde então. Como Jonathan Riley-Smith explica: «Interpreta-se comumente que os muçulmanos tenham herdado de seus ancestrais medievais amargas recordações da violência das Cruzadas. Nada poderia estar mais longe da verdade. Antes do fim do século XIX, os muçulmanos não haviam demonstrado muito interesse pelas cruzadas, [relembrando-as] com indiferença e complacência»[19]. Mesmo os cronistas muçulmanos contemporâneos a elas prestaram muito pouca atenção às Cruzadas, considerando-as como invasões por «um povo primitivo, ignorante, empobrecido e não muçulmano, do qual os governantes e estudiosos muçulmanos pouco conheciam, e com o qual pouco se importavam»[20]. Ademais, a maioria dos árabes considerava as Cruzadas como meros ataques aos odiados turcos e, portanto, um acontecimento de pouco interesse[21]. Com efeito, no relato escrito por Ibn

Zafir no final do século XII, diz-se que era melhor que os francos ocupassem o Reino de Jerusalém, já que isso teria impedido «a disseminação da influência dos turcos nas terras do Egito»[22].

O interesse muçulmano nas Cruzadas parece ter-se iniciado no século XIX, quando o próprio termo[23] foi introduzido pelos cristãos árabes que traduziram histórias francesas para o árabe — pois fora no Ocidente que as Cruzadas primeiramente voltaram à moda durante o século XIX. Na Europa e nos Estados Unidos, «o romance das Cruzadas e das aventuras dos cruzados» tornou-se um tema literário muito comum, como se vê nos muitos romances populares de Sir Walter Scott[24]. Não é de surpreender que essa popularidade requeria que, pelo menos na Grã-Bretanha e na América, as Cruzadas fossem «descatolicizadas»[25]. Os autores conseguiam isso, em parte, ao enfatizar o conflito entre os templários e o papa, transformando os monges guerreiros numa ordem de valentes heróis anticatólicos. Além disso, desenvolveu-se uma conexão forte entre o impulso imperial europeu e o imaginário romântico das Cruzadas «a tal ponto que, durante a Primeira Guerra Mundial, campanhas e heróis de guerra eram regularmente louvados como cruzados na imprensa popular, nos púlpitos e na propaganda oficial da máquina de guerra britânica»[26].

Enquanto isso no Oriente, o Império Otomano revelara-se completamente como «o doente da Europa», uma relíquia decrépita incapaz de suprir os armamentos necessários à própria defesa, o que veio a sublinhar o caráter retrógrado em geral da cultura islâmica e provocou uma «revolta fervente»[27] contra o Ocidente entre os intelectuais muçulmanos, eventualmente levando-os a focar sua atenção nas Cruzadas.

Assim, as memórias atuais e a raiva dos muçulmanos em relação às Cruzadas são uma criação do século XX[28], motivada em parte pelo «imperialismo britânico e francês após a Primeira Guerra e a criação do Estado de Israel após a Segunda Guerra»[29]. Foi o último sultão do Império Otomano a governar com autoridade absoluta, Abdulamide II (1876 — 1909), quem começou a fazer referências às cruzadas europeias. Isso motivou a primeira história muçulmana das Cruzadas, publicada em 1899. Na introdução, seu autor, Sayyid Ali al-Hariri, observou: «Os soberanos da Europa hoje atacam o nosso Sublime Império de uma maneira que se assemelha muito aos feitos daqueles povos de tempos idos [os cruzados]. Nosso gloriosíssimo sultão, Abdulamide II, observou corretamente que a Europa está agora realizando uma cruzada contra nós»[30].

Esse lugar-comum foi avidamente adotado pelos nacionalistas muçulmanos. «Só a união muçulmana poderia opor-se a estas novas cruzadas, alguns argumentaram, e a ameaça cruzada tornou-se um importante tema nos escritos do movimento pan-islâmico»[31]. Mesmo no contexto da fraqueza muçulmana em face do Ocidente moderno, o triunfalismo islâmico floresceu; muitos propuseram que, por meio das Cruzadas, o «Ocidente selvagem [...] beneficiou-se com a absorção dos valores civilizados [do Islã]». Quanto aos efeitos da influência cruzada no Islã, «como o Islã poderia beneficiar-se de contatos estabelecidos com uma civilizada inferior e retrógrada?»[32]

Finalmente, a imagem do cruzado brutal e colonizador demonstrou tamanho poder polêmico que acabou afogando quase tudo o mais no jargão ideológico do antagonismo muçulmano ao Ocidente — a não ser, é claro, Israel e ideias paranoicas sobre a conspiração judaica mundial.

Conclusão

O fio condutor dos capítulos precedentes pode ser resumido muito brevemente. As Cruzadas não se levantaram sem provocação. Não foram a primeira fase do colonialismo europeu. Não foram organizadas em busca de terras, despojos ou conversos. Os cruzados não eram bárbaros que vitimizaram os cultos muçulmanos. Eles sinceramente acreditavam que serviam nos batalhões de Deus.

Bibliografia

Abulafia, Anna Sapir. "Invectives Against Christianity in the Hebrew Chronicles of the First Crusade." Em Edbury, 1985, pp. 66-72.

Abun-Nasr, Jamil. *A History of the Maghrib*. Cambridge: Cambridge Univ. Press, 1971.

Afsaruddin, Asma, "The Great Library at *Alexandria*." *American Journal of Economics and Sociology*, 49, 1990, pp. 291-92.

Ahmad, Aziz. *A History of Islamic Sicily*. Edimburgo: Edinburgh Univ. Press, 1975.

Ajram, Dr. K. *The Miracle of Islamic Science*. Cedar Rapids, IA: Knowledge House, 1992.

Alroy, Gil Carl. *Behind the Middle East Conflict: The Real Impasse Between Arabs and Jews*. Nova York: G. P. Putnam's Sons, 1975.

Andrea, A. J. "The Crusades in Perspective: The Crusades in Modern Islamic Perspective." *History Compass*, 1, 2003, pp. 1-4.

Anônimo. *Gesta Francorum: The Deeds of the Franks and Other Pilgrims to Jerusalem*. Oxford: Clarendon Press, 1962.

Armstrong, Karen. *Holy War: The Crusades and Their Impact on Today's World*. Nova York: Random House, 2001.

Asbridge, Thomas. *The First Crusade: A New History*. Oxford: Oxford Univ. Press, 2004.

Atiya, Aziz S. *History of Eastern Christianity*. Notre Dame: Univ. of Notre Dame Press, 1968.

____________. *Crusade, Commerce and Culture*. Nova York: John Wiley & Sons, 1966.

Bachrach, Bernard S. "On the Origins of William the Conqueror's Horse Transports." *Technology and Culture*, 26, 1985, pp. 505--31.

Bairoch, Paul. *Cities and Economic Development: From the Dawn of History to the Present*. Chicago: Univ. of Chicago Press, 1988.

Baldwin, Marshall W. (org.). *A History of the Crusades*. Vol. 1, *The First Hundred Years*. Madison: Univ. of Wisconsin Press, 1969.

Baldwin, Summerfield. *Business in the Middle Ages*. Nova York: Henry Holt, 1937.

Barber, Malcolm. *The New Knighthood: A History of the Order of the Temple*. Cambridge: Cambridge Univ. Press, 1994.

Baron, Salo Wittmayer. *A Social and Religious History of the Jews*, vols. 3, 4 e 5. Nova York: Columbia Univ. Press, 1957.

Becker, Carl Heinrich. *Christianity and Islam*. Boston: IndyPublish, 2006.

___________. "The Expansion of the Saracens—the East." In: *The Cambridge Medieval History (*org.). J. B. Bury, H. M. Gwatkin e J. P. Whitney, vol. 2, pp. 329-65. Cambridge: Cambridge Univ. Press, 1926a.

___________. "The Expansion of the Saracens—Africa and Europe." Em *The Cambridge Medieval History* (org.). J. B. Bury, H. M. Gwatkin e J. P. Whitney, vol. 2, pp. 366-90. Cambridge: Cambridge Univ. Press, 1926b.

Bédier, Joseph, e Pierre Aubry. *Chansons de Croisade*. Honoré Champion: Paris, 1909.

Beeching, Jack. *The Galleys at Lepanto*. Nova York: Charles Scribner's Sons, 1982.

Berry, Virginia G. "The Second Crusade." Em Baldwin, 1969, pp. 463-512.

Biddle, Martin. *The Tomb of Christ*. Thrupp: Sutton Publishing, 1999.

Bloom, Jonathan. "Islam on the Temple." *Times Literary Supplement*, 7 de dezembro de 2007, pp. 7-8.

Boas, Adrian J. "The Frankish Period: A Unique Medieval Society Emerges." *Near Eastern Archaeology*, 61, 1998, pp. 138-73.

Boorstin, Daniel J. *The Discoverers*. Nova York: Random House, 1983.

Bramhall, Edith Clementine. "The Origin of the Temporal Privileges of Crusaders." *American Journal of Theology*, 5, 1901, pp. 279--92.

Brand, Charles M. "The Byzantines and Saladin, 1185-1192: Opponents of the Third Crusade." *Speculum*, 37, 1962, pp. 167-81.

Brent, Michael, e Elizabeth Fentress. *The Berbers*. Oxford: Blackwells, 1996.

Brickman, William W. "The Meeting of East and West in Educational History." *Comparative Education Review*, 5, 1961, pp. 82-98.

Brown, Gordon S. *The Norman Conquest of Southern Italy and Sicily*. Jefferson, NC: McFarland & Co, 2003.

Brundage, James A. "Prostitution, Miscegenation and Sexual Purity in the First Crusade." Em Edbury, 1985, pp. 57-65.

Bull, Marcus. *Knightly Piety and the Lay Response to the First Crusade: The Limousin and Gascony, c. 970-c. 1130*. Oxford: Clarendon Press, 1993.

Bulliet, Richard W. *The Camel and the Wheel*. Nova York: Columbia Univ. Press, 1990.

__________. *Conversion to Islam in the Medieval Period: An Essay in Quantitative History*. Cambridge, MA: Harvard Univ. Press, 1979a.

__________. "Conversion to Islam and the Emergence of Muslim Society in Iran." Em *Conversion to Islam*, org. Nehemia Levtzion, pp. 30-51. Nova York: Holmes & Meier, 1979b.

Burman, Edward. *The Templars: Knights of God*. Rochester, VT: Destiny Books, 1986..

__________. *Ancient Coptic Churches in Egypt*, vol. 2. Oxford: Oxford Univ. Press, 1884.

Cahen, Claude. "The Turkish Invasion: The Selchükids." Em Baldwin, 1969, pp. 135-76.

Cardini, Franco. *Europe and Islam*. Oxford: Blackwell, 2001.

Carroll, James. *Crusade: Chronicles of an Unjust War*. Nova York: Metropolitan Books, 2004.

Cate, James Lea. "The Crusade of 1101." Em Baldwin, 1969, pp. 343-69.

Cazel, Fred A. "The Tax of 1185 in Aid of the Holy Land." *Speculum*, 30, 1955, pp. 385-92.

Chandler, Tertius. *Four Thousand Years of Urban Growth: An Historical Census*. Lewiston, NY: Edwin Mellen Press, 1987.

Charanis, Peter. "The Byzantine Empire in the Eleventh Century." Em Baldwin, 1969, pp. 177-219.

Chazan, Robert. *The Jews of Medieval Western Christendom, 1000--1500*. Cambridge: Cambridge Univ. Press, 2006.

__________. *In the Year 1096: The First Crusade and the Jews*. Filadélfia: Jewish Publication Society, 1996.

__________. *European Jewry and the First Crusade*. Berkeley: Univ. of California Press, 1986.

__________ (org.). *Church, State, and Jew in the Middle Ages*. West Orange, NJ: Behrman House, 1980.

Cheetham, Nicolas. *Keepers of the Keys: The History of the Popes from St. Peter to John Paul II*. Nova York: Scribner's, 1983.

Cohen, Raymond. *Saving the Holy Sepulchre*. Nova York: Oxford Univ. Press, 2008.

Cole, Penny J. *The Preaching of the Crusades to the Holy Land, 1095-1270*. Cambridge, MA: Medieval Academy of America, 1991.

Colish, Marcia L. *Medieval Foundations of the Western Intellectual Tradition: 400-1400*. New Haven, CT: Yale Univ. Press, 1997.

Collins, Roger. *Charlemagne*. Toronto: Univ. of Toronto Press, 1998.

Comnena, Ana. *The Alexiad*. Londres: Penguin Classics, 1969.

Constable, Giles. "The Second Crusade as Seen by Contemporaries." *Traditio*, 9, 1953, pp. 213-79.

Curry, Andrew. "The Crusades, the First Holy War." *U.S. News & World Report,* 8 de abril de 2002, p. 36.

Daniel-Rops, Henri. *Cathedral and Crusade: Studies of the Medieval Church, 1050-1350*. Londres: Dent, 1957.

Davidson, H. R. Ellis. *The Viking Road to Byzantium*. Londres: George Allen & Unwin, 1976.

Davis, Paul K. *100 Decisive Battles from Ancient Times to the Present*. Oxford: Oxford Univ. Press, 2001.

Davis, William Stearns, org. *Readings in Ancient History: Illustrative Extracts from the Sources*, vol. 2, *Rome and the West*. Boston: Allyn and Bacon, 1913.

Delbrück, Hans. *The Barbarian Invasions: History of the Art of War*, vol. 2. Lincoln: Univ. of Nebraska Press, 1990.

Dennet, Daniel C., Jr. "Pirenne and Muhammad." *Speculum*, 23, 1948, pp. 165-90.

d'Eszlary, Charles. "Magna Carta and the Assises of Jerusalem." *American Journal of Legal History*, 2, 1958, pp. 189-214.

Dickens, Mark. "The Church of the East." Em: www.oxuscom.com/ch-of-east.htm, 1999.

Donner, Fred McGraw. *The Early Islamic Conquests*. Princeton, NJ: Princeton Univ. Press, 1981.

Duby, Georges. *The Knight, the Lady, and the Priest*. Chicago: Univ. of Chicago Press, 1994.

____________. *The Chivalrous Society*. Berkeley: Univ. of California Press, 1977.

Duffy, Eamon. *Saints and Sinners: A History of the Popes*. New Haven, CT: Yale Univ. Press, 1997.

Duncalf, Frederic. "The Councils of Piacenza and Clermont." Em Baldwin, 1969, pp. 220-52.

____________. "The First Crusade: Clermont to Constantinople." Em Baldwin, 1969, pp. 253-79.

____________. "The Peasants' Crusade." *American Historical Review*, 26, 1921, pp. 440-53.

Durant, Will. *The Age of Faith*. Nova York: Simon and Schuster, 1950.

Edbury, Peter. "Warfare in the Latin East." Em *Medieval Warfare: A History*, org. Maurice Keen, pp. 89-112. Oxford: Oxford Univ. Press, 1950.

____________ (org.). *Crusade and Settlement*. Cardiff, UK: Univ. College Cardiff Press, 1985.

Ehrenkreutz, A. S. "The Place of Saladin in the Naval History of the Mediterranean Sea in the Middle Ages." *Journal of the American Oriental Society*, 75, 1955, pp. 100-116.

Ekelund, Robert B., Robert F. Hébert, Robert D. Tollison, Gary M. Anderson, e Audrey B. Davidson. *Sacred Trust: The Medieval Church as an Economic Firm*. Nova York: Oxford Univ. Press, 1999.

Erdmann, Carl. *The Origin of the Idea of Crusade*. Princeton, NJ: Princeton Univ. Press, 1977.

Erdoes, Richard. *A.D. 1000: Living on the Brink of the Apocalypse*. Nova York: Harper and Row, 1988.

Fahmy, Aly Mohamed. *Muslim Sea-Power in the Eastern Mediterranean*. Cairo: National Publication, 1966.

Farah, Caesar E. *Islam: Beliefs and Observations*. Hauppauge, NY: Barron's, 1994.

Ferris, Eleanor. "The Financial Relations of the Knights Templars to the English Crown." *American Historical Review*, 8, 1902, pp. 1-17.

Fink, Harold S. "The Foundation of the Latin States, 1099-1118." Em Baldwin, 1969, pp. 368-409.

Fletcher, Richard. *The Barbarian Conversion: From Paganism to Christianity*. Nova York: Henry Holt and Company, 1997.

___________. *Moorish Spain*. Berkeley: Univ. of California Press, 1992.

France, John. "Patronage and the Appeal of the First Crusade." In: *The Crusades: The Essential Readings*, org. Thomas F. Madden, pp. 195-207. Oxford: Blackwell Publishing, 2002.

___________. *Western Warfare in the Age of the Crusades, 1000--1300*. Ithaca, NY: Cornell Univ. Press, 1999.

___________. *Victory in the East*. Cambridge: Cambridge Univ. Press, 1997.

Fregosi, Paul. *Jihad in the West: Muslim Conquests from the 7th to the 21st Centuries*. Amherst, NY: Prometheus Books, 1998.

Fulquério de Chartres. *A History of the Expedition to Jerusalem, 1095-1127*. Knoxville: Univ. of Tennessee Press, 1969.

Gabrieli, Francesco. "Greeks and Arabs in the Central Mediterranean Area." *Dumbarton Oaks Papers*, 18, 1964, pp. 57-65.

Gay, Peter. *The Enlightenment*. Nova York: W. W. Norton, 1966.

Gibb, Sir Hamilton A. R. "The Caliphate and the Arab States." In: Baldwin, 1969, pp. 81-98.

___________. "Arab-Byzantine Relations Under the Umayyad Caliphate." *Dumbarton Oaks Papers*, 12, 1958, pp. 219-33.

Gibbon, Edward. *The History of the Decline and Fall of the Roman Empire*, 3 vols. Londres: Allen Lane/Penguin Press, 1994.

Gidal, Nachum T. *Jews in Germany: From Roman Times to the Weimar Republic*. Colônia: Könemann, 1998.

Gies, Frances, e Joseph Gies. *Cathedral, Forge, and Waterwheel: Technology and Invention in the Middle Ages*. Nova York: Harper Collins, 1904.

Gil, Moshe. *A History of Palestine, 634-1099*. Cambridge: Cambridge Univ. Press, 1992.

Gillingham, John. "An Age of Expansion: c. 1020-1204." Em *Medieval Warfare: A History*, org. Maurice Keen, pp. 59-88. Oxford: Oxford Univ. Press, 1999.

Gimpel, Jean. *The Medieval Machine: The Industrial Revolution of the Middle Ages*. Nova York: Penguin Books, 1976.

Glubb, Sir John Bagot. *The Great Arab Conquests*. Nova York: Barnes and Noble, 1995.

Grabar, Oleg. *The Dome of the Rock*. Cambridge, MA: Belknap Press of the Harvard Univ. Press, 2006.

Graetz, Heinrich Hirsh. *History of the Jews*, vol. 3. Filadélfia: Jewish Publication Society of America, 1894.

Graham, Rose. "The Taxation of Pope Nicholas IV." *English Historical Review*, 23, 1908, pp. 434-54.

Grosser, Paul E. e Edwin G. Halpern. *Anti-Semitism: Causes and Effects. An Analysis and Chronology of Nineteen Hundred Years of Anti-Semitic Attitudes and Practices*. Nova York: Philosophical Library, 1983.

Guiberto de Nogent. *Gesta Dei per Francos (The Deeds of God through the Franks)*. Rochester, NY: Boydell Press, 1997.

Guilherme de Tiro [1180] *A History of Deeds Done Beyond the Sea*, 2 vols. Nova York: Columbia Univ. Press, 1943.

Hallam, Elizabeth (org.). *Chronicles of the Crusades: Eyewitness Accounts of the Wars Between Christianity and Islam*. Nova York: Welcome Rain, 2000.

Hamilton, Bernard. *The Leper King and His Heirs: Baldwin IV and the Crusader Kingdom of Jerusalem*. Cambridge: Cambridge Univ. Press, 2000.

Hanson, Victor Davis. *Carnage and Culture: Landmark Battles and the Rise of Western Power*. Nova York: Doubleday, 2001.

Hill, Donald R. *Islamic Science and Engineering*. Edinburgh: Edinburgh Univ. Press, 1993.

Hillenbrand, Carole. *The Crusades: Islamic Perspectives*. Edimburgo: Edinburgh Univ. Press, 1999.

Hitti, Philip Khuri. *History of Syria Including Lebanon and Palestine*. Piscataway, NJ: Gorgias Press, 2002.

Hodgson, Marshall G. S. *The Venture of Islam: Conscience and History in a World Civilization*, 3 vols. Chicago: Univ. of Chicago Press, 1974.

Holt, P. M. "Saladin and His Admirers: A Biographical Reassessment." *Bulletin of the School of Oriental and African Studies, University of Londres*, 46, 1983, pp. 235-39.

Horvath, Ronald J. "A Definition of Colonialism." *Current Anthropology*, 13, 1972, pp. 45-57.

Hunt, E. D. *Holy Land Pilgrimage in the Later Roman Empire, A.D. 312-460*. Oxford: Clarendon Press, 1982.

Hussey, Joan M. "Byzantium and the Crusades." Em Wolff e Hazard, 1969, pp. 123-51.

Hyland, Ann. *The Medieval Warhorse: From Byzantium to the Crusades*. Londres: Grange Books, 1994.

Irwin, Robert. *Dangerous Knowledge: Orientalism and Its Discontents*. Nova York: Overlook Press, 2006.

Issawi, Charles. "Crusades and Current Crisis in the Near East: A Historical Parallel." *International Affairs*, 33, 1957, pp. 269-79.

Jaki, Stanley. *Chance or Reality and Other Essays*. Lanham, MD: Univ. Press of America/Intercollegiate Studies Institute, 1986.

Jaki, Stanley L. *Science and Creation*. Edimburgo: Scottish Academic Press, 1986.

Jamison, Alan G. *Faith and Sword: A Short History of Christian-Muslim Conflict*. Londres: Reaktion Books, 2006.

Jamison, Evelyn. "Some Notes on the *Anonymi Gesta Francorum*." Em *Studies in French Language and Mediaeval Literature: Presented to Professor Mildred K. Pope by Pupils, Colleagues, and Friends*, pp. 183-208. Freeport, NY: Books for Libraries Press, 1969.

Jandora, John Walter. *The March from Medina: A Revisionist Study of the Arab Conquests*. Clinton, NJ: Kingston Press, 1990.

____________. "Developments in Islamic Warfare: The Early Conquests." *Studia Islamica*, 64, 1986, pp. 101-13.

Jenkins, Romilly. *Byzantium: The Imperial Centuries, A.D. 610-1071*. Toronto: Univ. of Toronto Press, 1987.

Johnson, Edgar N. "The Crusades of Frederick Barbarossa and Henry VI." Em Wolff e Hazard, 1969, pp. 87-122.

Kaegi, Walter E. *Byzantium and the Early Islamic Conquests*. Cambridge: Cambridge Univ. Press, 1992.

Karsh, Efraim. *Islamic Imperialism: A History*. New Haven, CT: Yale Univ. Press, 2007.

Kedar, Benjamin Z. "The Subjected Muslims of the Frankish Levant." In: *The Crusades: The Essential Readings*, org. Thomas F. Madden, pp. 235-64. Oxford: Blackwell Publishing, 2002.

_________. *Crusade and Mission: European Approaches Toward the Muslims*. Princeton, NJ: Princeton Univ. Press, 1984.

_________. "The General Tax of 1183 in the Crusading Kingdom of Jerusalem: Innovation or Adaptation?" *English Historical Review*, 89, 1974, pp. 339-45.

Kennedy, Hugh. *The Armies of the Caliphs*. Londres: Routledge, 2001.

Knobler, Adam. "Holy Wars, Empires, and the Portability of the Past: The Modern Uses of the Medieval Crusade." *Comparative Studies in Society and History*, 48, 2006, pp. 293-325.

Kollek, Teddy and Moshe Pearlman. *Pilgrims to the Holy Land*. Nova York: Harper and Row, 1970.

Krey, August C. *The First Crusade: The Accounts of Eye-Witnesses and Participants*. Princeton, NJ: Princeton Univ. Press, 1921.

Krueger, Hilmar C. "The Italian City States and the Arabs before 1095." Em Baldwin, 1969, pp. 40-53.

LaMonte, John L. *Feudal Monarchy in the Latin Kingdom of Jerusalem, 1100-1291*. Cambridge: Harvard Univ. Press, 1932.

Lane-Pool, Stanley. *Saladin: All-Powerful Sultan and Uniter of Islam*. Nova York: Cooper Square Press, 2002.

Lawrence, C. H. *Medieval Monasticism*. Londres: Longman, 2000.

Leighton, Albert C. *Transportation and Communication in Early Medieval Europe, A.D. 500-1100*. Newton Abbot, UK: David & Charles, 1972.

Lewis, Archibald R. *Naval Power and Trade in the Mediterranean, A.D. 500-1100*. Princeton, NJ: Princeton Univ. Press, 1951.

Lewis, Bernard. *What Went Wrong? Western Impact and Middle East Response*. Oxford: Oxford Univ. Press, 2002.

__________. *The Muslim Discovery of Europe*. Nova York: W. W. Norton, 2001.

__________. *Islam and the West*. Oxford: Oxford Univ. Press, 1994.

__________. *The Jews of Islam*. Princeton, NJ: Princeton Univ. Press, 1987.

__________. *The Assassins: A Radical Sect in Islam*. Londres: Weideenfeld & Nicolson, 1967.

Lofland, John, e Rodney Stark. "Becoming a World-Saver: A Theory of Conversion to a Deviant Perspective." *American Sociological Review*, 30, 1965, pp. 862-75.

Lomax, Derek W. *The Reconquest of Spain*. Londres: Longman, 1978.

Lopez, Robert S. *The Commercial Revolution of the Middle Ages, 950-1350*. Cambridge: Cambridge Univ. Press, 1976.

__________. "The Norman Conquest of Sicily." Em Baldwin, 1969, pp. 54-67.

Lunt, W. E. "Papal Taxation in England in the Reign of Edward I." *English Historical Review*, 30, 1915, pp. 398-417.

Maalouf, Amin. *The Crusades Through Arab Eyes*. Nova York: Schocken Books, 1984.

Mackensen, Ruth Stellhorn. "Background of the History of Moslem Libraries (Concluded)." *American Journal of Semitic Languages and Literature*, 52, 1936, pp. 104-10.

__________. "Background of the History of Moslem Libraries." *American Journal of Semitic Languages and Literature*, 51, 1935a, pp. 114-25.

__________. "Background of the History of Moslem Libraries (Continued)." *American Journal of Semitic Languages and Literature*, 52, 1935b, pp. 22-33.

Madden, Thomas F. *Enrico Dandolo and the Rise of Venice*. Baltimore: Johns Hopkins Univ. Press, 2003.

__________. "The Real History of the Crusades." *Crisis Magazine*, 1º de abril, 2002ª, edição online.

__________. 2002b. "The Crusades in the Checkout Aisle." *Crisis Magazine*, mensagem eletrônica, 12 de abril de 2002b.

__________. *A Concise History of the Crusades*. Lanham, MD: Rowman & Littlefield, 1999.

Maier, Christoph T. *Preaching the Crusades*. Cambridge: Cambridge Univ. Press, 1994.

Manchester, William. *World Lit Only by Fire: The Medieval Mind and the Renaissance*. Nova York: Little, Brown and Company, 1993.

Marshall, Christopher. *Warfare in the Latin East, 1192-1291*. Cambridge: Cambridge Univ. Press, 1994.

Matthew, Donald. *The Norman Kingdom of Sicily*. Cambridge: Cambridge Univ. Press, 1992.

Mayer, Hans Eberhard. "Henry II of England and the Holy Land." *English Historical Review*, 97, 1982, pp. 21-39.

__________. *The Crusades*. Oxford: Oxford Univ. Press, 1972.

McLynn, Frank. *Richard and John: Kings at War*. Cambridge, MA: Da Capo Press, 2007.

McNeal, Edgar H. e Robert Lee Wolff. "The Fourth Crusade." Em Wolff e Hazard, 1969, pp. 153-85.

Michaud, J. F. *The History of the Crusades*. Nova York: Redfield, 1855.

Miller, David. *Richard the Lionheart: The Mighty Crusader*. Londres: Phoenix, 2005.

Mitchell, Joseph B., e Sir Edward Creasy. *Twenty Decisive Battles of the World*. Nova York: Macmillan, 1964.

Mitchell, Sydney Cox. *Taxation in Medieval England*. New Haven, CT: Yale Univ. Press, 1951.

Moffett, Samuel Hugh. *A History of Christianity in Asia*, vol. 1. São Francisco: Harper San Francisco, 1992.

Montgomery, Field-Marshall Viscount (Bernard). *A History of Warfare*. Nova York: World, 1968.

Moore, R. I. "A Bad Call," *Times Literary Supplement,* 25 de abril de 2008, p. 25.

Munro, Dana Carleton. *The Kingdom of the Crusaders*. Nova York: D. Appleton-Century Company, 1936.

Nicholson, Helen. *The Knights Hospitaller.* Woodbridge, UK: Boydell Press, 2003.

__________. *The Chronicle of the Third Crusade, a Translation of "The Itinerium Peregrinorum et Gesta Regis Ricardi."* Aldershot, UK: Ashgate, 2001.

Nicholson, Robert. "The Growth of the Latin States, 1118-1144." Em Baldwin, 1969, pp. 410-47.

Nicolle, David. *Acre, 1291: Bloody Sunset of the Crusader States.* Oxford: Osprey Publishing, 2005.

__________. *Historical Atlas of the Islamic World.* Londres: Mercury Books, 2004a.

__________. *Crusader Castles in the Holy Land, 1097-1192.* Botley, UK: Osprey, 2004b.

__________. *Armies of the Muslim Conquest.* Oxford: Osprey, 1993.

Norwich, John Julius. *Byzantium: The Apogee.* Nova York: Alfred A. Knopf, 1991.

__________. *Byzantium: The Early Centuries.* Londres: Penguin Books, 1990.

O'Callaghan, Joseph F. *Reconquest and Crusade in Medieval Spain.* Filadélfia: Univ. of Pennsylvania Press, 2003.

Olson, Eric W. *The Battle of Hattin, 1187.* Fort Leavenworth, KS; U.S. Army Command and General Staff College, 1997.

Oman, Charles W. *Art of War in the Middle Ages, A.D. 378-1515.* Ithaca, NY: Cornell Univ. Press, 1960.

Ostrogorsky, George. *History of the Byzantine State.* New Brunswick, NJ: Rutgers Univ. Press, 1969.

Painter, Sidney. "Western Europe on the Eve of the Crusades." Em Baldwin, 1969a, pp. 3-29.

__________. "The Third Crusade: Richard the Lionhearted and Philip Augustus." Em Wolff e Hazard, 1969b, pp. 45-85.

Partington, James Riddick. *A History of Greek Fire and Gunpowder.* Baltimore: Johns Hopkins Univ. Press, 1999.

Patton, General George S. *War as I Knew It.* Boston: Houghton Mifflin, 1947.

Payne, Robert. *The History of Islam.* Nova York: Barnes and Noble, 1995.

__________. 1984. *The Dream and the Tomb: A History of the Crusades*. Nova York: Stein & Day.

Payne-Gallwey, Sir Ralph. *The Crossbow: Its Military and Sporting History, Construction, and Use*. Nova York: Skyhorse Publishing, 2007.

Peters, Edward. "The *Firanj* Are Coming—Again." *Orbis*, inverno de 2004, pp. 3-17.

__________. *The First Crusade: The Chronicle of Fulcher of Chartres and Other Source Materials*. Filadélfia: Univ. of Pennsylvania Press, 1998.

Peters, F. E. *The Distant Shrine: The Islamic Centuries in Jerusalem*. Nova York: A.M.S Press, 1993.

Phillips, Jonathan. *The Second Crusade*. New Haven, CT: Yale Univ. Press, 2007.

__________. *The Fourth Crusade and the Sack of Constantinople*. Nova York: Viking, 2004.

__________. *Defenders of the Holy Land: Relations Between the Latin East and the West, 1119-1187*. Oxford: Clarendon Press, 1996.

__________. "The Latin East, 1098-1291." Em Riley-Smith, 1995, pp. 112-40.

Pickthall, M. M. *The Cultural Side of Islam*. Nova Delhi: Kitab Bhanan, 1927.

Pirenne, Henri. *Medieval Cities: Their Origins and the Revival of Trade*. Princeton, NJ: Princeton Univ. Press, 1939.

Poliakov, Léon. *The History of Anti-Semitism: From the Time of Christ to the Court Jews*, vol.1. Nova York: Vanguard Press, 1965.

Porges, Walter, "The Clergy, the Poor, and the Non-Combatants on the First Crusade." *Speculum*, 2, 1946, pp. 1-23.

Prawer, Joshua. *The Crusaders' Kingdom: European Colonialism in the Middle Ages*. Nova York: Praeger, 1972.

Previté-Orton, C. W. *The Shorter Cambridge Medieval History*, vol. 1. Cambridge: Cambridge Univ. Press, 1966.

Pringle, R. Denys. "Survey of Castles in the Crusader Kingdom of Jerusalem, 1989." *Levant*, 23, 1991, pp. 87-91.

Procópio. *Of the Buildings of Justinian*. Londres: Adelphi, 1888.

Procter, George. *History of the Crusades: Their Rise, Progress, and Results*. Whitefish, MT: Kessinger Publishing Co, 2007.

Pryor, John H. *Geography, Technology, and War: Studies in the Maritime History of the Mediterranean, 649-1571*. Cambridge: Cambridge Univ. Press, 1992.

Queller, Donald E., Thomas K. Compton, e Donald A. Campbell. "The Fourth Crusade: The Neglected Majority." *Speculum*, 49, 1974, pp. 441-65.

Queller, Donald E., e Gerald W. Day. "Some Arguments in Defense of the Venetians and the Fourth Crusade." *American Historical Review*, 81, 1976, pp. 717-37.

Queller, Donald E., e Thomas F. Madden. *The Fourth Crusade: The Conquest of Constantinople*. Filadélfia: Univ. of Pennsylvania Press, 1997.

Queller, Donald E., e Susan J. Stratton. "A Century of Controversy on the Fourth Crusade." *Studies in Medieval and Renaissance History*, 6, 1969, pp. 235-77.

Rudolfo de Caen. *The Gesta Tancredi: A History of the Normans on the First Crusade*. Aldershot, UK: Ashgate, 2005.

Read, Piers Paul. *The Templars*. Nova York: St. Martin's Press, 1999.

Regan, Geoffrey. *Lionhearts: Saladin, Richard I, and the Era of the Third Crusade*. Nova York: Walker and Co., 1998.

Richard, Jean. *The Crusades, c. 1071-c. 1291*. Cambridge: Cambridge Univ. Press, 1999.

Riley-Smith, Jonathan. *The Crusades: A History*. Londres: Continuum, 2005.

____________. "Islam and the Crusades in History and Imagination, 8 November 1898-11 September 2001." *Crusades*, 2, 2003, pp. 151-67.

____________. "Casualties and the Number of Knights on the First Crusade." *Crusades*, 1, 2002a, pp. 13-28.

____________. "Early Crusaders to the East and the Costs of Crusading, 1095-1130." Em *The Crusades: The Essential Readings*, org. Thomas F. Madden, pp. 156-71. Oxford: Blackwell Publishing, 2002b.

____________. *Hospitallers: The History of the Order of Saint John*. Londres: Hambledon Press, 1999.

__________. *The First Crusaders, 1095-1131*. Cambridge: Cambridge Univ. Press, 1997.

__________ (org.). *The Oxford Illustrated History of the Crusades*. Oxford: Oxford Univ. Press, 1995.

__________ (org.). *The Atlas of the Crusades*. Nova York: Facts on File, 1991.

__________. *The First Crusade and the Idea of Crusading*. Filadélfia: Univ. of Pennsylvania Press, 1986.

__________. "The Motives of the Earliest Crusaders and the Settlement of Latin Palestine, 1095-1100." *English Historical Review*, 98, 1983, pp. 721-36.

__________. "Peace Never Established: The Case of the Kingdom of Jerusalem." *Transactions of the Royal Historical Society*, 28, 1978, pp. 87-112.

__________. *The Feudal Nobility and the Kingdom of Jerusalem, 1174-1277*. Nova York: Macmillan, 1973.

Roberto, o Monge. *History of the First Crusade: Historia Hierosolimitana*. Aldershot, UK: Ashgate, 2005.

Rodgers, William L. *Naval Warfare Under Oars, 4th to 16th Centuries*. Annapolis, MD: Naval Institute Press, 1996.

Rodinson, Maxime. *Muhammad*. Nova York: Random House, 1980.

Roland, Alex. "Secrecy, Technology, and War: Greek Fire and the Defense of Byzantium, 678-1204." *Technology and Culture*, 33, 1992, pp. 655-79.

Rose, Susan. "Islam Versus Christendom: The Naval Dimension, 1000-1600." *Journal of Military History*, 63, 1999, pp. 561-78.

Runciman, Sir Steven. "The Pilgrimages to Palestine Before 1095." Em Baldwin, 1969a, pp. 68-78.

__________. "The First Crusade: Clermont to Constantinople." Em Baldwin, 1969b, pp. 253-79.

__________.. "The First Crusade: Constantinople to Antioch." Em Baldwin, 1969c, pp. 280-307.

__________. "The First Crusade: Antioch to Ascalon." Em Baldwin, 1969d, pp. 308-41.

__________. *A History of the Crusades*, 3 vols. Cambridge: Cambridge Univ. Press, 1951.

Russell, Josiah Cox. *Medieval Regions and Their Cities*. Bloomington: Indiana Univ. Press, 1972.

__________. *Late Ancient and Medieval Population*. Filadélfia: American Philosophical Society, 1958.

Ruthven, Malise. *Historical Atlas of Islam*. Cambridge, MA: Harvard Univ. Press, 2004.

Salahi, M. A. *Muhammad: Man and Prophet*. Shaftesbury, UK: Element, 1995.

Saunders, J. J. *Aspects of the Crusades*. Christchurch, NZ: Univ. of Canterbury Press, 1962.

Siberry, Elizabeth. "Images of the Crusades in the Nineteenth and Twentieth Centuries." Em *The Oxford Illustrated History of the Crusades*, org. Jonathan Riley-Smith, pp. 365-85. Oxford: Oxford Univ. Press, 1995.

__________. *Criticism of Crusading, 1095-1274*. Oxford: Clarendon Press, 1985.

Sire, H. J. A. *The Knights of Malta*. New Haven, CT: Yale Univ. Press, 1996.

Sivan, Emmanuel. 1973. *Modern Arab Historiography of the Crusades*. Tel Aviv: Tel Aviv Univ., Shiloah Center for Middle Eastern and African Studies, 1973.

Smail, R. C. *Crusading Warfare, 1097-1193*. Cambridge: Cambridge Univ. Press, 1995.

__________. "Crusaders' Castles of the Twelfth Century." *Cambridge Historical Journal*, 10, 1951, pp. 133-49.

Southern, R. W. *Western Society and the Church in the Middle Ages*. Londres: Penguin, 1970.

Spielvogel, Jackson J. *Western Civilization*. Belmont, CA: Wadsworth, 2000.

Stark, Rodney. *Discovering God: The Origins of the Great Religions and the Evolution of Belief*. São Francisco: HarperOne, 2007.

__________. *The Victory of Reason: How Christianity Led to Freedom, Capitalism, and Western Success*. Nova York: Random House, 2005.

__________. *For the Glory of God: How Monotheism Led to Reformations, Science, Witch-Hunts, and the End of Slavery*. Princeton, NJ: Princeton Univ. Press, 2003.

____________. *The Rise of Christianity*. Princeton, NJ: Princeton Univ. Press, 1996.

Stark, Rodney e Roger Finke. *Acts of Faith: Explaining the Human Side of Religion*. Berkeley: Univ. of California Press, 2000.

Strayer, Joseph R. "The Crusades of Louis IX." Em Wolff e Hazard, 1969, pp. 487-518.

Taylor, Joan. "The Nea Church." *Biblical Archaeology Review*, 34, janeiro/fevereiro de 2008, pp. 51-59.

Ter-Ghevondian, Aram. "The Armenian Rebellion of 703 Against the Caliphate." *Armenian Review*, 36, 1983, pp. 59-72.

Throop, Palmer A. *Criticism of the Crusade: A Study of Public Opinion and Crusade Propaganda*. Amsterdã: N. V. Swets & Zeitlinger, 1940.

Turnbull, Stephen. *The Walls of Constantinople, A.D. 324-1453*. Nova York: Osprey, 2004.

Tyerman, Christopher. *God's War: A New History of the Crusades*. Cambridge, MA: Belknap Press, 2006.

____________. *The Invention of the Crusades*. Toronto: Univ. of Toronto Press, 1998.

Usher, Abbot Payson. *A History of Mechanical Inventions*. Cambridge, MA: Harvard Univ. Press, 1996.

Van Cleve, Thomas C. "The Fifth Crusade." Em Wolff e Hazard, 1969, pp. 377-428.

Van Houts, Elisabeth. *The Normans in Europe*. Manchester, UK: Manchester Univ. Press, 2000.

Verbruggen, J. F. *The Art of Warfare in Western Europe During the Middle Ages from the Eighth Century*. Rochester, NY: Boydell Press, 2002.

Vryonis, Speros. *Byzantium and Europe*. Nova York: Harcourt, Brace, and World, 1967.

Webb, Diana. *Pilgrims and Pilgrimage in the Medieval West*. Londres: I. B. Tauris, 2001.

Wheeler, Benjamin W. "The Reconquest of Spain Before 1095." Em Baldwin, 1969, pp. 30-39.

White, Lynn, Jr. *Medieval Technology and Social Change*. Oxford: Oxford Univ. Press, 1962.

___________. "Technology and Invention in the Middle Ages." *Speculum*, 15, 1940, pp. 141-56.

Wolff, Robert Lee. "The Latin Empire of Constantinople." In: Wolff e Hazard, 1969, pp. 187-233.

Wolff, Robert Lee e Harry W. Hazard (orgs.). *A History of the Crusades*. Vol. 2, *The Later Crusades*, 1189-1311. Madison: Univ. of Wisconsin Press, 1969.

Ye'or, Bat. *The Decline of Eastern Christianity Under Islam: From Jihad to Dhimmitude*. Rutherford, NJ: Fairleigh Dickinson Univ. Press, 1996.

___________. *The Dhimmi: Jews and Christians Under Islam*. Rutherford, NJ: Fairleigh Dickinson Univ. Press, 1985.

Ziada, Mustafa M. "The Mamluk Sultans to 1293." Em Wolff e Hazard, 1969, pp. 735-58.

Notas

INTRODUÇÃO: BÁRBAROS GANANCIOSOS DE ARMADURA?

[1] Payne, 1984, pp. 28-29.
[2] Há quatro versões do discurso do papa, todas escritas anos mais tarde. Elas diferem consideravelmente entre si, embora haja convergências substanciais. Além disso, há várias traduções, um tanto diversas, para o inglês.
[3] Versão de Robert Rheims; documento em Peters, 1998, p. 27.
[4] Citação em Michaud, 1855, p. 51.
[5] Armstrong, 2001; Prawer, 1972.
[6] Ekelund *et al.*, 1996.
[7] Citação de Madden, 2002a.
[8] Citação em Curry, 2002, p. 36.
[9] 20 de junho, 1999, seç. 4, p. 15.
[10] Ontario Consultants on Religious Tolerance, <www.religioustolerance.org/chr_cru1.htm>.
[11] Armstrong, 2001, p. 4.
[12] Carroll, 2004, p. 5.
[13] Citação em Richard, 1999, p. 475.
[14] Hume, 1761, 1, p. 209.
[15] Citação em Richard, 1999, p. 475.
[16] Riley-Smith, 2003, p. 154.
[17] Citação em Saunders, 1962, p. 11.
[18] Citação em Saunders, 1962, pp. 11-12.
[19] Gibbon, 1994, livro 6, cap. 58.
[20] Duby, 1977; France, 1997; Mayer, 1972.
[21] Em Riley-Smith, 2003, p. 159.
[22] Armstrong, 2001, p. xii.
[23] Mayer, 1972, pp. 22-25.
[24] Ekelund *et al.*, 1996. Esta é uma das tentativas mais ineptas e desinformadas que já vi de aplicar princípios econômicos por analogia.
[25] Spielvogel, 2000, p. 259.
[26] Ver Tyerman, 1998.
[27] Citá-los tomaria a maior parte de uma página. Alguns serão mencionados no texto; os outros preencherão as notas finais.

CAPÍTULO 1: OS INVASORES MUÇULMANOS

[1] Citação em Karsh, 2007, p. 4.
[2] Rodinson, 1980, p. 273.
[3] Becker, 2006, p. 2.
[4] Becker, 1926a, p. 329.
[5] Kennedy, 2001, p. 6.
[6] Donner, 1981, p. 221.
[7] Glubb, 1995, p. 125.
[8] Becker, 1926a, p. 345.
[9] Jandora, 1990, p. 1986.
[10] Jandora, 1990.
[11] Gil, 1992, pp. 61-64.
[12] Gil, 1992, p. 54.
[13] Gil, 1992, p. 70.
[14] Glubb, 1995, p. 230.
[15] Glubb, 1995, p. 238
[16] Glubb, 1995, p. 240.
[17] Perdia apenas para Constantinopla (Chandler, 1987).
[18] Glubb, 1995, p. 241.
[19] Glubb, 1995, p. 284.
[20] Abun-Nasr, 1971.
[21] Brent e Fentress, 1996.
[22] Brent e Fentress, 1996.
[23] Ye'or, 1996, p. 48.
[24] Becker, 1926a, p. 370.
[25] Fregosi, 1998, p. 94
[26] Fregosi, 1998, p. 96.
[27] Fregosi, 1998, 132.
[28] Jamison, 2006, p. 16.
[29] Citação em Jandora, 1990, p. 105.
[30] Kennedy, 2001, cap. 7.
[31] Kaegi, 1992.
[32] Kennedy, 2001; Nicolle, 1993.
[33] Glubb, 1995, p. 25.
[34] Donner, 1981; Glubb, 1995; Kennedy, 2001.
[35] Kaegi, 1992, pp. 39-40.
[36] Donner, 1981, p. 225.
[37] Saunders, 1962, p. 29.
[38] Kennedy, 2001, p. 7.
[39] Hodgson, 1974, vol. 1.
[40] Hodgson, 1974, 1, p. 268.
[41] Payne, 1995, p. 105.
[42] Hodgson, 1974; Payne, 1995.
[43] Ter-Ghevondian, 1983.

[44] Stark, 2007, cap. 8.
[45] Stark, 2001, p. 133.
[46] Capponi, 2006.
[47] Hodgson, 1974, 1, p. 308.
[48] Lofland e Stark, 1965; Stark e Finke 2000.
[49] Bulliet, 1979a.
[50] Armstrong, 2001, p. 4.
[51] Lomax, 1978, pp. 58-59.

CAPÍTULO 2: A CRISTANDADE CONTRA-ATACA

[1] Norwich, 1990, p. 324.
[2] Jenkins, 1987, p. 42.
[3] Ostrogorsky, 1969, p. 125.
[4] Norwich, 1990, p. 325.
[5] Kennedy, 2001, p. 12.
[6] Turnbull, 2004.
[7] Roland, 1992.
[8] Partington, 1999, pp. 12-13.
[9] Roland, 1992.
[10] Partington, 1999.
[11] Partington, 1999.
[12] Fregosi, 1998.
[13] Davis, 2001, p. 105.
[14] Hanson, 2001, p. 141.
[15] Cowley e Parker 2001, p. xiii.
[16] Davis, 1913, p. 362.
[17] Citação em Mitchell e Creasy 1964, p. 111.
[18] Hanson, 2001; Montgomery, 1968.
[19] Ambas as citações são de Mitchell e Creasy, 1964, pp. 110-11.
[20] Davis, 1913, p. 363.
[21] Citação em Mitchell e Creasy, 1964, 112.
[22] White, 1962; White, 1940.
[23] Mitchell e Creasy, 1964.
[24] Gibbon, 1994, livro 5, cap. 52, p. 336.
[25] Delbrück, 1990, p. 441.
[26] Hitti, 2002, p. 469.
[27] Cardini, 2001, p. 9
[28] Lewis, 2001, p. 19.
[29] Lewis, 2001, pp. 59-60.
[30] Hanson, 2001.
[31] Lomax, 1978, p. 32.
[32] Collins, 1998; Lomax, 1978.
[33] Lomax, 1978, p. 32.

[34] Wheeler, 1969, p. 34.
[35] Citação em O'Callaghan, 2003, p. 26.
[36] Citação em O'Callaghan, 2003, p. 25.
[37] O'Callaghan, 2003, p. 27.
[38] Lomax, 1978, p. 65.
[39] Lomax, 1978, p. 74.
[40] Norwich, 1991.
[41] Norwich, 1991, p. 93.
[42] Norwich, 1991, p. 284.
[43] Brown, 2003, p. 36.
[44] Brown, 2003, p. 36.
[45] Brown, 2003, p. 37.
[46] Norwich, 1991, p. 285.
[47] Norwich, 1991, p. 285.
[48] Brown, 2003, p. 42.
[49] Em Van Houts, 2000, p. 243.
[50] Comnena, 1969, p. 54.
[51] Matthew, 1992.
[52] Pirenne, 1939, p. 25.
[53] Gabrieli, 1964; Gibb, 1958.
[54] Dennet (1948) listou seis objeções à tese de Pirenne, nenhuma das quais diz respeito à sua capacidade naval de bloquear o acesso europeu ao Mediterrâneo.
[55] Citação em Pryor, 1992, p. 103.
[56] Lewis, 1951, p. 69.
[57] Lewis, 1951, p. 72.
[58] Norwich, 1991, p. 94.
[59] Lewis, 1951, p. 71.
[60] Stark, 2005.
[61] Krueger, 1969, p. 40.

CAPÍTULO 3: «IGNORÂNCIA» OCIDENTAL X «CULTURA» ORIENTAL

[1] Lewis, 2002, p. 6.
[2] Lewis, 2002, p. 7.
[3] Lewis, 2002, p. 6.
[4] Moffett, 1992, p. 344.
[5] Hodgson, 1974, 1, p. 298.
[6] Hodgson, 1974, 1, p. 298.
[7] Butler, 2005, 114.
[8] Jandora, 1986, p. 112.
[9] Jamieson, 2006, p. 23; Lewis, 1951, p. 64.
[10] O ótimo livro de Aly Mohamed Fahmy sobre o poderio naval muçulmano (1966) depende quase exclusivamente de fontes bizantinas e outras fontes ocidentais.

[11] Lewis, 1951, pp. 66-67.
[12] Davis, 2001, p. 257; ver também Beeching, 1982, p. 192.
[13] Beeching, 1982, p. 192.
[14] Davis, 2001, p. 260.
[15] Kollek e Pearlman, 1970, p. 59.
[16] Gil, 1992, p. 94.
[17] Hill, 1993, p. 10.
[18] Bloom, 2007, p. 7.
[19] Nasr, 1993, pp. 135-36.
[20] Nasr, 1993, p. 136.
[21] Ajram, 1992.
[22] Citação em Brickman, 1961, p. 85.
[23] Dickens, 1999, p. 8.
[24] Brickman, 1961, p. 84.
[25] Em Peters, 1993, p. 90.
[26] Gil, 1992, 470.
[27] Citação em Gil, 1992, p. 470.
[28] Pickthall, 1927.
[29] Farah, 1994, p. 199.
[30] Jaki, 1986, 208.
[31] Ver Colish, 1997; Stark, 2003, cap. 2.
[32] Butler, 1884, p. 239.
[33] Mackensen, 1936, p. 106.
[34] Mackensen, 1936, p. 110.
[35] Para um resumo, ver Butler, 2005, e Mackensen, 1935a.
[36] Citação em Mackensen, 1935a, p. 117.
[37] Afsaruddin, 1990, p. 292.
[38] Mackensen, 1935a
[39] Moffett, 1992, p. 355.
[40] Mackensen, 1935a, p. 122.
[41] *Opera* XII.
[42] Citação em Gay, 1966.
[43] Gibbon, 1994, livro 6, cap. 71.
[44] Boorstin, 1983, p. 100.
[45] Manchester, 1993, pp. 3, 5.
[46] Stark, 2005; 2003.
[47] Gimpel, 1976, pp. viii, 1.
[48] White, 1940, p. 151.
[49] Ajram, 1992, app. B.
[50] Ajram, 1992, app. B.
[51] Bulliet, 1990.
[52] Leighton, 1972, p. 112.
[53] Bulliet, 1990, p. 20.
[54] Leighton, 1972, p. 107.
[55] Usher, 1966, 184.

[56] Leighton, 1972, pp. 74-75.
[57] France, 1994, p. 91.
[58] Lopez, 1976, p. 44.
[59] Bairoch, 1988, p. 125; Gimpel, 1976, p. 43.
[60] Gies e Gies, 1994; Gimpel, 1976; White, 1962.
[61] Stark, 2005, cap. 2.
[62] White, 1940.
[63] Hyland, 1994, p. 114.
[64] France, 1999, p. 17.
[65] France, 1994, p. 149.
[66] Smail, 1995, p. 81.
[67] Citação em France, 1994, p. 149.
[68] Payne-Gallwey, 2007, p. 3.
[69] Marshall, 1994, pp. 59-60.
[70] Payne-Gallwey, 2007, p. 20.
[71] Payne-Gallwey, 2007, p. 4.
[72] Comnena, 1969, p. 327.
[73] Verbruggen, 2002.
[74] Marshall, 1994, pp. 172-73.
[75] Marshall, 1994, p. 172.
[76] Rose, 1999, p. 569.
[77] Pryor, 1992, p. 30.
[78] Bachrach, 1985.

CAPÍTULO 4: PEREGRINAÇÃO E PERSEGUIÇÃO

[1] João mostra-o em Jerusalém com maior frequência do que os outros Evangelhos.
[2] Gil, 1992, p. 483.
[3] Citação em Runciman, 1969, p. 69.
[4] Hunt, 1982, 4.
[5] Eusébio, *Vida de Constantino*, citação em Peters, 1993, pp. 26-27.
[6] Kollek e Pearlman, 1970, p. 38.
[7] Em Peters, 1993, p. 33.
[8] Runciman, 1969, pp. 69-70.
[9] Citação em Hunt, 1982, p. 150.
[10] Hunt, 1982, p. 34.
[11] Hunt, 1982, p. 56.
[12] Runciman, 1969, p. 69.
[13] Russell, 1958, p. 101.
[14] Kollek e Pearlman, 1970, p. 51.
[15] Kollek e Pearlman, 1970, p. 52.
[16] Procópio, 1888.
[17] Procópio, 1888, p. 138.
[18] Taylor, 2008.

[19] Gil, 1992, p. 54.
[20] Gil, 1992, p. 58.
[21] Gil, 1992, p. 69.
[22] Peters, 1993, p. 31.
[23] Rodinson, 1980.
[24] Gil, 1992, p. 471.
[25] Gil, 1992, p. 472.
[26] Salahi, 1995, pp. 170-71.
[27] Grabar, 2006.
[28] Kollek e Pearlman, 1970, p. 67.
[29] Runciman, 1951, 1, p. 29.
[30] Cohen, 2008.
[31] Runciman, 1969, p. 77.
[32] Todos se baseiam em Runciman, 1969.
[33] Runciman, 1969, p. 73.
[34] Kollek e Pearlman, 1970, p. 1.
[35] Riley-Smith, 1997, p. 28.
[36] Erdoes, 1988, p. 26.
[37] Riley-Smith, 1997, p. 28.
[38] Painter, 1969, p. 15.
[39] Em Webb, 2001, p. 35.
[40] Runciman, 1969, p. 76.
[41] Gil, 1992, p. 487.
[42] Davidson, 1976, cap. 5.
[43] Runciman, 1951, 1, p. 47.
[44] Lopez, 1969, p. 61.
[45] Davidson, 1976, p. 254.
[46] Hodgson, 1974, 2, p. 26.
[47] Ver Atiya, 1968; Gil, 1992; Hodgson, 1974; Runciman, 1951, vol. 1.
[48] Runciman, 1951, 1, p. 35.
[49] Em Biddle, 1999, p. 72.
[50] Kollek e Pearlman, 1970, p. 82.
[51] Runciman, 1951, 1, p. 49.
[52] Taylor, 2008.
[53] Todos os quatro exemplos são tirados de Riley-Smith, 1997, pp. 37-38.
[54] Stark, 2001, cap. 2.
[55] Cahen, 1969, p. 138.
[56] Norwich, 1991, p. 340.
[57] Norwich, 1991, p. 341.
[58] Citação em Norwich, 1991, p. 343.
[59] Charanis, 1969, p. 192.
[60] Citação em Norwich, 1991, p. 356.
[61] Gil, 1992, p. 410.
[62] Gil, 1992, p. 412.
[63] Runciman, 1969, p. 78.

[64] Gil, 1992, p. 488.
[65] Runciman, 1951, 1, p. 79.

CAPÍTULO 5: ALISTANDO OS CRUZADOS

[1] Duncalf, 1969a, 234.
[2] Baldric em Peters, 1998, p. 28.
[3] Fletcher, 1997, p. 19.
[4] Duffy, 1997, p. 27.
[5] Fletcher, 1997, p. 38.
[6] Para um resumo, ver Stark, 2003.
[7] Cheetham, 1983, p. 84.
[8] Stark, 2004, p. 56.
[9] Cole, 1991, p. 6.
[10] Stark e Finke, 2000, cap. 3.
[11] Duby, 1994; Lawrence, 2000.
[12] Bull, 1993, p. 117.
[13] Riley-Smith, 2005, p. 4.
[14] Chandler, 1987, p. 159.
[15] Bull, 1993.
[16] Porges, 1946, p. 4.
[17] Documento em Peters, 1998, pp. 11-12.
[18] Painter, 1969a, p. 15.
[19] Documento em Peters, 1998, pp. 12-13.
[20] Erdmann, 1977.
[21] Cole, 1991, p. 3.
[22] Documento em Peters, 1998, p. 37.
[23] Documento em Peters, 1998, p. 44.
[24] Riley-Smith, 2005, p. 9.
[25] Riley-Smith, 1997, p. 63.
[26] Riley-Smith, 1997, p. 62.
[27] Constable, 1953.
[28] Riley-Smith, 1997, p. 2.
[29] Riley-Smith, 1997.
[30] Stark, 2007, 2005.
[31] Riley-Smith, 1997, cap. 4.
[32] Munro, 1911, 497.
[33] Riley-Smith, 1997, p. 110.
[34] Riley-Smith, 1986, p. 43.
[35] Lloyd, 1995, p. 55.
[36] Riley-Smith, 1986, p. 117.
[37] Riley-Smith, 1997, p. 129.
[38] Lloyd, 1995, p. 55.
[39] Cálculo baseado em Munro, 1911.
[40] Runciman, 1969b, p. 276.

[41] Duncalf, 1969b, p. 267.
[42] Stark, 2005.
[43] Riley-Smith, 1997, p. 116.
[44] France, 1994, p. 86.
[45] Riley-Smith, 1997, p. 118.
[46] Riley-Smith, 1997, p. 119.
[47] Riley-Smith, 2005, p. 23.
[48] Versão de Roberto de Reims; documento em Peters, 1998, p. 29.
[49] Brundage, 1985; Porges, 1946.
[50] Runciman, 1951, 1, p. 113.
[51] Comnena, 1969, p. 309.
[52] Documento em Peters, 1998, pp. 108-9.
[53] Documento em Peters, 1998, p. 103.
[54] Runciman, 1951, 1, p. 114.
[55] Handler, 1987, p. 15.
[56] Documento em Peters 1998, pp. 104-7.
[57] Alberto de Aquisgrão; documento em Peters, 1998, pp. 104-7.
[58] Riley-Smith, 1997, p. 49.
[59] Brundage, 1985.
[60] Citação em Riley-Smith, 1997, p. 72.

CAPÍTULO 6: RUMO AO ORIENTE

[1] Fulquério de Chartres, 1969, p. 81.
[2] Russell, 1958.
[3] Comnena, 1969, p. 311.
[4] Runciman, 1951, 1, p. 123; Tyerman, 2006, p. 99.
[5] Runciman, 1951, 1, p. 336.
[6] Riley-Smith, 1991, p. 28.
[7] Brundage, 1985.
[8] Runciman, 1951, 1, pp. 339-40.
[9] France, 1994.
[10] Resumo em Duncalf, 1921, p. 452.
[11] Mayer, 1972.
[12] Duncalf, 1969b, p. 256; Duncalf, 1921, p. 452; France, 1994, p. 86; Gillingham, 1999, p. 59.
[13] Duncalf, 1921.
[14] Asbridge, 2004, p. 82.
[15] Mayer, 1972, p. 40.
[16] Citação em Duncalf, 1921, p. 441.
[17] Documento em Peters, 1998, p. 104.
[18] Documento em Krey, 1921, p. 49.
[19] Duncalf, 1921, pp. 444-45.
[20] Documento em Krey, 1921, p. 51.
[21] Tyerman, 2006, p. 98.

[22] Tyerman, 2006.
[23] Duncalf, 1969b, p. 260.
[24] Baron, 1957; Chazan, 2006; Chazan, 1996; Chazan, 1986; Chazan, 1980; Graetz, 1894; Grosser e Halpern, 1983; Poliakov, 1965; Runciman, 1951, vol. 1; Stark, 2001.
[25] Poliakov, 1965, p. 45.
[26] Madden, 1999, p. 20.
[27] Runciman, 1951, 1, p. 141.
[28] Runciman, 1951, 1, p. 142.
[29] Comnena, 1969, pp. 313-14.
[30] Runciman, 1951, 1, p. 144.
[31] Runciman, 1951, 1, p. 149.
[32] Runciman, 1951, 1, p. 152.
[33] Comnena, 1969, p. 422.
[34] France, 1994, p. 116.
[35] Anônimo, 1962, pp. 6, 10.
[36] France, 1994, p. 118.
[37] France, 1994, p. 135.
[38] Jamison, 1969, p. 208.

CAPÍTULO 7: VITÓRIAS SANGRENTAS

[1] Runciman, 1969c, p. 289.
[2] Runciman, 1951, 1, p. 179.
[3] Anônimo, 1962, p. 15.
[4] Anônimo, 1962, p. 17.
[5] Anônimo, 1962, p. 17.
[6] France, 1994, p. 122.
[7] France, 1994, pp. 170-75.
[8] Fulquério de Chartres, 1969, p. 84.
[9] Anônimo, 1962, 20.
[10] Runciman, 1951, 1, p. 186.
[11] Runciman, 1951, 1, p. 187.
[12] Anônimo, 1962, p. 23.
[13] Runciman, 1951, 1, p. 192.
[14] Anônimo, 1962, p. 27.
[15] Chandler, 1987.
[16] Runciman, 1951, 1, p. 216.
[17] Runciman, 1951, 1, pp. 214-15.
[18] Anônimo, 1962, p. 35.
[19] France, 1994, p. 301.
[20] Anônimo, 1962, p. 37.
[21] France, 1994, p. 286.
[22] France, 1994, p. 279.
[23] Anônimo, 1962, p. 69.

[24] Runciman, 1951, 1, p. 256.
[25] Riley-Smith, 1986, p. 67.
[26] Riley-Smith, 1986, p. 66.
[27] France, 1994, p. 287; Riley-Smith, 1986, p. 66.
[28] Runciman, p. 329.
[29] Runciman, 1951, 1, p. 279.
[30] Runciman, 1951, 1, pp. 339-40.
[31] France, 1994, p. 327.
[32] Runciman, 1951, 1, p. 284.
[33] France, 1994, p. 351.
[34] Guiberto de Nogent, 1997, p. 131.
[35] Guiberto de Nogent, 1997, p. 132.
[36] Documento em Peters, 1998, pp. 256-61.
[37] France, 1994, p. 355.
[38] Stark, 2001.
[39] France, 1994, p. 343.
[40] Gil, 1992, p. 828.
[41] Documento reimpresso em Peters, 1998, pp. 264-68.
[42] Tyerman, 2006, p. 160.
[43] Runciman, 1951, 1, p. 297.

CAPÍTULO 8: OS REINOS CRUZADOS

[1] Guilherme de Tiro, 1943, livro 9, cap. 9.
[2] Russell, 1972, pp. 201-5.
[3] Riley-Smith, 1983, p. 733.
[4] Fink, 1969, p. 370.
[5] Fulquério de Chartres, 1969, p. 150.
[6] Riley-Smith, 1983, p. 732.
[7] Riley-Smith, 1983, p. 734.
[8] Boas, 1998, p. 152.
[9] Prawer, 1972, p. 73.
[10] Chandler, 1987, p. 471.
[11] Fink, 1969, p. 385.
[12] Munro, 1936.
[13] Munro, 1936, p. 86.
[14] Runciman, 1951, 2, pp. 291-92.
[15] Boas, 1998, p. 142.
[16] Fulquério de Chartres, 1969, p. 271.
[17] Boas, 1998, p. 139.
[18] Kedar, 2002, pp. 244-45.
[19] Kedar, 1984.
[20] Kedar, 2002, p. 254.
[21] Citação em Munro, 1936, pp. 106-7.

[22] Ver Horvath, 1972.
[23] Prawer, 1972.
[24] Citação em Burman, 1986, pp. 15-16.
[25] Citação em Burman, 1986, p. 16.
[26] Burman, 1986, p. 14.
[27] Burman, 1986, p. 19.
[28] Burman, 1986, p. 23.
[29] Bernardo foi canonizado em 1174, somente 21 anos depois de sua morte. Sua reputação foi tão duradoura que, em 1953, quando do octingentésimo aniversário de sua morte, o Papa Pio XII dedicou uma encíclica à recomendação de suas virtudes a todos.
[30] Southern, 1970.
[31] Daniel-Rops, 1957.
[32] Barber, 1994, p. 17.
[33] Barber, 1994, p. 16.
[34] Marshall, 1994, p. 57.
[35] Prawer, 1972, p. 261.
[36] Marshall, 1994, p. 45.
[37] Marshall, 1994, p. 57.
[38] Prawer, 1972, p. 261.
[39] Burman, 1986, p. 33.
[40] Bernardo de Claraval, *De laude novae militiae,* vol. 1.
[41] *Catholic Encyclopedia,* «The Knights Templars».
[42] Barber, 1994 p., 22.
[43] *Catholic Encyclopedia,* «The Knights Templars».
[44] Stark, 2005.
[45] Baldwin, 1937, p. 96.
[46] Burman, 1986, p. 82.
[47] Burman, 1986, p. 83.
[48] Burman, 1986, p. 88.
[49] Ferris, 1902, p. 1.
[50] Riley-Smith, 2005, p. 81.
[51] Nicholson, 2003, p. 3.
[52] Riley-Smith, 1999, p. 25.
[53] Riley-Smith, 1999, p. 33.
[54] Nicholson, 2003, p. 13.
[55] Ver Sire, 1996.

CAPÍTULO 9: A LUTA PELA DEFESA DOS REINOS

[1] Riley-Smith, 1978, p. 99.
[2] Runciman, 1951, 2, p.238.
[3] Runciman, 1951, 2, p. 253.
[4] Tyerman, 2006, p. 279.
[5] Tyerman, 2006, p. 275.
[6] Phillips, 2007, pp. 99-101.

[7] Em Poliakov, 1965, p. 48.
[8] Stark, 2001, cap. 3.
[9] Em Chazen, 1980, pp. 107-8.
[10] Berry, 1969, p. 463.
[11] Moore, 2008, p. 28.
[12] Em Phillips, 2007, pp. xxiii—xxiv.
[13] Tyerman, 2006, p. 318.
[14] Procter, 2007, p. 220.
[15] Phillips, 2007, p. 169.
[16] Siberry, 1985, p. 25.
[17] Runciman, 1951, 2, p. 268.
[18] Phillips, 2007, p. 180.
[19] Phillips, 2007, p. 206.
[20] Riley-Smith, 2005, p. 128.
[21] Nicolle, 2004b, p. 50.
[22] Pringle, 1991.
[23] Riley-Smith, 1991, p. 56.
[24] Smail, 1951.
[25] Runciman, 1951, 2, p. 329.
[26] Runciman, 1951, 2, p. 366.
[27] Lane-Poole, 2002, p. 372.
[28] Runciman, 1951, 2, p. 414.
[29] Hamilton, 2000.
[30] Guilherme de Tiro, 1943, 2, p. 407.
[31] Runciman, 1951, 2, p. 462.
[32] Runciman, 1951, 2, p. 464.
[33] Lane-Poole, 2002, p. 229.
[34] Brand, 1962, p. 170.
[35] Irwin, 2006, p. 213.
[36] Munro, 1935, p. 56.
[37] Moffett, 1992, p. 391.
[38] Riley-Smith, 2005, p. 305; Siberry, 1995, p. 368.
[39] Tyerman, 2006, p. 351.
[40] Gibbon, 1994, livro 6, cap. 59.
[41] Citação em Madden, 1999, p. 78.
[42] Painter, 1969b, p. 46.
[43] Painter, 1969b, p. 47.
[44] Lane-Poole, 2002, p. 221.
[45] Ibn-el-Athir, citação em Lane-Poole, 2002, p. 222.
[46] Lane-Poole, 2002, p. 222; Runciman, 1951, 2, p. 472.
[47] Ehrenkreutz, 1955.
[48] Ehrenkreutz, 1955, p. 111.
[49] Painter, 1969b, p. 47.
[50] Runciman, 1959, 3, p. 11.
[51] Painter, 1969b, p. 57.

[52] Brand, 1962, p. 173.
[53] Citação em Brand, 1962, p. 175.
[54] Brand, 1962, p. 175.
[55] Brand, 1962, p. 177.
[56] Painter, 1969, p. 50.
[57] Runciman, 1951, 3, p. 16.
[58] Painter, 1969b, p. 50.
[59] Pryor, 1992, p. 129.
[60] Painter, 1969b, p. 52.
[61] Pryor, 1992, p. 129.
[62] Painter, 1969b, p. 73.
[63] Smail, 1995, p. 164.
[64] Painter, 1969b, p. 74.
[65] Painter, 1969b, p. 75.
[66] McLynn, 2007, pp. 214-15.
[67] Runciman, 1951, 3, p. 130.
[68] Durant, 1950, p. 605; Tyerman, 2006, p. 553.
[69] Chandler, 1987.
[70] Runciman, 1951, 3, p. 123.
[71] Vryonis, 1967, p. 152.
[72] Durant, 1950, p. 605.
[73] Para um bom resumo, ver Queller e Stratton, 1969.
[74] Citação em Phillips, 2004, p. xiii.
[75] Queller e Madden, 1997, p. 135.
[76] Queller e Madden, 1997, p. 135.
[77] Carroll, 1993, pp. 157, 131; Durant, 1950, p. 605; Tyerman, 2006, p. 553.7
[78] Richard, 1999, p. 250.
[79] McNeal e Wolff, 1969, p. 159.
[80] McNeal e Wolf, 1969, p. 162.
[81] McNeal e Wolff, 1969, p. 167.
[82] Madden, 2003.
[83] McNeal e Wolff, 1969, p. 173.
[84] Richard, 1999, pp. 247-48.
[85] McNeal e Wolff, 1969, p. 179.
[86] Phillips, 2004, p. 175.
[87] McNeal e Wolff, 1969, p. 181.
[88] Richard, 1999, p. 250.
[89] Wolff, 1969, p. 189.
[90] McNeal e Wolff, 1969, p. 185.

CAPÍTULO 10: CRUZADAS CONTRA O EGITO

[1] Van Cleve, 1969, p. 388.
[2] Van Cleve, 1969, p. 393.
[3] Van Cleve, 1969, p. 394.

[4] Runciman, 1951, 3, p. 152; Van Cleve, 1969, pp. 398-99.
[5] Van Cleve, 1969, p. 399.
[6] Van Cleve, 1969, p. 400.
[7] Runciman, 1951, 3, p. 154.
[8] Runciman, 1951, 3, p. 155.
[9] Runciman, 1951, 3, p. 158.
[10] Van Cleve, 1969, p. 414.
[11] Runciman, 1951, 3, p. 162; Van Cleve, 1969, p. 418.
[12] Citação em Hallam, 2000, p. 254.
[13] Tyerman, 2006, p. 771.
[14] Runciman, 1951, 3, p. 256.
[15] Strayer, 1969, p. 487.
[16] Richard, 1999, p. 345.
[17] Richard, 1999, p. 345.
[18] Runciman, 1951, 3, p. 262.
[19] Runciman, 1951, 3, p. 266
[20] Richard, 1999, p. 348.
[21] Riley-Smith, 2005, p. 208.
[22] Ziada, 1969, 735.
[23] Ziada, 1969.
[24] Runciman, 1951, 3, p. 318.
[25] Runciman, 1951, 3, p. 318.
[26] Madden, 1999, p. 181.
[27] Madden, 1999, p. 181.
[28] Runciman, 1951, 3, p. 325.
[29] Madden, 1999, pp. 181-82.
[30] Runciman, 1951, 3, p. 325.
[31] Mayer, 1972, p. 281.
[32] Tyerman, 2006, p. 810.
[33] Armstrong, 2001, p. 448.
[34] Riley-Smith, 1991, p. 115.
[35] Madden, 1999, p. 184; Riley-Smith, 2005, p. 210.
[36] Riley-Smith, 2005, p. 210.
[37] Madden, 1999, p. 185.
[38] Madden, 1999, p. 211.
[39] Runciman, 1951, 3, p. 348.

CONCLUSÃO: MISSÃO ABORTADA

[1] Siberry, 1985, p. 118.
[2] Siberry, 1985, p. 119.
[3] Siberry 1985, p. 120.
[4] Cazel, 1955, p. 385.
[5] Bédier e Aubry, 1909, p. 45.

[6] Painter, 1969, p. 55.
[7] Tyerman, 2006, p. 779.
[8] Tyerman, 2006, p. 779.
[9] Siberry, 1985, p. 194.
[10] Siberry, 1985, p. 194.
[11] Citação em Throop, 1940, p. 178.
[12] Siberry, 1985, p. 69.
[13] Brundage, 1985.
[14] Citação em Throop 1940, p. 169.
[15] Runciman, 1951, 3, p. 407.
[16] Runciman, 1951, 3, p. 419.
[17] Citação em Nicolle, 2005, p. 83.
[18] Armstrong, 2001, p. xiv.
[19] Riley-Smith, 2003, pp. 160-61.
[20] Peters, 2003, p. 6.
[21] Hillenbrand, 1999, pp. 4-5.
[22] Em Hillenbrand, 1999, p. 45.
[23] Não havia um termo em árabe para designar os «cruzados». Eram chamados meramente de «francos».
[24] Knobler, 2006, p. 310.
[25] Knobler, 2006, p. 310.
[26] Knobler, 2006, p. 310.
[27] Lewis, 2002, p. 3.
[28] Peters, 2003; Riley-Smith, 2003.
[29] Andrea, 2003, p. 2.
[30] Sivan, 1973, p. 12.
[31] Knobler, 2006, p. 320.
[32] Muçulmanos diversos citados por Riley-Smith, 2003, p. 162.

ESTE LIVRO ACABOU DE SE IMPRIMIR
A 27 DE NOVEMBRO DE 2023,
EM PAPEL IVORY SLIM 65 g/m^2.